MARCEL AMONT

Autobiographie

Daniel Coudray.

Photographies :
collection
Marcel Amont
(D.R.)

il a neigé...

éditions
didier
carpentier

À Christian Pirot

IL A NEIGÉ

Il a neigé taches de son
Des nécroses
Mes mains se parent de pinçons
D'andropause.
Il a neigé…

Trente ans m'ont poudré de frimas
La toiture
Et voici qu'il grêle sur ma
Devanture.
Le soleil me vient par des trous
D'écumoire
Gravant pleine peau de points roux
Mes mémoires.
Il a neigé…

Suis poisson d'Avril saumoné
Et mes rides
Tracent le couchant sur mon é-
Phéméride.
Aux crois'ments de ma lign' de vie
Tout s'embrouille
Là où l' mauvais temps a sévi
Le rail rouille
Il a neigé…

Il a neigé taches de son
Des nécroses
Mes mains se parent de pinçons
D'andropause.
Il a neigé…

Paroles Marcel Amont / Musique Mathias Miramon

« La Chansonnette »

(Jean Dréjac / Philippe Gérard)

D'aussi loin que je me souvienne j'ai toujours entendu chanter autour de moi.

Rien de singulier à cela, puisque depuis toujours et partout, les Terriens chantent.

Ils chantent, certes, mais de façon variable selon le milieu social, l'époque et le lieu. Et quand je dis que j'ai toujours entendu des chants autour de moi c'est pour d'évidentes raisons géographiques, sociales et familiales.

Mon père et ma mère, petits montagnards de la vallée d'Aspe venus travailler à Bordeaux, étaient issus de lignées de bergers qui remontent, comme on dit, à la nuit des temps.

Dans ces rudes pays où la terre est aussi basse qu'ailleurs mais terriblement en pente, l'agriculture ne suffisant pas, les hommes partaient la moitié de l'année au cul des vaches et des moutons pour nourrir leurs familles.

Or, sans même s'attarder à l'image bébête de Marie-Antoinette mettant des rubans roses à ses gentils moutons parfumés, le stéréotype du berger, grand sage contemplatif sous les étoiles, en dit trop peu sur la vie de galère de ces gaillards courageux en proie aux intempéries, aux attaques des prédateurs, (les ours surtout, qui n'avaient rien à voir avec des nounours) et tenus 24 heures par jour à la surveillance et aux soins du troupeau. Ils avaient donc la vie difficile mais, à la moindre accalmie, ils chantaient. Ah ! Comme ils chantaient !

C'était leur seule distraction, et ils ne s'en privaient pas.

Remontant aux sources de l'antique dialecte béarnais et connu de l'ensemble de la population gasconne, leur répertoire avait perduré à travers les siècles, en partie grâce à Cyprien Despourrins, le poète d'Accous-en-Aspe. Ce hobereau mélomane, très attentif au monde pastoral qui l'entourait, avait écrit des foules de chansons, surtout des bergerettes, évidemment, et recueilli la plupart des thèmes traditionnels. Tout le pays reprenait en chœur.

Ces refrains se chantaient à plusieurs voix superposées, la ligne de chant, « la haute », « la basse ».

Le public de la France hexagonale découvrira et appréciera ce style ces dernières années, avec les *chants polyphoniques* venus de Corse.

On les chante encore là-haut à tout bout de champ, à tue-tête, à gorge déployée, comme je les ai entendu chanter toute mon enfance et mon adolescence, quand je venais passer les grandes vacances chez grand-mère.

J'en garde des souvenirs émus et tout me dit que là s'est éveillée ma vocation mélomane.

Que de fois je me suis levé sur la pointe des pieds dans la maison endormie pour écouter en pleine nuit ces *pastors-cantaires* venus à tour de rôle se ravitailler au village, et s'égosillant au cabaret avant de repartir pompettes au petit matin vers les estives, accrochés à la queue de l'âne.

Aux beaux jours d'été la montagne chantait.

Tout au long du parcours de la transhumance, bourgs et villages chantaient ; avec leurs aubades, leurs sérénades ; et aussi la magnifique tradition des *passa-carreras* où les chanteurs, répartis à travers le village, reprennent à tour de rôle le chant à l'unisson ; à mesure qu'ils se rapprochent du lieu de rendez-vous, ils en viennent à la polyphonie et le chant éclate pleinement quand ils sont réunis.

Aussi, les bergers étaient-ils attendus chaque automne avec impatience et les villageois des plaines avaient surnommé le pays de ces drôles de troubadours *« lo païs de las cantas »*, le pays des chansons.

★

Les drames et les aléas de leur jeunesse firent de papa et maman ainsi que de leurs frères et sœurs ce qu'on pourrait se risquer à appeler aujourd'hui des immigrés de l'intérieur ; c'est-à-dire de tous ces gens avec leurs dialectes et leurs mœurs de braves ploucs, descendus de leurs monts et leurs vaux pour essayer d'améliorer dans la grand-ville aux alouettes leur piètre ordinaire à la sueur de leur front.

Rien d'étonnant alors que cette population laborieuse et mélomane ait emporté dans ses bagages non seulement ses chansons « en patois », mais surtout cet irrépressible besoin de chanter et chanter encore : à chaque occasion et partout, jusqu'en Argentine, au Mexique et en Californie.

★

C'est ainsi que ma prime enfance dans la banlieue ouvrière de Bordeaux fut à la fois bercée en famille par des chants béarnais à trois voix venus du fin fond des temps, et par tous les refrains à la mode lancés par les chanteurs des rues et repris par le bon populo à casquette et béret.

N.B. - On verra que l'évocation de ces souvenirs prend de très larges libertés avec la chronologie. C'est que le genre ne se prête pas à faire œuvre d'historien méthodique, mais à évoquer, en vrac, des souvenirs avec les réflexions qu'ils suscitent.

Mai 40 : le soir même de ma première communion,
papa repart pour le front, vingt ans après **Gott nicht mit Uns…**

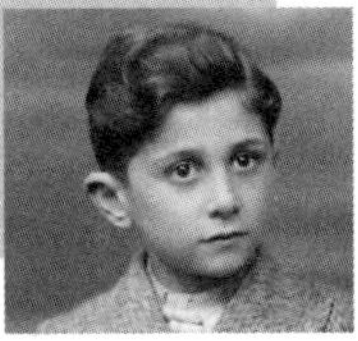

MES JEUNES ANNÉES(1)

Des « Roses blanches » (2) à « Je suis swing » (3)

Papa, maman. Des « immigrés de l'intérieur », ai-je dit.

Après la « Grande Guerre », en 1925, on ne parle pas de main-d'œuvre non qualifiée beur ou portugaise ; il y a les paysans venus du fin fond de la cambrousse française, entre autres, les montagnards. « Que la montagne est belle ! », comme le chantera Jean Ferrat ; seulement elle ne peut plus nourrir tout son monde.

Or, à Bordeaux, c'est dur, mais pas en pente raide.

Évidemment ce populo à peine urbanisé a appris le français, la langue du dimanche, à l'école communale des villages. Les instits, à juste titre appelés « hussards noirs de la République », leur ont appris patiemment la belle langue de La Fontaine, alternant punitions et récompenses – et, parmi ces dernières, le plaisir de chanter en français, avec leurs accents à couper au couteau, à trois voix selon l'ancestrale habitude.

Par la suite, comme partout en France, ils se repasseront les chansons qu'ils entendent autour d'eux et qu'ils recopient sur des cahiers.

Enfin, arrivés dans la grande ville, à Bordeaux, ils baignent dans les succès du moment ; pas ceux de la radio puisqu'elle ne fait pas encore partie des meubles – on en était encore aux postes à galène qui crachouillaient !

(1) Charles Trenet – (2) Charles Pothier / Léon Raiter
(3) André Hornez /Johnny Hess

Il y a les chanteurs des rues, avec leur porte-voix, qui font la manche et vendent aux badauds les « petits formats » avec les paroles et la musique.

Ça prenait du temps pour atteindre tous les recoins de l'Hexagone.

C'est pour ça que les succès étaient increvables !

Le couple de tourtereaux papa-maman roucoule sur fond musical : elle avait dans les 22 ans, lui dans les 28...

Maman préférait les chansons sentimentales comme « Ferme tes jolis yeux », ou les infanables « Roses blanches ».

Papa, c'était la fantaisie, si possible un peu coquine sur les bords, style « Valentine » avec ses petits tétons que l'on « tâ-ha-tait-hait à-ha tâ-ha-tons, tonton tontaine... » ; mais la franche rigolade, c'était le comique troupier, un genre qui a duré pas loin de quarante ans, le personnage n'était pas si éloigné de bien des petites gens, comme celui chanté par le (gros) comique Bach :

Avec l'ami Bidasse/ On se quitte jamais/Attendu qu'on est/
Tous deux natifs d'Arras-se/ chef-lieu du Pas d' Calais.

Ça nous paraît complètement débile, limite vulgaire à force d'ânerie ; mais c'est surtout tellement démodé que c'en est incompréhensible pour nos contemporains.

Explication de texte : le service militaire durait trois ans, de façon à former de vrais soldats vengeurs de la République à qui on a volé l'Alsace et la Lorraine.

Or, la France était encore aux trois quarts rurale et ce sont ces dadais mal dégrossis qu'on voyait glander dans les villes de garnison, les jours de perm, admirant *la caissière du grand café* ou *« les bobonnes qu'ell' s'en vont faire leur marché »,* tout endimanchées, comme eux en uniforme de sortie bien repassé.

Papa pendant la guerre.

« La Guerre de 14-18 »

(Georges Brassens)

Papa, lui, était plus jeune ; on ne lui avait pas laissé le temps de faire de la déambulation urbaine.

À 18 ans, on a estimé qu'il en savait assez pour l'envoyer au front en 1915.

À 17 ans, il gardait les moutons dans la montagne comme un bon petit gars à qui on a dit que c'est très mal élevé de se curer le nez dans la classe de monsieur Aphatie, qu'on est puni quand on vole et qu'on va en enfer si on tue ; un an plus tard, on lui promet mieux que des médailles en chocolat s'il plante bien comme il faut sa baïonnette dans le ventre du jeune gars d'en face, dont il est notoire qu'il ne peut avoir foulé notre sol sacré que pour venir y égorger nos fils et nos compagnes.

Il est revenu des tranchées complètement révolté. Car la fameuse fleur au fusil d'août 1914 avait fleuri, c'est sûr (il suffit de regarder les documents d'époque) ; mais un an après, quand est arrivé son tour de monter au front, elle avait déjà eu le temps de se faner, la pauvrette…

La paix revenue, chaque 11 Novembre, il n'était pas de ceux qui commémoraient la victoire parmi les drapeaux. Avec les copains, il aimait bien reprendre en chœur « La Madelon », cette Madelon, dont on frôle le jupon sous la tonnelle, rêve inaccessible des « poilus » dans la boue, la merde et le sang des tranchées. Mais quand l'ambiance avait tendance à tourner vaillants anciens combattants, lui se mettait à fredonner « La Chanson de Craonne » :

Adieu la vie adieu l'amour/Adieu toutes les femmes
C'est bien fini c'est pour toujours/De cette guerre infâme
C'est à Craonne sur le plateau/Qu'on doit laisser sa peau

Jusqu'aux campagnes les plus reculées de France (et de Navarre), on trouvait le monument aux morts, avec les noms de tous les petits gars tombés au casse-pipe, et ça en faisait de la lecture ! Dans les grandes villes, ça faisait comme la population de petites villes de jeunes. Et tandis qu'une minorité d'incurables traîneurs de sabre ressassaient leur gloire en bombant leur torse médaillé, les rescapés de l'enfer essayaient de rattraper leur jeunesse perdue, même si beaucoup tiraient la patte ou, comme papa, gazé au Chemin des Dames, toussaient parfois à fendre l'âme.

C'est bien pour tout ça qu'en 1925, quand ils arrivent à Bordeaux, c'est la grande fiesta !

Il y a sept ans à peine que la boucherie a enfin cessé et la jeunesse essaie d'oublier toutes ces horreurs. On n'a jamais autant rigolé, festoyé ; le jeune Maurice Chevalier chante « Dans la vie faut pas s'en faire ».

... Et il sait de quoi il parle, le Maurice ! Vedette ou pas vedette, tous les Français de cette génération sont allés au casse-pipe ; on va parler de lui pendant longtemps ; et pas qu'un peu !

Mes parents se faisaient une fête d'aller l'applaudir depuis le poulailler tout là-haut, et plutôt deux fois qu'une, quand il se produisait à Bordeaux.

Par un de ces clins d'œil de l'existence, je l'emmènerai manger à leur table – quel bonheur ! - il suffisait d'attendre trente-cinq ans !...

« Les Bals populaires »

(Vline Buggy - Michel Sardou / Jacques Revaux)

Il y avait donc les artistes en tournée, non seulement leur grand Maurice, mais aussi Georgius, Berthe Sylva, Damia, Fréhel, Dranem, Milton.

Mais il y avait surtout, je crois, le bal ! Ça guinchait dans tous les coins le samedi soir et le dimanche. Avec une prédilection pour ce qui tourne, à l'envers, à l'endroit : la java, la valse. « La valse brune », « Sous les ponts de Paris », « On n'a pas tous les jours vingt ans» et aussi la danse nouvelle qui faisait fureur, le charleston, *"Yes sir, that's my baby now"*.

Bien entendu, mes parents ne chantaient pas *"Yes sir, that's my baby"* ; il y a là-dessus des paroles bien-de-chez-nous complètement tartes, comme c'est (déjà) souvent le cas. Les petites gens ne connaissaient pas l'anglais ; ils disaient «le charlesston» tout comme ils prononçaient Tyrone Povèr, Bustèr Ké-a-ton. Ce n'est pas plus ridicule que d'entendre l'Américain moyen dire Mowriss Tchévalieur pour Maurice Chevalier ou, plus tard, Ydiss Payaff pour Édith Piaf.

Notons au passage, à propos d'Américains, que tous ces nouveaux rythmes viennent de là-bas… Les soldats américains débarqués en France l'été 1917 – à Bordeaux surtout – nous les avaient apportés dans leurs bagages, avec le jazz.

À Paris, la *Revue Nègre* vient de faire un tabac avec sa jeune vedette Joséphine Baker («Baquère» et non pas «Beykeur», ce qui amuse follement les Gascons gasconnants de Bordeaux, pour qui «baquère» signifie «vachère»!). Chère jolie vachère, sexy bergère au cœur d'or que notre Joséphine – puisqu'elle choisira de devenir et rester Française!

Devant les déhanchements sans complexes et sensuels de notre Joséphine, il y en a qui s'étranglent d'indignation ; le journal *La Rumeur* écrit : *« Par l'indécence de votre physique, vous déshonorez le music-hall français, Madame ! »*

Réaction tout à fait courante en cette époque – apparemment – prude pour un bout de temps encore ; autre exemple : bien que Carlos Gardel ait fait un triomphe partout, le tango a été condamné par l'Église parce que «contraire aux bonnes mœurs».

Au fait, les bonnes mœurs de qui ? De la femme, bien évidemment ! Car toutes ces réactions frileuses sont finalement, foncièrement antiféministes.

Parce qu'on est en plein mouvement de libération de la femme.

Pendant quatre ans de guerre, ce sont elles qui ont fait marcher le pays et pas mal d'entre elles n'ont pas pour rêve exclusif de faire la lessive et torcher leur progéniture. Alors maintenant, elles en ont ras la frange, c'est le moment de le dire ces années 25-30 : *« Ell' se font tout' couper les ch'veux »*.

Et les gonzes, comme on dit à Bordeaux, ricanent, persiflent plus ou moins gentiment, comme Georges Milton – là, on prononce « Milton » comme dans « tonton » – Bouboule, immense vedette populaire, qui s'est choisi un nom qui sonne amerloque – encore et encore, rien de nouveau sous le soleil.

« Pouet pouet »

(André Barde / Maurice Yvain)

Chose impensable il y a peu, on commence à voir quelques bourgeoises au volant ; voilà une cible toute trouvée pour envoyer quelques (gentilles) flèches empoisonnées :

« Dans les bagnol' aujourd'hui/C'est la femme qui conduit [...]
Je lui fais pouet pouet/Ell' me fait pouet pouet ».

Et moi dans tout ça ?

Nous voici en l'an de grâce 1928.

À titre tout à fait personnel, j'avancerai une date capitale : le 14 juillet.

Papa a emmené maman au bal ; ils ont charlestonné, ils ont valsé ! Jusqu'à l'aube !

Or j'ai tout lieu de penser que la fête a continué après. Parce que maman, à partir de ce moment-là, a vu sa taille s'arrondir jusqu'au printemps suivant.

Ah ! 1929 ! Une année excellente pour le vin !

Mais une année terrible où Wall Street s'effondre.

C'est aussi l'année de *Marius* de Pagnol, des *Enfants terribles* de Cocteau, des chemises Lacoste, de Tintin, Popeye et *Courrier Sud* de Saint-Ex.

C'est l'année du *Pays du sourire* de Franz Lehar.

Je t'ai donné mon cœur / Tu tiens en toi tout mon bonheur.

Le 1er avril 1929 tombe un lundi de Pâques.

Je suis donc né sous le double signe du poisson d'avril et du Bélier.

Serge Reggiani n'a que 7 ans ; tout comme Ivo Livi qui deviendra Yves Montand ; Varenagh Aznavourian 4 ans ; Juliette Gréco et Gilbert Bécaud ont 2 ans, Lucien Gainsbourg – futur Serge – un an, Jacqueline Enté – future Line Renaud – 10 mois. Mesdames Aufray, Brel et Nougaro sont enceintes.

Et me voici, moi, tout fripé, tout souffreteux, Marcel, Jean-Pierre, Balthazar, fils de Modeste Miramon et Romélie Lamazou, étranges prénoms très répandus dans la vallée d'Aspe.

« Mon Dieu, qu'il est vilain ! s'écriera maman… Alors, je l'aimerai encore plus ! »

Cinq ans qu'elle en parlait de ce bébé à papa qui jusque-là faisait le sourd.

★

On entend de plus en plus, de plus en plus fort le « Duce » et le « Führer » surtout ce dernier avec ses cris hystériques qui ont jalonné toute mon enfance et la plus grande partie de mon adolescence, comme tous les gens de ma génération.

Nous les petits, on ne réalise que vaguement ; quand les fascistes ont envahi l'Éthiopie, on chante, avec l'accent bordelais évidemment :

As-tu vu l' Négusse/Sur la rout' de Djibouti
Qui secouait les puces/À Mussolini.

Après, pendant la guerre d'Espagne, ce sera, sur l'air de « Avec les pom pom avec les pompiers » :

On n'a jamais vu ça Hitler en pyjama
Mussolini, Mussolini, en chemis' de nuit.

Pour les mômes - à Bordeaux on disait *les drolles* – ça n'avait guère plus d'importance que le tour de France, dont les gens improvisaient la chronique sur les succès du jour.

Par exemple, sur l'air de « En parlant un peu de Paris » :

En parlant un peu du vélo/Tonin Magne et René Vietto.

Ah ! René Vietto ! Un héros, un preux ! Car le Tour, c'était la légende quotidienne et là, au moins, on ne comptait pas les morts après l'attaque ! Lors d'un tour de France mémorable entre tous, Vietto roulait tout seul vers une victoire certaine dans les Pyrénées, et il a remonté un col à l'envers – à l'envers, vous vous rendez compte !! – pour porter sa roue à son leader Antonin Magne accidenté. Un héros, vous dis-je…

À tout propos, tout autour de moi, on chantait, je ne peux que le dire et le dire encore ! Avec Albert Préjean, Henri Garat – « C'est un mauvais garçon » – avec le jeune et beau Jean Gabin, chanteur de revues à qui il arrive de pousser la goualante – « Quand on s' promène au bord de l'eau ».

On chantait, on sifflait, dans la rue, à la maison, au boulot ; sans aller chercher bien loin en ce qui concerne les paroles, du moment qu'elles exprimaient de bons sentiments ou des trucs rigolos sur des musiques entraînantes ; sans que les prolos de mon quartier fassent bien la différence entre des textes à l'eau de rose et des petits bijoux comme « Le Doux Caboulot », de Francis Carco – qu'Yves Montand mettra à son répertoire dans les années 60 – et les farces de cavalerie lourde comme

le « Lycée Papillon » d'un Georgius à la verve débridée :

Vercingétorix, né sous Louis-Philippe
Battit les Chinois un soir à Ronc'vaux
C'est lui qui lança la mode des slip(es)
Et mourut pour ça sur un échafaud […]

★

Dès que j'ai su lire, j'ai été en mesure de voir noir sur blanc dans le journal le récit des évènements grands et petits survenus de par le vaste monde.

Je dis le journal parce que, sorti des brumes de la prime enfance, j'ai le souvenir très précis d'un quotidien à la maison, ce qui n'était pas le cas dans tous les foyers ouvriers, c'était d'ailleurs souvent moi qui étais chargé d'aller le chercher au cours de la Somme tout proche. Je le lisais, c'est sûr, et aujourd'hui encore où la radio et la télé nous surinforment jour et nuit, il me faut, quel qu'il soit, « mon » (ou « un ») journal pour lire les informations.

Même pendant l'Occupation, la presse pourrie entrait chez nous, ne serait-ce que pour savoir comment la vraie actualité, celle de Radio Londres, y était traitée. C'est ainsi que, très tôt, je me suis rendu compte combien il est formateur pour un jeune esprit de voir abordés et commentés, de façon diamétralement opposée, les mêmes évènements. Si bien que, ce pli étant pris, lorsqu'un quotidien communiste entra à la maison, à la Libération, je ne comprenais pas toujours très bien pourquoi, aux yeux de papa, tout ce qui y était imprimé devait être considéré comme parole d'Évangile ; alors que lui, justement, ne se privait pas, à l'occasion, de contester même l'Évangile !

Ce mauvais esprit ne m'a guère quitté…

J'ai donc passé mes premières années « sous » Lebrun.

De toute façon, en ce début des années 30, ce que je pourrais raconter comme témoin direct se limite à mes tétées, puis mes bouillies ; mon passage du berceau aux premiers parcours à quatre pattes, puis à deux pattes sur des distances de moins en moins réduites, jalonnées par un certain nombre de plaies et de bosses dont je conserve la trace avec des bribes d'informations disparates dont je ne sais plus si je les ai vaguement connues à l'époque ou lues bien plus tard. C'est très sélectif, la mémoire…

« Qu'elle était verte ma vallée »

(Francis Lemarque)

Nous vivions à Bègles au quartier de la Ferrade à un quart d'heure à vélo de la gare Saint-Jean où papa est cheminot. Comme tous les jeunes anciens combattants, il a pu briguer un poste de « fonctionnaire » ; après un examen pas très compliqué, mais où quelques « ânes bâtés » (c'est lui qui parle) se sont quand même fait recaler, il est entré aux chemins de fer – le PO Midi. Ce fut son bâton de maréchal.

C'était un excellent élève au village, le Modeste – je rappelle que c'était son prénom ! Les drames de son enfance ne lui ont pas permis de s'instruire autant qu'il l'eût souhaité. Malgré les injonctions de l'école laïque et obligatoire, quand une famille dans la difficulté avait besoin des gamins pour guider les vaches ou aider aux champs, les braves instits fermaient les yeux, quitte à s'occuper un peu plus d'eux quand ils les avaient un tant soit peu sous la main.

Or grand-père Balthazar est mort aux abords de la quarantaine.

Il laissait cinq enfants dont l'aînée avait 9 ans et le plus jeune 8 mois.

Il s'était glacé « les sangs » pendant toute une matinée de printemps à retirer des agnelets empêtrés dans les névés.

Papa, le plus souvent possible, était placé comme domestique – une bouche de moins à nourrir dans une bicoque sans autre terre qu'un jardin pour les légumes.

J'en entends beaucoup faire vibrer à tout propos la corde du misérabilisme. Je me garderai donc d'en rajouter, mais chez les Miramon, à « Pecarrèra » (ici on porte le nom de la maison et non celui de l'état civil), du hameau d'Arria à Etsaut, c'était Zola en pleine montagne, onze mois par an. Leur vie n'était pas rose et leur condition n'était pas éloignée de celle du *lumpen* prolétariat des villes en des temps où n'existait aucune allocation d'aucune sorte pour grand-mère Margalita ; je laisse imaginer ce que fut sa vie de jeune veuve tant que ses enfants ne furent pas en mesure de se débrouiller seuls.

Papa n'avait pas eu le loisir de décrocher le si convoité, si mérité certificat d'études mais, dans les très nombreuses lettres que j'ai gardées, rares sont les fautes d'orthographe et, en tout cas, pas un seul accord de participe défaillant !

Quelque temps après son entrée aux chemins de fer, il passa aiguilleur et, par ailleurs, il fut très fier qu'on lui confie des responsabilités syndicales.

Un autodidacte que j'ai toujours vu un livre ou un journal à la main.

Chez maman, l'existence ne fut pas moins ingrate.

Chez les Lamazou aussi, mon grand-père Jean-Pierre était mort avant ses 40 ans. Comme dans les magnifiques chansons de Gaston Couté, on mourait beaucoup de « chaud et froid » en ce début de siècle ; cinquante ans avant la découverte des antibiotiques, pour un simple rhume mal soigné, on sortait souvent de sa maison les pieds devant.

Il laissait à ma grand-mère Marianne quatre filles, Brigitte, 11 ans, Marie, 8 ans, Romélie, ma mère, 6 ans, Catherine, 6 mois.

N.B. – Romélie : je ne suis pas sûr de l'origine exacte de cet insolite prénom dont sa marraine l'avait parée. Pour beaucoup, il s'agirait d'un antique prénom aspois.
En 1979, nous est arrivée à ma femme et moi une Romélie.
Dans son sillage, je sais que beaucoup de jeunes filles portent à l'heure actuelle le prénom qui m'est si cher (voir facebook !)
J'ai écrit une sorte de berceuse en langue béarnaise sur ma « Romélie » ; mais, tout comme pour la chanson « Mama », le thème en est trop intime pour que j'aie trouvé les mots justes en français.
J'ouvre ici une parenthèse sur le thème que j'ai déjà évoqué ailleurs : l'importance de la chanson sur les prénoms. Depuis « Marguerite donne-moi ton cœur », au début du XXe siècle, jusqu'à « Mélissa », tout le calendrier a défilé sur tous les rythmes possibles avec tout ce que les modes exotiques proposent.
Personnellement, j'ai honoré (!) « Dorothée », « Ella », « Wendy », « Lily », « Jeanne », « Caroline », « Mireille », « Julie », « Marie », « Françoise », « Geneviève », « Hélène », « Katia », « Lucie », « Maria ». Quelle santé !!

Grand père Jean-Pierre aurait voulu à toute force un garçon car, même sur un lopin qui vous appartient, les patates, le seigle ne poussent pas tout seuls ; le foin se fauche à l'huile de coude – puisque même les motofaucheuses d'aujourd'hui culbuteraient

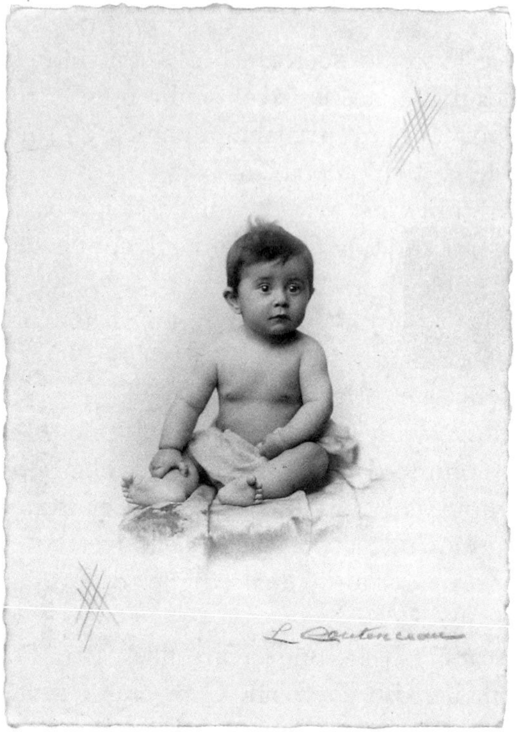

1929.
Un poisson d'avril
chez les Miramon
à Bordeaux.

J'ai deux ans environ.

Deux chiens et un futur cabot.

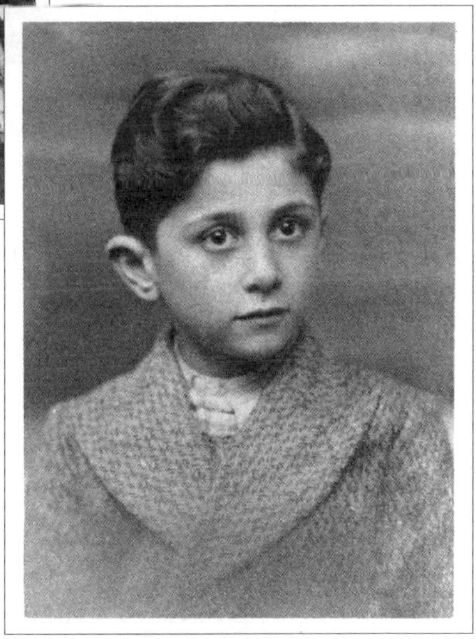

En 1937, déjà (au moins une bonne oreille, ah ah, ah !)

1941. Etsaut, vallée d'Aspe, l'été.

jusqu'au bas du pré ; il y a le bois à scier, à fendre ; la fougère à rentrer pour la litière du bétail…

La pente, cette damnée pente qui demande des efforts décuplés pour les moindres travaux !

Même si, chez elles, on n'a jamais eu le ventre vide, ma mère et ses sœurs ont fauché, labouré, comme des hommes. « Tant qu'on ne savait pas qu'il pouvait y avoir une autre vie, on n'était pas malheureuses », me dira maman…

Un jour les aînées sont parties à la ville, bonniches, femmes de ménage ; elles ont fait signe aux cadettes.

Et voilà la vallée qui se dépeuple. Sans regrets, il faut bien le dire.

Oui, c'est dur de passer la paille de fer sur les parquets avant de les cirer, mais moins que de faire les foins et porter les faix jusqu'au fenil, le dos brisé.

Un beau jour, elle rentra rayonnante à la maison. Fini les ménages ! Elle venait d'être admise comme aide-soignante à l'hôpital des Enfants, cours de l'Argonne.

– Tu te rends compte, me dira-t-elle aussi plus tard, malgré un travail pénible et dangereux (la contagion), ce que c'était pour moi qu'avoir une paye à la fin du mois !

Une anecdote me touche beaucoup : dans les années 60, je passe les voir à Bordeaux au cours d'une tournée ; seul dans leur appartement, j'avise un cahier d'écolier avec cette écriture que je connais bien. Des pages et des pages signées Flaubert, Chateaubriand, Balzac… Quand elle rentre de l'hôpital, elle m'explique, rougissant comme une première communiante : « Les aides-soignantes sans diplômes qui ont vingt ans de service, comme moi, sont admises à passer un examen pour devenir infirmières d'État ; je suis des cours à la faculté avec des gamines de 18 ans ; avec tante Marie nous travaillons sans relâche et j'ai bon espoir pour ce qui est oral et travaux pratiques ; quant à l'écrit, je saurai répondre ; mais papa trouve que je suis un peu fâchée avec l'orthographe et ça me fait honte ; alors il me dicte deux pages tous les jours et il corrige mes fautes. »

Je suis très fier de mes parents.

« Le P'tit Bout de la queue du chat »

(Robert Marcy)

J'ai 7 ans quand nous quittons Bègles pour une habitation pas trop loin à la fois de la gare et de l'hôpital.

De toute façon les quartiers des grandes villes et leurs proches banlieues vivent de la même manière et sur un même rythme.

Par exemple, les commerçants travaillent selon les mêmes méthodes : moyennant un petit supplément, le boulanger, le laitier envoient leurs commis livrer porte à porte, surtout pour les femmes qui restent coincées à surveiller leur marmaille ; la carriole à cheval du marchand de pains de glace pour les nantis (!) qui ont une glacière – le réfrigérateur, ce sera dans trente ans – et il faut avoir l'œil pour ne pas laisser gâter la nourriture, achetée pratiquement au jour le jour, en marchandant ferme avec les marchandes de quatre-saisons.

J'ai gardé en mémoire les cris distincts des petits artisans ambulants : *« Gué-é-eill'* (chiffons) *ferraille* »), *« vitriiiiiier »*, *« remou-ou-ou-oul-eu-eu eu-eur ! »* et la vieille du passage Birly qui fait son petit loto personnel où on peut gagner jusqu'à une bourriche d'huîtres de Marennes ou une oie.

En route pour Bordeaux ! Il suffit de traverser le boulevard.

À deux pas de la « Barrière de Toulouse », ce sera passage Leydet.

C'est là que je passerai ma jeunesse, jusqu'à mon départ pour Paris.

Une « échoppe double » comprenant deux logements séparés par un couloir. Une cuisine avec sa souillarde minuscule, où se trouve l'évier – on a l'eau courante –, ma chambre éclairée par un vasistas, séparée de celle de mes parents par une cloison épaisse comme une feuille de papier à cigarette.

De l'autre côté du couloir nos voisins sont symétriquement logés à la même enseigne, c'est le cas de le dire. Les chiottes communes dans la courette où survit un lilas rachitique.

Le menu peuple – des employés, des ouvriers – de cette rue sont dans le même cas et les deux ou trois propriétaires de maisons à un étage font figure de rupins.

Là non plus n'en rajoutons pas, mais la promiscuité, je connais ; les « murs » qui laissent passer tous les bruits – tous, absolument tous –, et les odeurs aussi. Les vêtements dans des ballots sur les meubles qui empestent la naphtaline, quand on les récupère l'hiver venu. La toilette en commun – sauf ma mère qui me demande de passer dans ma chambre – avec, l'hiver, la cuvette d'eau chaude posée sur la porte du four de la cuisinière. Une salle de bains ? Personne, je dis bien personne n'en possède l'ombre d'une, à deux kilomètres à la ronde.

Cependant, si l'on excepte la période de l'Occupation où tout le monde s'est gelé et a dansé devant le buffet, je n'ai pas eu faim ni froid, veillé, surveillé, cajolé, par des parents désireux d'éviter à leur enfant – unique à tout point de vue ! – la cruelle jeunesse qui fut la leur. Je bénis leur souvenir et, quel que soit leur milieu, je plains de tout mon cœur ceux, célèbres ou inconnus, à qui une enfance sans tendresse a pu faire dire *« familles je vous hais »*.

Hormis la tante Brigitte qui s'est mariée au pays, la plus grande partie de la famille vit à cinq minutes de chez nous : ma grand-mère Marianne, mes deux tantes, Marie et Catherine, mes cousins Maïté et René. Ce dernier a trois ans de plus que moi ; c'est le grand frère que je n'ai pas eu ; il me trouve assez dégourdi pour ne pas me traiter comme un bébé, au contraire ; quant à moi, c'est mon compagnon de jeux préféré. Mes parents font les « trois-huit » et quand ils travaillent tous les deux la nuit, il vient à la maison pour que je ne dorme pas seul. Évidemment je renchéris dans le chahut pour compenser l'infériorité de l'âge !

Plus tard nous rigolerons de bon cœur à nous remémorer les âneries monumentales que nous improvisions sur les chansons du moment. La décence m'interdit d'en raconter les détails…

Tard dans la nuit les voisins, qui fort heureusement n'entendaient pas les « textes » mais seulement les hurlements de rire, tapaient à la cloison : « *Les jeunes, ça suffit ! On se lève de bonne heure, nous, demain matin !* »

Ce n'était pas un quartier pour chienchien ou matou à sa mémère mais tout le voisinage avait ses chats, qui vivaient leur vie dans les jardinets et sur les toits. Ça nous envahissait de puces, mais c'était efficace contre les souris et même les gros rats qui pullulaient dans ce coin, si peu salubre qu'on a fini par le raser il y a quelques décennies.

Ces Bibi, Pépin et autres Moustic ont été les grands amis de toute mon enfance.

Je n'irai pas jusqu'à dire que ce fut plus tard le motif principal de notre amitié avec Brassens, mais il nous arrivait de parler d'eux comme de membres de nos familles – ce qu'ils étaient !...

À Paris, quand le temps des chambres d'hôtel et des locaux minables fut enfin révolu, mon premier soin, dès que j'ai eu un peu d'espace, fut de renouer avec les chats. Actuellement c'est un certain Zizou, diaboliquement adroit pour jongler avec un bouchon, blanc comme Bibi était noire, qui tient la vedette chez nous. En bon chat qui se respecte il nous échappe quand il n'est pas d'humeur à être caressé ; à d'autres moments, quand je lis, il vient un peu pétrir ma poitrine et ronronner à son aise. Alors j'ai 10 ans...

À gauche, le grand théâtre qui verra mes premiers pas sur une grande scène dans le rôle de Mascarille…

Avec papa.

Avec maman, à l'hôpital où elle est aide-soignante.

Lycée Michel-Montaigne, Bordeaux, 1942-1943

« Je suis né dans la rue »

(Long Chris / Thomas Brown - Michael Jones)

Les enfants, garçons et filles, échappant à l'exiguïté de leurs habitations ouvrières, avaient la rue pour seul terrain de jeux, hiver comme été. Ils ne s'en plaignaient pas, au contraire ; et ce n'était pas deux voitures à gazogène par jour qui pouvaient perturber la pleine possession de leur territoire.

C'est là que se déroulaient toutes sortes de luttes, que se formaient et se défaisaient tous les clans, à coups de batailles rangées, de duels singuliers, de bouderies, de complots, de rivalités, d'alliances éternelles qui pouvaient durer jusqu'à deux semaines.

C'est là qu'on devenait tour à tour gendarme, cow-boy, espion, indien, corsaire, grenadier de la garde, champion de tout un tas de trucs ; c'est là qu'on oubliait de ne pas abîmer nos chaussures en shootant dans n'importe quoi et qu'on déchirait nos vêtements, avec pour tarif quelques baffes des parents en plus des gnons récoltés au combat.

Les filles jouaient à la marelle, à l'institutrice, à la poupée, aux osselets.

Et aussi à un jeu de devinettes, « les métiers » dont je suppose qu'il avait cours partout : on dit la première et la dernière lettre et on mime les activités du métier à trouver – celui qui sortait le plus souvent c'était O-E otorhinolaryngologiste ; ça faisait beaucoup d'effet… les premières fois.

Les garçons jouaient aux billes, *les berles* ; au *bertole,* typiquement bordelais, que je sache, avec des bouts de bois qui voltigeaient – un peu trop, au gré des riverains, à cause du nombre de carreaux cassés ; un autre jeu consistait à faire parcourir le long des trottoirs, par pichenettes, une boîte de cachous vide.

Les parents de Jacky Laprade ou de René Rodriguez acceptaient de fermer leurs volets un bon moment pour qu'on joue à la pelote contre le mur de leur maison à un étage, à condition que ce soit avec une balle propre pour ne pas salir leur mur.

Les tournois étaient très suivis et c'était une bonne occasion d'épater les filles, sans faire nos intéressants à dire des grossièretés pour montrer qu'on était de la vraie graine d'hommes.

Les enfants des quelques gens comme il faut de la rue nous rejoignaient quelquefois, pas trop longtemps, surveillés par leurs mères – qui venaient aussi les chercher à la sortie de l'école. Ils partageaient nos jeux mais ils n'avaient pas tout à fait les mêmes manières que nous ; on ne leur cherchait pas de « crosses » pour autant ; certains même étaient tout ce qu'il y a de fréquentable – ainsi Guy Gayan autour de qui on faisait cercle ; ses parents, cadres à la SNCF, l'emmenaient au ski pour Noël. On lui faisait raconter et raconter encore les longues montées raquettes aux pieds, le barda sur l'épaule, le bonnet de laine enfoncé jusqu'aux oreilles à la place du béret, les lanières pour les « planches », le vent qui siffle aux oreilles dans la griserie des descentes si durement méritées.

Et nous le regardions avec les mêmes yeux que pour Lulu Cazaubon qui, avant d'arriver parmi nous, avait vécu à Tananarive. À Tananarive, tu te rends compte !

Dès notre arrivée à Bordeaux, je serai scolarisé à l'école Deyries ; un petit quart d'heure d'un pas normal, pouvant varier de cinq minutes en courant – quand mes parents travaillent et que je n'ai pas entendu sonner le réveil – à quarante minutes et plus selon le nombre de copains et l'intensité des jeux sur le chemin du retour.

Je suis un très bon écolier, qui ne quitte pas les places de second et troisième de la classe, la première revenant à moins turbulent que moi. J'ai idée que je devais être intenable et que j'ai donné bien du fil à retordre à mon entourage. Il y a dix ans à peine, j'ai appris qu'il y a des enfants dits *hyperactifs,* agités d'un mouvement perpétuel et dont la vivacité d'esprit peut être très handicapée par un manque de concentration. Ça correspondrait assez bien à mon cas…

Ma mère m'a dit plus tard : « Oui, tu étais très dissipé ; mais tellement gentil ! » (Tout le monde sait à quel point les mères sont objectives !)

Quant à l'instituteur, M. Plasmondon, il était le prototype de ces maîtres qui exerçaient leur beau métier comme une mission.

En des temps où la justice leur tombe dessus quand ils secouent un peu vivement une chère tête blonde, je salue sa mémoire, lui qui nous houspillait pour faire entrer dans nos crânes ce qui y reste encore si longtemps après. Car M. Plasmondon nous aimait tous et jusqu'aux derniers de ses cancres, qu'il ne lâchait pas, comme s'il s'était agi de leur salut éternel.

En sixième, au lycée Michel-Montaigne, c'est un autre monde que je n'ai pas tardé à découvrir ; je ne dis pas qu'on y était maltraités, mais un prof différent chaque heure, c'est un système qui ne convient qu'aux enfants un peu sages et studieux. Mes études secondaires ont été chaotiques ; on verra que, si elles parvinrent à leur terme, ce ne fut pas sans heurts…

Ce n'est pas la fortune chez les Miramon, il s'en faut de beaucoup, mais les fins de mois deviennent un peu moins difficiles ; sans faire de folies, on peut – enfin ! – se payer cet objet tant convoité, ce petit meuble magique qui prendra de plus en plus de place, dont on ne pourra plus se passer, et qui se met à trôner jusque dans les foyers les plus modestes : le poste de T.S.F.

Par la radio un nouveau style va se dessiner. Le ton a changé.

On pourra susurrer, roucouler, comme Lucienne Boyer :

Parlez-moi d'amour/ Redites-moi des choses tendres

ou comme Jean Lumière (1) avec son articulation et sa voix travaillée.

(1) Jean Lumière fut de ceux qui firent aimer la romance française de qualité à travers le monde. Il était devenu, carrière terminée, un excellent professeur de chant, avec, pour élèves, des artistes comme Édith Piaf, Cora Vaucaire… Dans les années 70, j'avais eu un gros pépin vocal et avais fait le vœu de ne me raser à nouveau que si tout rentrait dans l'ordre. Grâce à lui, ma rééducation avait été si efficace et j'avais si bien repris confiance qu'un soir, devant les millions de téléspectateurs de l'émission de Guy Lux, j'avais chanté « Le Mexicain » en direct en rasant ma barbe.

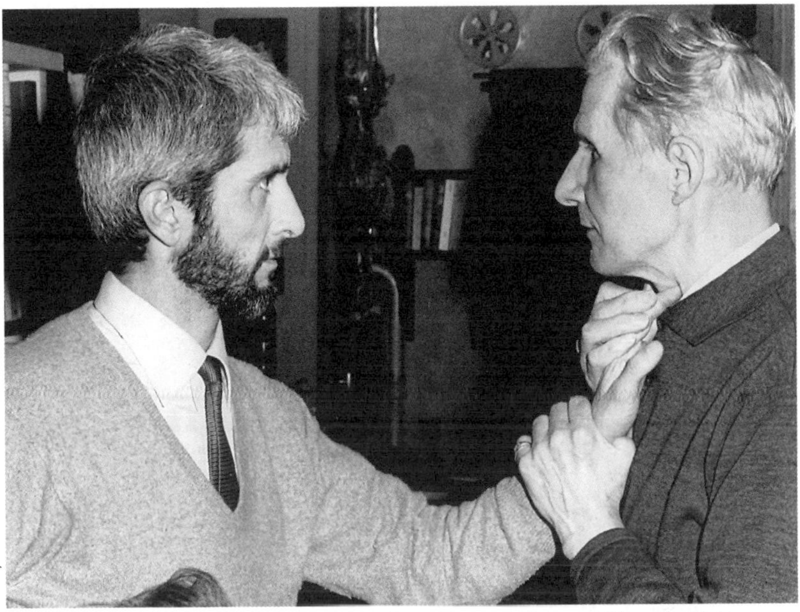

M. Beynon.

Jean Lumière, un de ces chanteurs « de charme », mais à texte, élève de Ninon Valin à la diction parfaite, m'aide à rééduquer ma corde vocale.

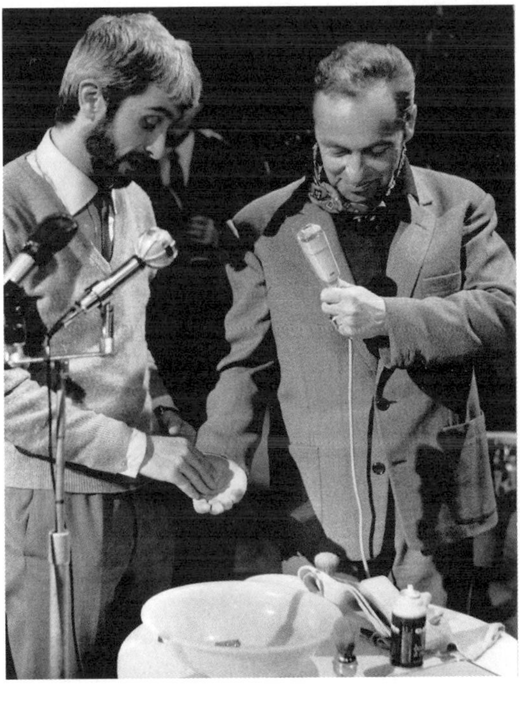

J'ai retrouvé ma voix !
Fidèle à mon vœu,
je rase ma barbe
en direct à la télé
chez le barbier Guy Lux.

Passent aussi à la radio : Saint-Granier, Johnny Hess, ex-partenaire de Charles Trenet, Lys Gauty, Suzy Solidor, Marie Dubas, Damia, Reda Caire, Guy Berry, Fred Adison et son orchestre.

Et aussi ce jeune comique désopilant venu de Marseille, Fernandel, bien dans la lignée des comiques troupiers ; on ne peut pas dire qu'il fait dans la dentelle lui non plus, mais on ne vient pas pour ses textes ; c'est lui qui est irrésistible, avec ses mimiques de Schpountz ahuri !

Tous ces artistes faisaient de longues carrières et je les ai entendus toute ma jeunesse…

Avec la radio, la chanson entre dans les appartements. Les habitudes sont bouleversées. On se met à reconnaître la voix des gens célèbres jusqu'au fin fond du pays… Les commerçants l'utilisent pour faire de la « réclame » :

La brillantine/La meilleur' la plus fine/Mais oui c'est la/Brillantine Roja

Ou encore : *Bien l' bonjour M'sieur Levitan/*
Vous avez des meubles garantis longtemps

Il n'y avait pas beaucoup de stations – à Paris deux ou trois peut-être.

À Bordeaux, une seule : « Bordeaux Lafayette » ; ça nous suffisait largement !

Il n'y avait pas non plus comme aujourd'hui des chansons calibrées pour telle ou telle catégorie. C'était encore très œcuménique ! Tous publics ! La ségrégation ne viendra que dans les années 60 (et toc !).

Cette immense diffusion nouvelle va commencer à faire de la chansonnette une véritable industrie.

Beaucoup plus d'auteurs pourront en faire leur métier, de façon parfois extrêmement lucrative, comme Vincent Scotto !

Il a commencé à être célèbre en 1906 avec « La Petite Tonkinoise » alors qu'il habitait encore son Marseille natal. Depuis, il n'a pas arrêté de faire chanter la France en écrivant quatre mille chansons de 1900 à 1950.

Quand on lui demande où il a puisé son inspiration, il répond : « L'amour, l'amour et encore l'amour ». C'est ma foi vrai ! En 1932 et 1934, sa veine mélodique vient de mettre sur orbite deux fusées de taille. En 1932, Alibert et les opérettes marseillaises et en 1934 Tino Rossi.

Avant la radio, le théâtre avait popularisé « l'assent » avec les pièces de Pagnol, et ses interprètes Raimu, Fernandel. Ça donnait une impression de ciel bleu, de soleil à tout le pays. « Adieu Venise provençale », « Une partie de pétanque », « Le plus beau tango du monde ». Et dans tout le pays on chantait : *Partout elle est populaire notre Cane, Cane, Canebièr...*

« Ô Corse île d'amour »

(Géo Koger / Vincent Scotto)

En 1934, mêmes ingrédients : Scotto, la Méditerranée, un accent ; et c'est la bombe Tino Rossi ! En 1935, il vend huit mille disques par mois, ce qui est proprement vertigineux pour l'époque. Et jusqu'à la fin de sa carrière, ce sera tube sur tube comme on ne dit pas encore (c'est paraît-il un mot inventé par Boris Vian) :

Marinella ah reste encore dans mes bras,
O Catarinetta bella tchi tchi.
Tant qu'il y aura des étoiles...

La liste de ses succès s'étalerait sur des pages et des pages...

Aux beaux jours, alors que les ouvriers du quartier rentraient déjeuner chez eux, depuis la sortie de l'école Deyries jusqu'à la maison, j'entends les radios à fond la caisse de proche en proche ; sur les quinze minutes du trajet, neuf fois sur dix, Tino était au programme, puisque c'était une heure de grande écoute. La folie !

Plus tard, j'ai su qu'il s'est fait pas mal charrier par certains pour sa gaucherie, ses textes guimauve. Mais il s'en foutait, Tino ! Complètement ! C'était devenu le mythe à la voix de velours, non seulement pour le gros public mais aussi pour bien des gens importants du spectacle et des arts, épatés par un tel engouement populaire: Pagnol, Jeanson – le féroce Henri Jeanson; Trenet, Colette qui sont allés jusqu'à lui écrire des chansons…

Cela agaçait beaucoup les intellectuels, mais la France entière a fait *tchi tchi,* comme elle a fait *pouet pouet,* comme elle fera *tchica tchica tchic aïe aïe* avec Luis Mariano et comme elle fera *da dou ron ron* avec Johnny.

La France vivait à l'heure Tino. Et pour un sacré bout de temps.

Mais ça ne l'empêchait pas, la France, d'aimer aussi autre chose.

Déjà, en 1931, le public avait fait un triomphe à Pills et Tabet dans une chanson de deux inconnus: un parolier avocat, Jean Nohain, et une jeune musicienne comédienne, Mireille.

Couchés dans le foin
Avec le soleil pour témoin…

Les éditeurs la refusaient en disant: «Une chanson qui commence neuf fois par la même note, ça ne marchera jamais!» Mais, bientôt, tous les artistes voudront chanter du Mireille-Nohain: Dranem, Maurice Chevalier et bien d'autres.

Quand un vicomte rencontre un aut' vicomte
Qu'est-c' qu'ils s' racontent
Des histoir' de vicomtes.

À présent, ce qu'on entend à la radio, on le retrouve sur scène, grâce au micro. Beaucoup de gens en étaient toujours aux chanteurs qui donnaient de la voix et articulaient un maximum, pour être entendus et compris jusque dans le fond des salles de caf' conc'. C'est Jean Sablon qui a compris le premier qu'on pouvait utiliser le micro comme un véritable instrument; alors, lui aussi, on se payait souvent sa tête; les chansonniers l'appelaient «le mime». Ça ne l'a pas empêché d'avoir beaucoup de succès, surtout auprès des jeunes, et de faire une excellente carrière à l'étranger, en particulier aux États-Unis. Fils de chef d'orchestre, bercé de musique, il faisait partie de la poignée d'artistes en avance sur le plan rythmique;

il participera à ce qu'on a appelé « la révolution du swing » et déjà, en 1933, il se fera accompagner par un trio de jazz où figure un certain Django Reinhardt !

Il chantera en duo avec Mireille et interprétera les œuvres de jeunes auteurs comme *Vous qui passez sans me voir,* jolie chanson de Trenet, mais qui n'est pas encore du Trenet.

Avant d'arriver au « fou chantant », d'autres auteurs auront élargi la brèche : pas seulement Mireille et Jean Nohain, mais aussi Jean Tranchant, un esthète éclectique qui s'essaie avec bonheur à la chanson – pas exactement un « parolier bourgeois » puisque tout le public a suivi.

Charles Trenet avait tenu à me remettre ce disque d'or : double raison de crier « y'a d'la joie ».

« Tout va très bien, madame la Marquise »

(Paul Misraki - Bach - Laverne)

Je l'ai dit, les gens n'étaient pas sectaires en matière de refrains et le tube-kleenex n'existait pas. On pouvait très bien entendre Django jouer *Nuages* et tout de suite après Ouvrard, l'un des derniers comiques troupiers :

J'ai la rate qui s' dilate/ J'ai le foie qu'est pas droit/ Les poumons tout en long/ Les rotules qui ondulent/ Les tibias raplapla…

Le monde non plus n'est pas bien portant : l'Éthiopie, la Chine, l'Espagne… Cependant, la Chine, l'Éthiopie, c'est loin ; tandis que l'Espagne, où la guerre civile vient d'éclater, c'est le premier voisin…

Hitler aboie de plus en plus fort ; rien ne l'arrête : réarmement, annexion de territoires…

Et nous, qu'est-ce qu'on fait ? On chante (1) !

On chante avec Ray Ventura qui popularise en France la chanson à sketchs et, parmi ses « Collégiens » (ses musiciens et chanteurs), il y a un guitariste, un certain Loulou Gasté ; et aussi un merveilleux jeune auteur-compositeur, Paul Misraki, auquel on doit de jolies chansons sentimentales aux riches harmonies : « Sur deux notes », « Le Petit Souper aux chandelles » et des dizaines de succès très joyeux, non seulement la fameuse « Marquise », mais encore « Ça vaut mieux que d'attraper la scarlatine », « Comm' tout l' monde » et tant d'autres qui nous mettent en joie…

Là, mes souvenirs commencent à être très précis.

1936-1937 pour moi c'est la guerre d'Espagne, Charles Trenet et le Front populaire !

La guerre d'Espagne est à nos portes. En vacances l'été, dans la vallée, quand on part en randonnée vers le lac d'Arlet, il nous arrive d'entendre le canon tonner du côté de Jaca dans le tout proche Aragon.

(1) Cette situation inspirera — plus tard — Brassens ; *Que faisiez-vous, mon cher, quand l'Espagne flambait ? /Je chantais « Y a d' la joie ».*

À Bordeaux, la salle de ma mère à l'hôpital Saint-André commence à accueillir des réfugiés républicains ; les femmes hurlent en faisant des cauchemars où des avions à croix gammées en piqué sèment la mort dans les populations civiles, à la bombe et à la mitrailleuse.

Avec les voisins ou autour de la table familiale, on en parle avec beaucoup de compassion ; sans imaginer une seconde que notre tour va bientôt venir.

« La Route enchantée »

(CharlesTrenet)

Les 40 heures, les congés payés, ça fait un moment que les gens attendaient ça !

Je me souviens comme si c'était hier de la liesse populaire. Je me revois juché sur les épaules de papa, au parc bordelais « Regarde, Marcel, regarde ! C'est Léon Blum. » Et moi je me demandais pourquoi la vue de ce moustachu binoclard à chapeau mou le mettait dans un état d'excitation pareil !

En tant que cheminot, papa ne payait pas le train et quand son jour de repos tombait le jeudi ou le dimanche, on emportait le casse-croûte et il nous emmenait passer la journée, René et moi, à Arcachon ; mais c'était loin d'être le cas de tout le monde ; en 1936, par wagons entiers, bien des ouvriers vont découvrir la mer pour la première fois ; sur les routes on voit des vélos, des motos avec side-car, des campeurs sac au dos…

L'été 36, partout, partout c'est « La route enchantée », « Y a d' la joie », (1) chantées par leur auteur Charles Trenet, devenu en très peu de temps une immense vedette…

À nous, les gamins, ça nous plaisait bien cette tour Eiffel – qu'on n'avait jamais vue – qui sautait la Seine à pieds joints et ce facteur qui s'envolait dans le ciel bleu. Je me suis fait le cadeau de l'enregistrer en 1990, mais je la savais par cœur depuis un demi-siècle !

(1) C'est resté un classique de la chanson qui est repris génération après génération. Dans les années 70, j'en ferai le titre d'un disque reprenant les chansons de ma jeunesse.

Aujourd'hui encore, je peux la chanter sans me tromper, avec des tas d'autres du même merveilleux auteur-compositeur: «Je chante», «Fleur bleue», «Le Soleil et la Lune», «Boum!», «Vous oubliez votre cheval».

J'entends beaucoup dire qu'il y a eu l'avant et l'après Trenet. Il a bien assez de talent sans qu'on en rajoute! Ce n'est quand même pas l'avant et l'après Jésus-Christ! Avant Trenet, il y a eu des centaines de chansons formidables. Ce qui est certain, c'est qu'un vent de jeunesse poétique s'est mis à souffler sur la chanson française et, après lui, il a fallu s'accrocher pour ne pas paraître ringards (comme on ne disait pas, non plus encore, car le mot vient d'un personnage de théâtre au temps de la Libération).

« La Bicyclette »

(Pierre Barouh / Francis Lai)

Le Tour de France nous passionne plus que jamais… Comme je le disais à propos de Vietto et *tutti quanti,* c'était de l'épopée quotidienne pour le pays entier, toutes classes confondues; mais je pense que, pour les moins fortunés, c'était l'une des distractions gratuites les plus populaires. Les prouesses des «Géants de la Route», commentés de façon épique par les journalistes, passionnaient les quartiers et alimentaient toutes les conversations étape après étape (Roland Barthes ne m'aurait pas contredit!)

Cet intérêt n'a pas faibli, malgré les avis «autorisés» annonçant chaque année la disparition de la Grande Boucle. Je m'en réjouis et m'en étonne car, autant je partageais l'enthousiasme général quand il y avait des équipes nationales et régionales, autant je me demande, en voyant ces hommes-sandwichs bariolés, où le bon populo trouve encore à vibrer quand les «Panzani» tiennent la dragée haute aux «Télécom»; il faut croire que les *tifosi* d'aujourd'hui, comme ceux d'hier, acclament des hommes allant au-delà de leurs limites, sous quelque maillot que ce soit…

Et puisqu'on parle de la «petite reine», je peux continuer à égrener l'actualité à la façon de Georges Perec : je me souviens de Dubo-Dubon-Dubonnet, du vermifuge Lune, de la Boldoflorine la bonne tisane pour le foie, des Marx Brothers, de Fred Astaire, de Pépé-le-Moko, de Pierre Fresnay dans *La Grande Illusion*. Je me souviens quand le P.O. midi a été nationalisé et que papa est venu à la maison avec sa belle casquette Esse-Enneu-Cé-Effeu. Je me souviens de la disparition de Jean Mermoz et de l'abdication d'Edouard VII parce qu'il voulait épouser une femme divorcée (depuis, ils en ont vu d'autres chez Buckingham !)

Je me souviens de la jeune Édith Piaf chantant «Mon légionnaire».

Je me souviens de Rina Ketty : «*J'attendrrrai / Le jourrr et la nuit*» ; son grand succès illustrait le goût de dépaysement des Français, qui avaient adopté l'Américaine Joséphine Baker au music-hall comme la Roumaine Elvire Popesco au théâtre. Rina, la charmante Italienne, préfigurait le succès qu'auraient tant d'interprètes à accent, de Luis Mariano à Eddy Constantine et de Dalida à Nana Mouskouri en passant par les bienvenus hispano-sud-américains-mexico-cubains qui se sont succédé au pays de la valse musette…

Je me souviens de Reda Caire. Je me souviens du retour, après vingt ans d'absence et trente kilos de plus, de la grande pathétique alcoolique Fréhel avec une chanson signée Vincent Scotto – toujours lui –, «La Java bleue».

À 10 ans, les neurones sont tout neufs et, avec l'âge, les souvenirs qu'on a imprimés restent étonnamment vivaces ; aussi, je me souviens qu'on a beaucoup tremblé quand la radio française nous retransmettait les vociférations de Hitler, pour bien finir de nous persuader, au cas où on en aurait douté, que c'était une bête sauvage ; mais nos vaillantes troupes franco-anglaises n'allaient pas tarder à le mettre en cage, après avoir réduit en bouillie son armée coincée devant notre imprenable ligne Maginot.

Et puis, on a eu beau faire l'autruche, la guerre a fini par nous rattraper.

Les gosses, inconscients et fiérots, chansonnent sur « Reginella », un succès de Tino :

Lorsque descend le crépuscule/ Hitler envoie ses bombardiers/
Pilotés par quatre crapules/Semer la mort dans nos quartiers/
Tac tac tac fait la mitrailleuse/ Boum boum boum fait la DCA…

Maurice Chevalier, joyeux et martial, à propos de notre jeunesse « sous les drapeaux », chante : *« Tout ça, ça fait d'excellents Français ».*

Et pendant ce qu'on nomma « la drôle de guerre » – parce que rien ne se passait (on ne perdait rien pour attendre) – c'était Ray Ventura prenant en dérision le « prétendu pendant allemand » de notre ligne Maginot :

« On ira pendre notre linge sur la ligne Siegfried ».

De « Heili heilo heila » *à* « La Vie en rose » (1)

Après ces fanfaronnades, c'est la débâcle ; l'aviation allemande bombarde les villes et mitraille les civils sur les routes de l'exode.

Bordeaux est submergé de réfugiés affolés.

Alors ma mère n'a fait ni une ni deux, elle m'a mis dans le premier train et m'a envoyé chez grand-mère dans la vallée.

Je dis « ma mère » parce que mon père était au front. Rebelote vingt ans après !

Il a été mobilisé dans les chemins de fer de campagne. Il a assisté à ma première communion le 23 mai et trois jours après il partait vers ce qu'on croyait être l'arrière du front. En fait les Allemands avançaient partout et il a failli se retrouver prisonnier à 45 ans, comme deux millions de troufions de l'armée en déroute.

Dans mon village d'Etsaut, les cartes-lettres à croix gammée portant la mention « *Kriegsgefangene* » (prisonnier de guerre) affluaient tellement que le facteur, débordé, demandait aux enfants de les porter vers les hameaux ; je dois à la vérité de dire qu'on nous accueillait comme les messagers de bonnes nouvelles et nous évitions deux ou trois fermes où des familles anxieuses, chaque jour un peu plus désespérées, nous guettaient sur le pas de leur porte.

Été 1940, Bordeaux est occupé. Le général qui dirige la Kommandantur a pour nom Von Faber du Fort (merci Louis XIV d'avoir révoqué l'Édit de Nantes !).

La ligne de démarcation passe à cinquante kilomètres et maintenant, pour aller en zone sud, il faudra un *Ausweis* – un laissez-passer.

(1) Édith Piaf / Louiguy.

Quand je réintègre le passage Leydet, pour la rentrée des classes en octobre, on voit des drapeaux à croix gammée sur les édifices, des panneaux en lettres gothiques partout. Maintenant, je suis en sixième au lycée Michel-Montaigne et tous les matins à huit heures tapantes on croise la patrouille qui remonte le cours de la Somme – tout un symbole ! – au pas cadencé en chantant « Heili heilo heila ».

On voit aussi des Fridolines qu'on appelle « souris grises », à cause de la couleur de leur uniforme ; du jamais vu, de l'inimaginable : des femmes soldates, des soldates femmes, comme si une femme ça pouvait être soldat, ou soldate, tu dis comme tu veux. Bordeaux étant une base sous-marine importante, on croise beaucoup de *Kriegsmarine,* les officiers avec leur courte épée au côté, les matelots très élégants avec leurs deux longs rubans flottant dans le dos, et qu'on ne voit jamais se mélanger aux bandes de marins italiens rigolards, qui parlent fort et draguent les filles.

La population est sonnée mais la vie continue. Cependant on n'en est qu'aux débuts… L'occupant est à notre charge ; on ne va pas tarder à s'apercevoir qu'il nous pille et que, très vite, on va manquer de tout : de carburant, de chauffage, de vêtements.

Et surtout, surtout de bouffe.

« Putain ! » Comme on dit continuellement dans le peuple à Bordeaux (ça ne se dit pas encore couramment dans tout l'Hexagone ; il n'y a alors que dans le Midi que ce n'est pas considéré comme un mot grossier ; depuis, on a fait école – merci pour le cadeau – y a pas de quoi, con !!)

– « Putain ! » m'exclamais-je donc, qu'est-ce qu'on a pu la sauter !! Le chocolat, les bananes, on ne les reverra que dans cinq ans. Des queues partout, pour un peu de lait écrémé, du pain gris ; on mange des trucs qu'on donnait aux cochons avant, comme les topinambours, les rutabagas. Il y a les cartes de rationnement : travailleur de force ; les jeunes, ce sont les cartes J1, J2, J3. Les J3 ce sont les ados, comme je le fus pendant les deux tiers de l'Occupation (ce sera le titre d'un film après la Libération).

Partout où c'est possible, on voit des mini-potagers ; dans les coins des maisons, sur les talus des voies ferrées – papa et ses copains ont le leur autour du poste d'aiguillage n° 4. Et encore, nous on a du bol à la maison, avec un père cheminot qui ne paie pas les voyages pour aller chercher à manger. Attention, il ne fait pas de marché noir au sens vénal du mot, mon paternel ; ne pas confondre trafics clandestins toujours juteux et démerdes-ravitaillement familial. Les jours de « repos », il part en expédition. Il met son vélo en bagage dans le train et le soir il rentre fourbu, chargé comme une bourrique, pour la famille et les proches. En dehors de ces raids qui améliorent l'ordinaire, le reste du temps, on se serre la ceinture comme tout le monde.

À l'école on nous distribue des biscuits vitaminés, juste après nous avoir fait chanter « Maréchal nous voilà ». Même moi ; obligé !

Chaque matin il fallait commencer par ce cantique à Celui qui avait « fait don de sa personne à la France ». La plupart des profs regardaient le plafond, mais il y en avait qui veillaient au bon ordre (nouveau) dans les rangs.

Je n'ai ni qualité ni envergure pour réhabiliter à moi tout seul le peuple français dans son ensemble, mais, à ce propos, j'en ai un peu ras le bol d'entendre dire que « la France entière » a été pétainiste ; que ce sont les mêmes qui, en 44, ont applaudi, à peu d'intervalle, le maréchal et le général de Gaulle à Paris ; comme si, durant la campagne de 2012, les dizaines de milliers de supporters de Hollande, Sarkozy, Bayrou, Mélenchon et Le Pen étaient interchangeables ; exactement comme des figurants allant cachetonner de tournage en tournage ou des morts de faim se bousculant à n'importe quelle soupe populaire… Cette manière de tout simplifier !

En juin 40, 97 % de nos compatriotes étaient éperdus de gratitude que quelqu'un se soit interposé afin d'éviter la boucherie. Et pas n'importe qui, ce quelqu'un : le vain-queur de Ver-dun, ma-ré-chal de France, membre de l'A-ca-dé-mie fran-çaise !

Même papa a dit amen pour qu'on évite l'hécatombe. Pourtant Dieu sait s'il haïssait tous les haut-galonnés et bien-pensants (le sabre et le goupillon), celui-là comme les autres. Oui, papa, il a fait ouf, comme Emmanuel Berl et Ray Ventura qui étaient Juifs, comme presque toute la population, des pacifistes aux anciens combattants !

Quand le vieux a commencé à montrer sa vilaine face cachée, ceux qui ne pouvaient se résoudre à sa félonie ont inventé à son égard le mot de *« maréchalisme »* pour différencier de « pétainisme ». Ce n'est qu'au fil des mois que de plus en plus de gens ont été à même de constater qu'à l'ombre de la francisque la France réac mettait à son pas la France de 36.

Papa – je compris plus tard pourquoi – m'avait fermement ordonné de ne pas me faire remarquer ; alors je chantais, sans fausse note, mais à contrecœur, à *contrechœur.*

Quant au général de Gaulle, pratiquement personne ne le connaissait en 40 !!

On n'a su la tête qu'il avait qu'à la Libération. Et l'appel du 18 juin, autant dire que personne ne l'a entendu...

Les Français ont mis plus d'un an à émerger du fond du trou !

Mais, me dira-t-on, malgré la situation épouvantable, ils s'amusaient quand même, les Français vaincus !! Évidemment qu'on s'amusait ! Même dans les files d'attente, même dans les abris ! Chaque fois qu'on pouvait, on allait au cinoche, au théâtre ; des fois, il arrivait que la séance soit interrompue à cause d'une alerte.

Ça reprenait après le bombardement.

Et tout comme les menuisiers menuisaient, les pêcheurs pêchaient, les écrivains écrivaient, les professeurs professaient, eh bien, les chanteurs chantaient.

Tout le monde connaît les reproches adressés à des artistes connus pour avoir continué à se produire, surtout à Paris, devant des publics où on dénombrait beaucoup d'uniformes de la *Wehrmacht.* C'est un procès en sorcellerie.

Certes, parmi les célébrités du monde du spectacle, une minorité a été pour le moins complaisante envers nos blonds vainqueurs, tout comme une autre minorité a tout quitté pour aller les combattre – quand c'était possible – mais la plupart étaient bien obligés de faire leur métier ; ne serait-ce que pour le populo qui n'avait pas tellement d'occasions de se donner un peu de bon temps – il faut les en remercier.

Alors, tous ces Résistants des années 80 me font bien rigoler.

Refermons la parenthèse pour en revenir à ce qui se chantait pendant que Rome brûlait ; à proprement parler, ce n'était pas encore Rome qui brûlait, mais – entre autres – Bordeaux, avec nous, parfois, pas loin de l'incendie.

Alors Piaf, Chevalier, Trenet, Tino, Alibert et les nouveaux comme André Claveau, nous aidaient à garder le moral.

Comme ça s'est toujours fait, on reprenait leur répertoire à notre compte.

Nous les jeunes, on était toujours aussi fous du Fou chantant, de Django Reinhardt et on était tous amoureux de Danielle Darrieux ; on a beaucoup entendu à la radio et à tous les coins de rue à l'accordéon, « Mon amant de Saint-Jean », que reprendra Patriiick, soixante ans après sa créatrice Lucienne Delyle.

Les quelques refrains cocardiers de 1939 avaient viré à la nostalgie : « Douce France », « Ça sent si bon la France », « Ah ! que la France est belle ».

« C'est notre espoir »

(Maurice Chevalier / Henri Betti)

Quant à notre Maurice national, il nous redonnait la pêche avec des chansons entraînantes comme « Notre espoir » qu'il avait écrite sur une musique d'Henri Betti. On raconte à propos de cette chanson que les Allemands auraient convoqué l'éditeur pour savoir si les *« Zim boum boum ta gada »,* qui constituaient le refrain anodin et bon enfant, ne dissimulaient pas quelque brûlot. Mais non, ce n'était que des onomatopées !

Quoi qu'il en soit, toujours sur la brèche, noblesse oblige, notre Maurice est le numéro un. Il donne l'exemple. Il estime de son devoir de redonner du cœur à nos ventres vides.

Les éternels propagateurs de ragots et d'à-peu-près fielleux qui se parent des plumes de l'historien se sont crus autorisés à insinuer, puis à laisser s'enfler la rumeur, qu'en souvenir de sa captivité en 1914, il aurait eu des sympathies pour les Teutons (un des nombreux surnoms de l'occupant honni, avec Schleus, Fridolins, Fritz, Doryphores et j'en passe), que sa « Chanson du maçon » avait un air de deux airs de complaisance envers Vichy, pour qui sait lire et écouter entre les lignes et les notes. Que ne dit-on pas quand un bonhomme tient le haut de l'affiche depuis si longtemps sans discontinuer !! On peut écouter et réécouter, à aucun passage il n'est fait de risette à nos ennemis et leurs sbires, sauf pour qui s'obstine à débusquer du subliminal partout.

Je suppose que, pour les éternels coupeurs de cheveux en quatre dans le sens de la longueur, l'image du maçon qui reconstruit la maison en ruines colle pile-poil avec l'idée de redressement par le travail (Travail – Famille – Patrie) ; et comme les gens en ont fait un très grand succès, la Révolution nationale du Maréchal s'est empressée de récupérer la chanson et c'est retombé sur le chanteur, bouc émissaire tout trouvé.

À la suite de ce… malentendu et de quelques autres, il a failli payer cher à la Libération. Il s'en est tiré avec les honneurs. Avec honneur.

Maurice, c'était à la fois une immense star et un simple Français moyen.

Un brave type, quoi !

Pour le quotidien, on s'organise. Nos vainqueurs pressent le citron, envoient *nach Deutschland* notre beefsteak et nos patates ; c'est pourquoi on les appelle, entre autres, « les doryphores », comme ces bestioles qui dévorent nos récoltes ; en plus, ces grands garçons si disciplinés, si *korrekts,* décidément, ils ne donnent pas envie aux Gaulois de jouer aux Gallo-Germains.

Ce n'est même pas la peine d'être le résistant d'Estienne d'Orves pour se prendre douze balles dans la peau. Peu à peu, la parole sera aux pelotons d'exécution. Ils fusillent pour l'exemple, encore plus que pour faits de guerre : au camp de

Souges à côté de Bordeaux, à Paris, au Mont-Valérien, dit-on ; à Nantes ; un peu partout...

On ne peut pas aller jusqu'à dire que c'est là une preuve que la France résiste ; non, disons qu'il y a en France des gens qui résistent.

Ceux qui voudraient ne peuvent pas tous. Il faut le répéter : comment s'y prendre sans se faire prendre ?

Le sujet remplit des tonnes de livres et ce n'est pas mon petit témoignage à la Fabrice del Dongo qui va rétablir la vérité vraie, rien que la vérité.

Comme je l'ai dit, peu de gens étaient vraiment en mesure de faire quelque chose, mais il est vrai aussi que beaucoup d'autres regardaient ailleurs, mine de rien. Je vais là encore me répéter, tant pis : en gros, une minorité a ciré les pompes à Hitler et ses sbires ; une autre minorité a poursuivi la lutte : la minuscule France libre à Londres, quelques authentiques réseaux de résistance structurés, les maquis surtout à partir de 1943 ainsi que des embryons de résistance spontanée plus ou moins organisés.

Et la masse a attendu des jours meilleurs. Comme toujours, comme partout.

Pas très glorieux tout ça ? Bof, la gloire...

Les gens de ce pays avaient déjà donné en 14-18, pour un bilan qu'ils avaient trouvé globalement discutable – c'est le moins qu'on puisse en dire. Si bien qu'en 1939 – vingt toutes petites années après – ils se sont dit mollement qu'on n'allait pas leur faire le coup de la « der des ders » à chaque fois et ils sont partis en traînant les godillots comme de vrais va-pas-t'en-guerre, de ceux qui auraient volontiers des boules de pétanque dans la giberne à la place des grenades quadrillées.

C'est vrai que ces drôles de guerriers en bandes molletières qui partaient vers les frontières auraient dû prendre conscience qu'il s'agissait maintenant de Hitler et des nazis et non plus de ces frères de souffrance avec qui leurs pères avaient parfois fraternisé de tranchée à tranchée.

Mais c'est vrai aussi qu'on nous avait entretenus dans nos illusions de vainqueurs *ad vitam aeternam.*

Quelqu'un comme Clémenceau – « le Tigre », « Le Père la Victoire » – qui a des avenues partout, a été de ceux qui ont voulu écraser, humilier, un peuple qui en avait bavé autant que nous. Alors, à leur tour, les Boches sont devenus méchamment revanchards, ils nous ont battus à plate couture, ils nous ont occupés, pressurés. Et, avec leurs complices Français, ils ont dicté leur loi chez nous, nous affamant et nous racontant ce qu'ils voulaient sur les radios à leur solde, c'est-à-dire toutes celles qu'on entendait sans brouillage.

« Radio Paris ment Radio Paris ment/ Radio Paris est All'mand », chantait à la BBC, sur l'air de « La Cucaracha », Pierre Dac qui avait pu rallier la France libre. C'est pourquoi, dans pratiquement tous les foyers de France, le soir venu, nous avions l'oreille collée au poste, pour nous désintoxiquer de ces radios menteuses : « Toum toum toum touououm. Ici Londres ! Les Français parlent aux Français ! »

Dans l'attente de bonnes nouvelles petites et grandes, une faible lueur d'espoir renaissait en tournant le bouton jusqu'à la bonne longueur d'onde, qu'on connaissait par cœur, en prenant bien soin d'étouffer le son et même de prendre la précaution de mettre l'aiguille sur une autre station, car il se disait – intox ? – qu' il y avait des sanctions si on enfreignait l'ordre d'interdiction.

Si on écoutait les radios nationales, c'était, comme pour les journaux pourris, pour savoir l'indispensable sur la vie et les problèmes de notre quotidien difficile.

C'était également pour comparer les versions différentes données par Londres et par Paris sur ce qui se passait dans le monde en guerre. J'ai déjà dit combien, même très jeune, on est à même de se rendre compte de ce que peuvent représenter les lavages de cerveau quand jamais rien ne vient contester, contredire ou nuancer une information. Mais c'est ainsi, heureusement peut-être, qu'on sème de la graine de sceptiques, de persifleurs, d'impertinents, d'agnostiques, voire de ricaneurs, à qui on ne la fait pas – ou un peu moins...

On écoutait aussi et surtout ces radios pour la musique.

« Je suis swing »

(André Hornez / Johnny Hess)

Que chantait-t-on de plus en plus ces années sombres ? Du swing !

Des musiques de zazous. On trouve ce néologisme pour la première fois en 1939 dans « Je suis swing » chantée par Johnny Hess, l'ex-partenaire de Charles Trenet.

Inspiré par le scat américain, et voulant exprimer combien il est possédé par le rythme, vers la fin du disque, il se lance dans des onomatopées qu'on trouvait du dernier moderne et qui faisaient « da dou da dada-dza dzou dza dza », etc.

Ça aussi on aimait bien, comme pour la tour Eiffel de Trenet qui partait en balade et le facteur qui s'envolait ; ça nous plaisait d'autant plus que les anciens étaient consternés. Déjà !

Le swing, ça vient des États-Unis bien sûr. Comme son nom l'indique, *to swing :* balancer, balancer le tempo.

Depuis le charleston, on s'est bien habitués à ces rythmes. Swinguer, même quand on le faisait mal, c'était une autre façon de bouger pour les jeunes, une façon aussi d'avoir un répertoire différent de la valse, du tango et de la rumba de papa.

Il faut préciser que tout cela, c'était du swing à la française. En effet, l'occupant a décrété que le jazz était de la musique décadente que les « nègres et les Juifs » voudraient imposer au monde. Si on en entendait relativement peu sur les radios françaises, on avait plein de copains dont les parents nous faisaient écouter sur leurs phonos des disques d'avant-guerre.

Donc, c'est swing, swing partout, à tout va. Il y a toujours Charles Trenet – *« swing troubadour »,* Django Reinhardt, Jean Sablon ; toutes les chansons d'Irène de Trébert, la femme de Raymond Legrand (le père de Michel). Elle fera même un film, *Mademoiselle Swing.* On voit même des types comme Andrex, plutôt traditionnel, y aller de leur swinguette :

On ne danse plus la java chez Bébert/ le monte-en-l'air/
On est swing du haut jusqu'en bas : chez Bébert dit « les pieds plats ».

Devant le succès, il récidivera avec *« Y a des zazous dans mon quartier »*.

Soixante ans après, Jérôme Savary a pensé que c'était une forme de résistance d'être zazou ; n'exagérons pas ! Disons que c'était de la contestation entre les lignes, dans le cadre tout juste permis.

D'ailleurs le swing n'a tout de même pas tout envahi. Ça n'a pas empêché Tino de rester Tino avec son « Chant du gardian », ni Piaf de chanter « L'Accordéoniste » ; ni le public de continuer à écouter Damia, Georgius, Jacques Pills, Léo Marjane. Ou Georges Guétary et André Claveau qui faisaient leurs débuts.

« Les Japonais »

(Marcel Amont / Claude Lemesle - Alain Goraguer)

En juin 1941, l'armée allemande se jette sur l'URSS. L'attaque de Hitler prend Staline au dépourvu et c'est encore la *Blitzkrieg* – la guerre éclair. Les Allemands franchissent le Dniepr, encerclent Léningrad, foncent jusqu'aux portes de Moscou. Pire que la Bérézina, c'est nous en juin 40 !

Aux actualités, au cinéma, on voit des files de prisonniers russes à perte de vue.

Nous, avec nos petits drapeaux piqués sur les cartes, on arrive tout juste à suivre cette avance fulgurante. On est tous catastrophés ; rien ne résiste donc à Hitler !

J'avais alors douze ans, et ce sont des évènements que j'ai gardés en mémoire sans en oublier le moindre détail ; je peux dire encore aujourd'hui où se trouvent Jitomir, Krementchouk, Krasnodar ; tout comme je peux montrer en Lybie : Benghazi, Bardia, Sollum, Tobrouk… Et, bien sûr, Bir Hakeim, près d'El Alamein où, pour la première fois, des troupes portant l'uniforme français participèrent depuis l'armistice à une bataille, victorieusement.

Il fallait entendre le général de Gaulle à Londres, lyrique, ému, plein de trémolos dans la voix.

Nous, ici-bas, à Bordeaux et ailleurs, nous redressions la tête. Un peu…

Ils ont attaqué par surprise la marine américaine à Pearl Harbour fin 1941.

S'il est vrai que c'est là un évènement capital dans l'histoire de la Deuxième Guerre mondiale, pour nous, petits Français vaincus, affamés, opprimés, Midway, Mindanao, Singapour, ce n'est pas la porte à côté ; comme la Chine et l'Éthiopie dix ans auparavant. Oui, c'est sûr, les Japs sont copains avec les Boches, et ça suffit pour qu'on se donne pour devoir de les détester, malgré les romans de Pierre Loti et les duos à l'eau de mimosa qu'ils inspirèrent pour le répertoire Fred Gouin-Berthe Sylva (« Au pays du chrysanthème ») ; mais ça ne nous concerne pas directement, d'autant que les USA ne font pas – pas encore – la guerre à l'Allemagne.

Alors, on ne va pas jusqu'à s'en foutre ; mais plus elles s'éloignent de toi, moins les choses prennent de l'importance. C'est humain !

« Noir c'est noir »

(Georges Aber / Mark Pasquin - Anthony Hayes - Steve Wadey)

1942 est une année terrible.

La croix gammée flotte des îles anglo-normandes jusqu'au fin fond de la Russie, jusqu'aux portes d'Alexandrie ; sur les trois quarts de la Méditerranée.

Nos alliés les Anglais poursuivent seuls une lutte à mort avec le Reich.

Ils ont été dans la tragique obligation de nous faire quelques misères, surtout à Mers el-Kébir mais, après avoir héroïquement tenu la *Luftwaffe* en échec, ils ont repris du poil de la bête et bombardent l'Allemagne – ce qui nous fait très plaisir.

Hélas, ils sont obligés de nous bombarder aussi, à cause de tous les lieux stratégiques implantés dans les territoires occupés.

Quand le père de mon cousin René, tonton Jean-Bernard, est mort d'un cancer cette année-là, nous l'avons veillé en famille, comme le voulait la tradition. La RAF, par vagues ininterrompues, a pilonné la base sous-marine pendant la majeure partie de la nuit.

J'avais déjà vu au village dans les Pyrénées les dernières pleureuses hululer et se lamenter, parfois en versets improvisés psalmodiant les mérites du défunt; un spectacle lugubre remontant à la tradition la plus lointaine et dont le seul souvenir me glace encore; mais la veillée de tonton est un souvenir que je ne peux chasser de mon esprit et je pense que, jusqu'à la fin de mes jours, chaque fois qu'une sirène déchirera l'air, je reverrai le visage cireux de mon brave tonton, que les fusées rouges et vertes tiraient de la pénombre, tandis que les bombes faisaient trembler les cloisons et que la pluie d'acier des éclats d'obus de la DCA faisait crépiter les tuiles tout autour de nous.

Bien entendu la presse et la radio de la France à l'heure allemande se chargeaient de nous donner par le détail tout ce que ces raids provoquaient de ce qu'on appellerait aujourd'hui les « dommages collatéraux ».

Fatalistes, on se disait qu'on ne fait pas d'omelette sans casser les œufs; mais c'est terrible pour les amis qui sont en dessous dans la position de l'œuf.

Et j'ose le dire, ce n'était rien à côté de ce qui allait nous tomber sur la tête avec l'entrée en guerre tant attendue de nos amis Américains...

Ce paradoxe de souffrances épouvantables nécessairement infligées par des hommes qui se battent pour nous libérer nous a beaucoup traumatisés.

J'y pense très souvent, et dans bien des situations moins tragiques: quelle malédiction d'être obligés de faire souffrir, très cruellement parfois, des gens à qui on veut du bien...

« Nuit et brouillard »

(Jean Ferrat)

La persécution des Juifs s'est faite peu à peu.

Tout a commencé avec les insultes à la radio et dans les journaux. Ensuite toute la rue commerçante du centre de Bordeaux – la rue Sainte-Catherine – s'est couverte de panneaux *Judisches Geschaft,* « entreprise juive », mais je n'ai jamais entendu parler d'une quelconque cliente qui se serait privée d'aller marchander une jupe ou un tricot, en plaisantant avec le vendeur. Comme avant.

Un jour, grandeur nature, en première page du journal, on nous a montré l'étoile jaune que devaient coudre tous les Israélites sur leurs vêtements.

Avec quelques copains, on en a découpé, on les a épinglées sur nos blouses et on les a exhibées fièrement tout le long du trajet de retour à la maison.

Papa est devenu tout pâle : *« Enlève cette saloperie tout de suite ! Je te signale que M. Max, qui dort ici jusqu'à mardi, où nous le faisons passer en zone libre, est Juif ; et si tu tiens à ce qu'on l'attrape et que nous on aille tous en prison, tu n'as qu'à continuer tes conneries ! »*

De ce jour j'ai compris pourquoi, régulièrement, des inconnus (ils n'étaient pas tous Juifs, bien sûr) venaient dormir un soir ou deux à la maison et pourquoi autant de chuchotis cessaient dès que je rentrais de l'école avec mes copains.

Mon père et ma mère ne se sont jamais pris pour la France résistante, pourtant, ils ont essayé de « rendre service » comme ils disent. Mon père, avec ses copains, fait traverser la ligne de démarcation à « des gens » – gratos évidemment, contrairement à tant d'autres. À tour de rôle, ils se débrouillent pour les héberger une ou deux nuits, les faire passer en zone libre, puis, éventuellement, leur donner des tuyaux pour fuir en Espagne par la vallée d'Aspe. On se retrouvait à Dachau ou Buchenwald pour moins que ça ; c'était effectivement de la résistance, je m'en suis rendu compte plus tard. Mais rien d'organisé ; au coup par coup. Rien qui ait valu à la petite équipe de résistants bricoleurs la moindre médaille, la moindre citation à la Libération.

De toute façon, papa, tu disais « médaille », ça le mettait en rogne ; puisqu'il en avait la possibilité, il avait trouvé naturel d'avoir « aidé », comme il disait, sans rien attendre d'autre qu'un merci fraternel de ces visiteurs de l'ombre dont on a appris plus tard que certains avaient ainsi échappé au pire.

Il y a quelques années, j'ai contacté « Yad Vashem », plus récemment Simone Veil, pour que les miens figurent parmi les Justes ; or la survie de leur petite entreprise artisanale de sauvetage ne tenait qu'à sa discrétion absolue. Aucune trace, donc. Bah ! Ils ont fait selon leur cœur, c'est là l'essentiel. Et moi je suis heureux d'avoir ici l'occasion de leur rendre ce filial hommage…

La France de Zola était bien silencieuse, mais que pouvait-elle faire ?

Au lycée, j'ai toujours vu les profs, même ceux à qui on prêtait, à tort ou à raison, des sympathies collaborationnistes, s'adresser aux deux ou trois petits garçons (les lycées n'étaient pas mixtes à l'époque) de ma classe qui portaient la méchante étoile exactement comme s'ils ne la voyaient pas.

Cependant, régulièrement, on était obligés d'aller en rangs serrés aux expositions « antijuives » où on nous montrait des photos de grippe-sous au nez crochu, avec des commentateurs qu'on subissait en silence.

J'ignore ce qui se passait dans le Bordeaux chic des Chartrons, mais que disaient les gens dans nos quartiers ? La prudence de tous les instants était de rigueur, mais autant qu'il m'en souvienne, c'est peu de dire qu'ils étaient perplexes !

Même ceux qui adoptaient le profil le plus bas se demandaient, malgré une propagande constante (et probablement à cause de cette propagande) pourquoi pareil acharnement envers des gens dont personne n'avait d'exemple qu'ils aient volé, violé ou tué…

Quand on a vu qu'Isidore, notre vieux coiffeur où on allait depuis tout petits, rue des Sablières, portait l'étoile jaune, avec mon cousin on le regardait à la dérobée pour savoir s'il n'avait rien de changé depuis la dernière fois et on ne lui trouvait ni le nez ni les doigts crochus.

Par la suite, quand ils ont embarqué les familles, on pensait que c'était pour les envoyer hors d'Europe… Toutes sortes de bruits contradictoires couraient sans arrêt. Alarmants, optimistes. Même Londres ne parlait pas de camps de la mort. Il paraît qu'il y avait quand même des gens qui savaient ; il semble probable qu'une partie de la vérité ait transpiré pour certains. Mais hormis les brimades et les spoliations, ce qui est déjà ignoble, nous, que savions-nous d'autre ?

Raymond Aron l'a dit lui-même : « Qui pouvait imaginer l'inimaginable ? »

Bien des années plus tard, on a bien vu toutes les questions soulevées par le procès Papon – « notre » préfet à Bordeaux sous l'Occupation.

★

Donc Hitler triomphe sur tous les fronts. À tel point que Laval a pensé que, le bon calcul pour la France, c'était de se retrouver à ses côtés et de « souhaiter la victoire de l'Allemagne ».

Bref, on était dans la merde jusqu'au menton lorsque, fin 1942, une lumière a brillé dans notre nuit : en novembre, les Américains débarquaient en Afrique du Nord.

Formidable espoir ! Les revoici comme en 1917, on est sauvés !!

Ce n'était pas pour tout de suite, mais que c'était bon pour le moral !!…

Immédiatement, les Allemands envahissent la zone sud ; notre flotte se saborde à Toulon. La totalité du pays est désormais sous la botte.

Maintenant il y a cet autre fléau, les rafles, qui vont se pratiquer dans la totalité du pays pour envoyer nos jeunes gars construire le mur de l'Atlantique ou faire tourner les usines allemandes. Chacun se planque s'il peut ; la plupart ne peuvent pas ; des jeunots comme Cavanna ou Brassens n'y sont pas allés de gaîté de cœur, dans les usines du Reich, avec en prime, cent fois, mille fois plus qu'ici de tonnes de bombes amies sur le coin de la gueule !

« Le Chant des Partisans »

(Maurice Druon / Joseph Kessel - Anna Marly)

C'est à ce moment-là seulement que les maquis se multiplièrent.

La vallée d'Aspe, en deux nuits, se vida de sa population mâle de moins de 25 ans ; tant qu'à quitter leurs foyers, ces jeunes ont pris le chemin de l'Espagne qui mène aux Alliés plutôt que celui de l'Allemagne. Ce qui explique qu'on trouve autant de médaillés de guerre au mètre carré chez des pacifistes aussi convaincus.

La guerre terminée, ils sont revenus à leurs moutons…

C'est la même voie périlleuse qu'a choisi de suivre René, mon quasi-frangin.

Jeune employé au greffe de Bordeaux, il a été à même de rendre lui aussi quelques « menus » services, comme falsifier des pièces officielles afin de faire obtenir des papiers à des citoyens dont les noms avaient des consonances jugées alors sujettes à caution. Il a fini par se faire repérer ; il a alors essayé de se faire oublier aux chemins de fer. Mais comme ça continuait à sentir le roussi pour lui, il a quitté Bordeaux sans laisser d'adresse. Après son internement dans les geôles de Franco à Saragosse, il a rejoint les Forces françaises libres. La guerre finie, mission accomplie, il a rendu son bel uniforme de chasseur au 1er régiment de parachutistes et il est revenu derrière son guichet à la SNCF, avant de devenir assureur à Langon, après son mariage.

Chapeau, mon compagnon de jeux, mon grand frère ; mon héros…

En 1943-1944, le vent a tourné et, au milieu des crachouillis accrus du brouillage, la BBC nous apprend bonne nouvelle sur bonne nouvelle : les Allemands ont capitulé à Stalingrad. Radio Paris prétend qu'ils pratiquent une nouvelle tactique astucieuse appelée « défense élastique », ce qui inspire à Pierre Dac, dans *« Les Français parlent aux Français »*, la parodie d'un refrain de Georgius :

« Ah ah ah ! C'est la défense élastique. »

15 ans. Ici à la frontière espagnole.

La maison natale de maman. En bas, le village d'Urdos.
Après, c'est l'Espagne (dans le fond).

L'Armée rouge avance partout. Les Alliés marchent sur Rome.

La jeunesse chante la dernière chanson en vogue ; Charles Trenet en a fait la musique et la chante ; mais, chose extrêmement rare, c'est un tout jeune comédien-chansonnier un peu foufou nommé Francis Blanche qui a écrit ces paroles que nous débilaitons dans les cours de récré :

Ah qu'il est beau le débit de lait
Ah qu'il est laid le débit de l'eau.
Débit de lait si beau, débit de l'eau si laid.

Vers la fin mai 1944, sur notre radio clandestine familière, on entend régulièrement « Le Chant des Partisans », une chanson qui, tout en nous faisant froid dans le dos par ses paroles, nous confirme qu'il y a bel et bien des résistants en armes chez nous maintenant ; à leur intention sont diffusés de nombreux « messages personnels » ; l'un d'eux revient très fréquemment : « Les sanglots longs des violons ».

C'est un vers du poème de Verlaine, mais surtout c'est le message à destination de la Résistance pour l'opération *Overlord,* le débarquement en Normandie.

Les voilà ! Les voilà enfin nos libérateurs !

C'est le bonheur bien sûr, le bonheur fou !!

On n'ose trop le montrer, parce que les Boches sont toujours là. Plus que jamais, je dirai, parce que, repoussés sur tous les fronts jusqu'à leurs bases de départ et, en certains points, en deçà, les plus irréductibles d'entre eux – et ils sont encore très nombreux – sont décidés à ne pas faire de cadeaux aux populations.

Alors on continue à se la boucler mais – ça n'était pas qu'une impression – dans les rues, les passants sourient, leurs yeux brillent.

La France, encore timidement, se reprenait à espérer ; vraiment, cette fois-ci....

Sur le front, il y aura des piétinements autour de Caen, des maquis anéantis, des V1 sur Londres. Il y aura le débarquement de Provence, mais aussi des trains de déportés qui partiront encore, des civils qui continueront à mourir sous les bombes alliées, la Wehrmacht en retraite brûlera et fusillera dans un dernier sursaut de monstre blessé.

Et puis, c'est la Libération majuscule, celle de Paris ; et, assez vite, de la quasi-totalité du pays, hormis l'Alsace et quelques poches de résistance, dont l'une à Royan, pas bien loin de Bordeaux. Le dimanche, on part à vélo dans le Médoc, le plus près possible de la pointe de Grave. On rentre tout farauds, en racontant aux filles qu'on a entendu le canon et que si on avait seulement deux ans de plus on s'engagerait et ils verraient, les SS, de quel bois on se chauffe !

Pour le premier 14 Juillet dans le pays libéré, ce fut une liesse comme jamais plus je n'en ai connu dans ma vie. On s'interpellait, on chahutait, on serrait la main à des inconnus, on embrassait des inconnues – même les vieilles ! – on improvisait des rondes. Ça dansait à tous les carrefours, des paso doble, des tangos, des fox-trot, des rumbas, des charlestons, des marches.

Pendant quatre ans dans nos cœurs / Elle a gardé ses couleurs /
Bleu blanc rouge dans tous les cœurs / Elle a fleuri / Fleur de Paris !

Et puis cette valse dont il s'avère au fil des décennies qu'elle est increvable :

Ah ! Le petit vin blanc / Qu'on boit sous les tonnelles
Quand les filles sont belles / Du côté de Nogent. (1)

Le lycée nous avait donné congé avant la date à cause des évènements ; chaque fois que je pouvais, je fonçais du côté de La Réole où j'avais une petite fiancée.

C'est là que j'ai vu passer, non seulement les (vrais) maquis de la Dordogne, mais aussi la cohorte de tous les frimeurs, les inévitables éternels ouvriers de la vingt-cinquième heure. Il y a eu, pendant une bonne semaine, un côté mascarade, matamores fier à bras et compagnie, avec des éléments d'uniformes plus ou moins guerriers, des pétoires sorties on ne sait d'où. Je revois un grand escogriffe qui arborait un casque allemand sur lequel il avait peint la croix de Lorraine, laissant entendre que c'était une prise de guerre. On a perçu des rumeurs sur des exécutions

(1) Les paroles sont de Jean Dréjac qui, dans les années 60, deviendra l'un de mes amis et auteurs favoris « Bleu blanc blond, Dans le cœur de ma blonde ». Voir « Auteurs » à la fin de l'ouvrage.

de collabos, on voyait des types bardés d'armes, comme Tartarin de Tarascon, sur les marchepieds de bagnoles à gazogène, partir vers de mystérieuses missions « urgentes ». Dans les jours qui ont suivi, quelques gros cons s'en sont allés tout joyeux voir tondre sur des estrades des dames qui auraient trahi la France dans leur plumard.

Quelques vrais courageux se sont alors enrôlés dans l'armée Delattre de Tassigny pour combattre en Alsace ; d'autres sont partis vers la poche de Royan. Et puis, les zorros de quelques jours sont rentrés chez eux. On a rangé les lampions et la vie normale a repris son cours.

C'est en ces lieux de paix et d'abondance, zone libre jusque fin 1942, près du village de Morizès, que ma dulcinée m'avait dégotté une place de valet de ferme provisoire chez des métayers voisins. Moyennant quelques travaux, ces braves gens simples ont gavé le J3 « mort de faim » que j'étais, comme tous les gamins sous-alimentés des grandes villes où la bouffe est longtemps encore restée rationnée.

Dans la grange au milieu des vignes et des arbres fruitiers de ce bourg girondin si hospitalier, presque tous les soirs, les jeunes alentour rappliquaient et je les faisais danser au son de mon saxo.

À vrai dire, je fus un saxophoniste médiocre ; je m'en suis bien rendu compte quand les premiers orchestres américains se sont produits à Bordeaux. Mais, depuis le berceau, j'aime la musique, et même si mon talent en la matière n'est pas à la hauteur de mes goûts, je suis passionné de jazz.

Quel bonheur de pouvoir enfin entendre à la radio tous ces grands musiciens, doublement à l'index jusque-là parce que noirs à l'heure de la blonde suprématie aryenne et parce que citoyens de l'Amérique en guerre contre l'Allemagne (1).

(1) Dans les années 80, j'ai éprouvé l'envie d'écrire sur ce sujet une chanson que j'ai intitulée « Le Duke, le Count, le King » :
Quatre ans tout gris / Tout vert de gris / Topinambours, rutabagas / Maréchal nous voilà / Quatre ans à se morfondre / « Ici Londres » (...) La Normandie / Leclerc à Paris (...)/ dans les bagag' des G.I. / Armstrong et Sidney Bechet / Ellington et Basie / À Radio Paris.

« C'est si bon »

(André Hornez / Ange Betti)

On sort de quatre années de xénophobie tous azimuts, ça suffit !

D'ailleurs, comme par hasard, les nouvelles têtes sont Jacques Hélian, Georges Guétary et Luis Mariano – qui chantent les chansons d'un dentiste mélomane nommé Francis Lopez – Yves Montand.

Des Français d'origine arménienne, grecque, espagnole et italienne !

Plus Georges Ulmer, un Danois polyglotte établi à Nice ; probablement le plus doué des fantaisistes avec Salvador. Malheureusement pour nous, il viendra faire coucou de temps en temps en France et passera en vedette dans le monde entier. C'est lui qui a fait la musique de « Pigalle » (paroles de Géo Koger – le papa de celle qui deviendra plus tard à son tour parolière, Vline Buggy).

Un p'tit jet d'eau, Une station de métro, / Entourée de bistrots, Pigalle.

C'est cette chanson qui l'a rendu partout célèbre.

Mais c'est sur scène qu'il était fabuleux…

Finissons-en avec cette guerre.

Mussolini pendu par les pieds aux côtés de sa maîtresse Claretta. Barbecue Hitler-Eva Braun dans leur bunker berlinois. Laval douze balles dans la peau. Pétain au Portalet, fort-prison à un kilomètre à vol d'oiseau de ma maison dans la vallée d'Aspe, mais, qu'on se rassure, ça n'a pas eu le temps de polluer.

Quarante-cinq millions de morts en Europe. La France a été relativement épargnée par rapport à d'autres : 650 000 morts, sur lesquels 450 000 civils. Les Verdun de demain seront à l'arrière, on le sait bien. D'autant que maintenant, il y a la bombe atomique. Elle a permis de mettre le Japon à genoux mais, à partir de là, sa menace plane de part et d'autre du « rideau de fer » (comme dit Churchill), qui se met en place en vue d'une longue guerre Est-Ouest. Froide, celle-là...

En attendant, on se défoule !

Après 14-18, on chantait « Dans la vie faut pas s'en faire » ; après 45, ce sont Claude Luter et Sidney Bechet qui font danser les « rats de cave » de Saint-Germain-des-Prés et font partout des émules dans la jeunesse déchaînée.

Mais tout en haut de l'affiche, toujours Piaf qui nous fait voir « La Vie en rose » (1).

Toujours aussi parmi les nouvelles vedettes, les Compagnons de la Chanson avec leur soliste Fred Mella ; Fred, avec qui nous sommes devenus d'excellents copains, est le seul à continuer à chanter aujourd'hui sans que sa voix ait pris une « ride ». Ces gars constituent un phénomène unique dans notre music-hall. Ils ont tenu le haut de l'affiche un demi-siècle sans que les structures du groupe éclatent à plus ou moins brève échéance, comme c'est le cas dans presque tous les duos, trios, etc. Or eux, ils étaient neuf et seuls quelques éléments ont changé au cours de leur longue et belle carrière.

Encore un groupe qui a tenu le coup (mais ils n'étaient « que » quatre – plus le pianiste), « Les Frères Jacques », piliers de la Rose Rouge, très scéniques sur des textes recherchés. Ils étaient entourés d'une aura assez élitiste. Je ne les ai pas vus à Bordeaux ; il a fallu que, plus tard, je « monte » à Paris pour aller les applaudir et sympathiser avec eux.

En revanche, moi qui me plaisais depuis toujours à faire rire les copains, au grand dam des profs, je suis allé trois fois voir Bourvil. Un comique irrésistible qui, avant de devenir un grand du cinéma et de l'opérette, faisait tire-bouchonner le pays comme Fernandel ou feu Dranem avant lui, dans un répertoire de gros dadais paysan débitant des balourdises d'un air pathétique.

(1) Cette chanson a fait le tour du monde, y compris aux États-Unis où elle est un standard avec quelques rares autres chansons françaises comme « C'est si bon », « La Mer », et, plus récemment, « Comme d'habitude ».

Les copains rigolaient bien quand je l'imitais – un de mes numéros de bravoure dans mes récitals de cour de récréation :

Ell' vendait des cart' postales / Et aussi des crayons

Car sa destinée fatale / C'était d' vendre des crayons.

C'est l'époque du « Régiment des mandolines » (Jacques Hélian), de « Maria de Bahia » (Ray Ventura), de « Clopin clopant » (Pierre Dudan, sur une musique du compositeur... Bruno Coquatrix) et tant d'autres...

J'ai la tête de plus en plus envahie par la chanson.

« Les Jolies Colonies de vacances »

(Pierre Perret)

Près de la terminale j'ai suivi le stage des CEMEA (Centre d'entraînement aux méthodes d'éducation active – ouf !) et j'ai été moniteur de colonie de vacances.

C'était à Guéthary, au Pays basque. Sans pour autant négliger mon boulot d'animation et d'encadrement des gamins, je n'ai pas passé un seul moment de repos ailleurs qu'au casino de Saint-Jean-de-Luz voisin.

Non pour y jouer à la roulette (avec quel argent ?) mais pour y observer chanteurs et musiciens et les harceler de questions sur leur vie et leur métier !

C'est à cette époque-là que se place un épisode qui ne m'honore guère.

Flash-back : chahuteur comme pas un, ne pouvant résister à l'irrépressible besoin de bavarder, me donner en spectacle et m'agiter à tout moment, j'ai fini par me faire virer du lycée Michel-Montaigne en quatrième. Grâce à mes bonnes notes en lettres, on m'a repêché au Collège moderne, rue du Commandant-Arnould, qui préparait, entre autres, aux Arts et Métiers ; c'est dire s'il était ouvert surtout aux matheux, ces Martiens...

Je me suis tenu à carreau, je me suis accroché, surtout au début. Je restais dans le coup pour les langues – anglais, allemand – l'histoire et la géo ; les cours de littérature du patient et passionnant M. Giraud me plaisaient infiniment. Mais les sciences, les maths, aïe aïe aïe, les maths !

Or, remuant jeune homme, ne sais-tu pas que l'algèbre, la géométrie, la trigonométrie et leurs applications scientifiques te font, avec leur coefficient exorbitant, aller droit dans le mur ? Et puis, si pendant l'été on te voit plus souvent dans le sillage des jupons que le nez dans tes livres, tu ne l'auras pas, cette première partie de baccalauréat, indispensable pour continuer en philo ou sciences ex ; on ne trouvera pas ton nom à la lettre M sur la liste des élus.

On ne l'a pas trouvé.

J'ai eu honte, vis-à-vis de papa et maman ; j'ai eu vraiment honte.

« J'entends siffler le train »

(Jacques Plante / Hedy West)

Je suis allé d'un pas décidé au bureau d'embauche de la SNCF, qui n'a pas tardé à m'affecter aux « Finances ». Je me voyais déjà arpentant les quais de la gare Saint-Jean, porte-document sous le bras, sapé comme un gandin, sous l'œil admiratif des jeunes filles en fleur.

En réalité, on appelait « Finances » tout ce qui est « recommandé » – les plis, les colis ; mais aussi, à partir de novembre, les très pesantes caisses de foie gras, conservées en ce temps-là dans la glace ; parfois cent kilos !

J'en ai eu des tonnes sur les bras durant cet interminable hiver !

Je n'ai appris que plus tard que papa, suffisamment bien noté pour être écouté, était venu faire ses recommandations au chef du personnel à mon sujet : *« Vous allez voir rappliquer un blanc-bec qui n'est autre que mon fils et qui se figure qu'avec son brevet et son niveau bac, il aura ici la vie facile. Trouvez-lui, je vous prie, un boulot qui lui fasse les pieds. »*

Il a bien fait, le paternel ! Je l'ai eu, mon bac, et après ce crochet SNCF, j'ai retrouvé le bon M. Giraud dans la toute nouvelle classe de philo au Collège moderne. Avec joie, même si je ne suis pas sûr qu'il ne m'eût pas été plus profitable d'apprendre les claquettes au lieu de me perdre dans les dédales de la caverne de Platon, de rechercher la béatitude sur les traces de Spinoza ou l'existentialisme déiste chez Kierkegaard – ce cher Sören !

Mais le démon du spectacle était en moi. Surtout celui de la chanson.

« Inventaire »

(Jacques Prévert / Joseph Kosma)

La moisson de chansons 1946-1948 est d'une grande variété de ton…

Avec « La Vie en rose », « Les Feuilles mortes » et des tas de chansons de premier choix pour Piaf, Montand, Trenet, toujours superstars d'une constellation où brillent Jacqueline François, Yvette Giraud, Suzy Delair, une toute jeune fille venue du Nord, Line Renaud ; Georges Ulmer, Renée Lebas, Patrice et Mario, Andrex – Luis Mariano, Armand Mestral, Lucienne Delyle.

Je n'aurai garde d'oublier le duo de deux jeunes pleins de rythme ; celui qui a des lunettes fait les musiques et s'appelle Pierre Roche.

L'autre, avec son nez cyranesque, s'appelle Charles Aznavour ; ils chantent sur des airs de boogie-woogie des chansons qui emballent la jeunesse : « Départ express », « Oublie Loulou ».

Celles-là aussi je les connais par cœur puisqu'elles font partie du premier répertoire que je me suis constitué, lors des premiers galas de bienfaisance auxquels je commence à participer dans la région bordelaise.

Enfin, cette immense vedette populaire, le ténorissimo de charme, ce jeune Espagnol que plusieurs de mes aînés ont connu au conservatoire de Bordeaux, Mesdames, Mesdemoiselles, rosières en boutons et mémés tricoteuses : Luis Ma-ria-no !

Trois, quatre générations de fans idolâtres ! Le Prince blanc du Châtelet, la Voix d'Or ; rien que des majuscules et du dithyrambe !

Outre un succès proche de l'idolâtrie et sur des musiques signées Francis Lopez, le beau Luis et la « Belle de Cadix » (« tchic a tchic aïe aïe aïe ») font redémarrer l'opérette, genre en sommeil chez nous depuis très longtemps.

Suivront « Le Chanteur de Mexico Mexi-iiiiii-co », « Andalousie » et cætera...

Lui aussi s'est fait ratatiner par la critique. C'est si facile aux esthètes de tout poil, de persifler !

Boris Vian a écrit : « Il n'existe pas de répertoire intelligent correspondant à des moyens vocaux aussi exceptionnels. » C'est lui qui est dans le vrai !

Il n'empêche que depuis bientôt trente ans, dans le petit cimetière d'Arcangues au Pays basque, sa tombe est fleurie 365 jours par an...

Pour l'ambiance intello, aux antipodes de ces opérettes aux paroles et aux livrets volontairement faciles, voire simplets, on trouve des textes plutôt raffinés – donc moins populaires par conséquence directe – venus du petit monde branché de Saint-Germain-des-Prés où Boris Vian, entre deux romans, souffle dans sa « trompinette », où Juliette Gréco ne va pas tarder à chanter au Tabou.

Prévert n'est pas loin et on peut inventorier à sa façon : une ballade des pendus à Nuremberg, un petit papa Noël, un docteur Petiot *serial killer*, toujours 250 g de pain quotidien.

Et un raton laveur...

Une Marthe Richard et des maisons doublement closes, un Vincent Auriol président, un « Exodus », une guerre d'Indochine, un plan Marshall, un Gandhi assassiné, un couloir de Berlin.

Et un raton laveur !

Avec maman,
rue Sainte-Catherine,
à Bordeaux.

Étudiants en goguette cours
de l'Intendance vers 1948.

De « Si tu t'imagines » (1) *à* « Un jour tu verras » (2) « Je chante » (3)

Et de raton laveur en raton laveur, nous voici arrivés en 1948. Mil neuf cent quarante-huit ! Un évènement important cette année-là !!

Ça n'occupe pas la une, comme la naissance de l'État d'Israël, Mao triomphant, Marcel Cerdan champion du monde, Vittorio de Sica voleur de bicyclettes et Gino Bartali maillot jaune, mais – roulement de tambours, siouplaît – c'est décidé - pardon maman, pardon papa – je ne serai pas professeur de lettres, ni d'éducation physique, ni instit dans un petit village du Sud-Ouest ou d'ailleurs, JE SERAI ARTISTE !

Comme je l'ai dit, j'ai toujours chanté, toujours fait le pitre. Partout – *mea maxima culpa* – même et surtout en classe, quand tout le monde est rassemblé ; ce fut du reste mon premier public, quand je faisais de la gym et de la course à pied. À partir de la seconde, je voyais bien que j'amusais non seulement mes condisciples, mais aussi des adultes, des types de dernière année de droit ou de médecine. Ça m'a donné des idées. Ou plutôt, ça les a renforcées.

Je n'ai jamais manqué une occasion d'aller dans tous les lieux où se produisaient habituellement les amateurs.

Or, un jour, avec « Johnny » Barrière, un copain de classe qui bricole au piano, on a répété quatre chansons pour un concert dans la petite salle du Solar. C'était la première fois que j'étais accompagné.

Au bout d'une minute en scène, j'ai compris qu'il venait de se passer quelque chose de nouveau : dans le chant a cappella, un fantaisiste ne peut à la fois s'occuper du rythme, de la respiration, et du jeu de scène.

Or je le ressentis intensément, c'était bel et bien dans les saynètes jouées, mimées, chantées, que serait ma voie.

(1) Raymond Queneau / Joseph Kosma
(2) Marcel Mouloudji - Georges Van Parys / Rudi Revil – (3) Charles Trenet.

De l'entrain ! de la gaîté ! de la danse !..

SALONS DU BORDEAUX

22 février 1950.

MERCREDI DES CENDRES

en matinée et en soirée.

Grand Bal de Carnaval

ENTR'AIDE P. G. 3e CANTON

ORCHESTRE
CHRISTIAN BOB

et son animateur
MARCEL AMONT
de la Radio

et vous verrez aussi

le Défilé des CAVALCADES

Samedi 31 Décembre en soirée

VILLE D'AMBARÈS

La Nuit de la Jeunesse

GRAND BAL

DE FIN D'ANNÉE

organisé par le Comité des Fêtes

avec le Concours des 2 Grands Orchestres Bordelais

Christian Bob et Jacky Jack

et le Grand Animateur de la Radio **Marcel Amont**

ON DANSERA JUSQU'A L'AUBE

Entrée Générale 100 frs

Réduction pour les Membres Honoraires.

IMPRIMERIE L. BARRE, SAINT-LOUBÈS.

Ces deux documents exceptionnels, datés (au carbone 14) de l'année 1949, m'ont été réclamés par les plus grands collectionneurs moldo-valaques et guatémaltèques. Mais je les garde pour la Bibliothèque nationale !

« Papa n'a pas voulu »

(Mireille / Jean Nohain)

Ils l'avaient pressenti, mes chers « vieux » (ils avaient 50 ans !), que je filais un mauvais coton ; qu'il se tramait quelque chose « d'inquiétant ».

Papa : *« Alors tu te figures que tu vas être payé pour faire le con ! Parce que, d'après toi, c'est un métier, ça, peut-être. »* Puis, terrible, comme le prophète Jérémie annonçant le pire aux Hébreux goguenards et futiles : « Et la retraite, tu y as pensé à la retraite, écervelé !! »

Tu parles comme à 19 ans je pensais à la sacro-sainte retraite ! Jeunesse ingrate ! Papa, si fier de dire que son fils faisait « ses humanités » à des copains dont les enfants avaient été apprentis dès l'âge de 14 ans, pendant que moi, je faisais le malin au lycée et courais le guilledou au lieu d'aller boursoufler d'ampoules et durcir de cals mes blanches mains.

C'est sûr, ça couvait depuis longtemps.

Papa ne décolérait pas ; maman pensait que j'étais devenu fou mais elle tâchait de le calmer, de le raisonner, sans trop être convaincue elle-même.

« Il a une jolie voix, et puis il sait amuser son monde. Si c'est sa vocation… »

« Vocation ! Vocation ! » répétait-il hors de lui *« Le fils du voisin aussi il chante tout le temps, ça ne l'empêche pas d'avoir un travail sérieux. »*

Comme j'étais le contraire d'un passif (j'avais intérêt avec des parents si laborieux !), je me suis mis frénétiquement à me produire partout où c'était possible. Les samedis et dimanches, chanteur-animateur de l'orchestre « Christian Bob » dans les baloches d'alentour ; quelques petits concerts, des opérettes locales avec Rousseau, ancien partenaire de Tichadel, une célébrité locale.

Un peu de radio, également. J'avais participé avec succès au concours « Pourquoi pas vous ? » à radio Bordeaux La Fayette et régulièrement on faisait appel à moi pour une émission souriante qu'animaient le pianiste William Stein (Castaing dans le civil) et un jeune auteur local, dont je reparlerai, Georges Coulonges.

La vedette de ces rendez-vous radiophoniques hebdomadaires était Georges Chauvier, un beau brun à la voix chaude qui, l'année où je suivais les cours d'art dramatique au conservatoire de Bordeaux, avait cumulé les prix d'opéra, opéra-comique et opérette. Paris lui tendait les bras ; il m'y précéda de deux ans.

C'est la capitale qui me le rendra plus proche et me permettra de faire la connaissance de sa femme et de son fils, le petit Serge ; qui grandira jusqu'à devenir… Serge Lama quinze ans plus tard…

Même si je décevais les miens avec mes projets insensés, j'étais quand même assez fier de ramener à la maison la quasi-intégralité de mes cachets - les cheminots, les infirmières, touchent *« une paye »* ; les artistes reçoivent des cachets, ça fait plus distingué !

J'avais du succès, sinon je n'aurais pas persisté. Je voyais bien que je continuais à amuser le public ; assez souvent même, je « cassais la baraque » (il me semble qu'on ne disait pas encore ainsi – c'est du parigot relativement récent, je crois).

« N'aie plus peur »

(Yves Duteil)

Mais je souffrais d'un mal assez répandu dont je continue à mal connaître l'origine, probablement pathologique en partie : le trac, le trac qui me réduisait à néant quand je n'arrivais pas à le surmonter.

Ma première expérience de trac en scène remonte à mes 12 ans. À l'occasion d'un concert des enfants de cheminots, je devais chanter « Le Petit Bateau de Pêche », du répertoire Ray Ventura. Aux répétitions on me prédisait un premier prix, haut la main ; mais, en attendant le moment de passer en public, ma panique allait s'amplifiant, je me dégonflais comme une baudruche un peu plus chaque minute. Mon tour arrivé, ce fut la catastrophe ! La voix blanche, tremblant, j'en suis arrivé à bafouiller dans ce texte que je savais au rasoir.

J'ai eu un lot de consolation : un livre illustré sur le Mont-Saint-Michel, devenu pour moi le symbole de la fragilité et de l'incertitude du métier d'artiste.

J'ai beaucoup entendu dire que le trac, au contraire, stimulait ; oui, mais, je le répète, à la condition de ne pas le laisser vous inhiber complètement. Car si on dit que c'est un réflexe animal qui décuple les forces en cas de danger, au-delà d'une certaine intensité, cela produit l'effet inverse, ça anesthésie, ça paralyse.

Ça rend malade.

Or comme j'avais décidé de me consacrer à la fantaisie et que le style que j'ai toujours cultivé se veut de subtilité et de légèreté, tout est foutu si tu te mets à peser des tonnes, à écraser les noisettes au marteau-pilon ; ou – pire – que seule apparaît une espèce d'agressivité à laquelle tu fais appel pour te dominer.

Ça marche quand tu te prépares à franchir le Rhin sabre au clair *(« tu trembles carcasse »*...) ou sur un terrain de sports ; ou pour t'obliger à franchir la porte de l'avion quand tu sautes en parachute.

Pas devant des gens qui sont là pour s'amuser.

Ce lourd handicap qu'est le trac ne m'a jamais quitté.

Ça m'a parfois joué de bien sales tours.

Comme en 1976 à Bobino ; je diffère le moment d'en parler, mais j'en parlerai, on ne peut pas passer ses bides les plus cuisants sous silence ; d'ailleurs ça ne donne que plus de valeur au récit de ses triomphes, n'est-ce pas...

Quand tu es sur scène et que ça te prend comme une crise d'asthme ou de coliques néphrétiques, l'heure n'est plus aux analyses, il faut y aller.

Je pense avec envie à ces artistes qui, lorsque les spectateurs sont pour le moins réticents, vont au charbon en mobilisant toutes leurs forces.

Il peut m'arriver moi aussi d'aller chercher dans mes tréfonds cette indispensable énergie pour renverser la vapeur, tout comme il peut m'arriver de perdre pied, et de me liquéfier. Pourquoi ? je n'ai pas de vraie réponse.

« J'ai gardé l'accent »

(Gaston Bonheur / Jean Bernard)

Dans le Bordeaux des années 1949-1950, insatiable, increvable, désireux de mettre tous les atouts de mon côté et de rassurer un tant soit peu les miens, j'ai été admis, après avoir passé le concours d'entrée, au conservatoire d'art dramatique dans la classe de Kléber Harpain.

Sauf quand je chantais dans la région, j'ai raté rarement un cours. Deux ans plus tard, j'aurai un prix dans le rôle de Mascarille des *Précieuses ridicules.*

Ça me plaisait bien de travailler les classiques. Tout allait bien, chanson plus théâtre se mariaient idéalement à l'aube de ma jeune carrière mais quel cauchemar quand il s'est agi impérativement de gommer mon accent du Midi.

On ne demandait de le perdre ni à Alibert dans les opérettes marseillaises, ni à Fernandel et Raimu dans du Pagnol. Mais on n'en était pas encore aux chansons d'amour, hors cadre convenu, de Francis Cabrel, le troubadour d'Astafford.

Les mentalités ont évolué en quarante ans…

Pour jouer Scapin ou la plupart des rôles de comédie, on pouvait s'en tirer avec une nature fantaisiste, malgré l'accent (Raimu fut un Bourgeois Gentilhomme inoubliable, dit-on). C'était impossible pour donner la réplique à Britannicus.

Ça l'est toujours, ça fait rigoler…

La méthode pour perdre l'accent était barbare et indispensable : il fallait appliquer les règles de diction en lisant à voix haute, pendant une heure chaque jour, un crayon entre les dents pour bien articuler, comme Démosthène avec ses cailloux dans la bouche. Mais le plus dur c'était après, quand tu retrouvais les copains ; ils n'arrivaient pas à s'habituer ; ça leur faisait tout drôle, même s'ils savaient pourquoi tu parlais comme les Parisiens : « Ho ! Miramon ! Putain ! t'as avalé des poinnntes !! »

Je l'ai repris, mon accent. Dès que j'ai laissé tomber la comédie, surtout classique, pour me consacrer à fond au tour de chant, le naturel est revenu au triple galop.

VILLE DE BORDEAUX

CONSERVATOIRE MUNICIPAL DE MUSIQUE ET DE DÉCLAMATION

CONCOURS

Lundi 26 Juin 1950, à 9 heures et 14 heures, au Grand-Théâtre

Concours de Déclamation Dramatique

Professeurs : MM. K. HARPAIN et J. CORTY

TRAGÉDIE

1. **BRITANNICUS** .... Racine — M. PEYRIGUE Robert, 19 ans 4 mois, rôle de Britannicus.
   Acte III, scènes 7 et 8. — Répliques : Mlle Genet, rôle de Junie. M. REY, rôle de Néron.
2. **PHEDRE** .... Racine — Mlle ROQUEBERT Françoise, 19 ans 2 mois, rôle de Phèdre.
   Acte I, scène 3. — Réplique : Mlle Camin-Vergez, rôle d'Œnone.
3. **LE CID** .... Corneille — M. SEMPE Jacques, 20 ans 6 mois, 1er Accessit 1949, rôle de Rodrigue.
   Acte I, scène 6. - Acte V, scène 1. — Réplique : Mlle Larnaudie, rôle de Chimène.
4. **ANDROMAQUE** .... M. REY Christian, 24 ans 10 mois, ... 1949, rôle d'Oreste. ... rôle d'Hermione.
   Acte V.
5. **BERENICE**
   Acte III, scène 5.

1. **RUY-BLAS** ...
   Acte III, scène 5.
2. **POIL-DE-CAROTTE** ...
   Scène 9.
3. **LES PRECIEUSES RI**...
4. **LES FRERES KARA**...
   Acte IV - Arrange...

À moi Molière !
Je serai comédien,
ou chanteur,
ou les deux…

3. **LES PRECIEUSES RIDICULES** .... **Molière** — M. MIRAMON Marcel, 21 ans 2 mois, role de Mascarille.
   Répliques : Mlle Genet, rôle de Cathos. Mlle Camin-Vergez, rôle de Magdelon.

Par la suite, des décennies d'environnement parigot l'ont quelque peu atténué ; il revient à la vitesse du son dès que je passe la Garonne, comme un saumon migrateur qui frétille en retrouvant le gave de ses origines.

« Moi, j'aime le music-hall »

(Charles Trenet)

Mon tour de chant, c'était des chansons de Trenet, Ulmer ; de Ray Ventura, rentré d'Amérique du Sud avec cette bombe de rythme, de comique, de musicalité qui se nomme Henri Salvador.

Et surtout, surtout, Yves Montand que j'avais vu à l'Alhambra (de Bordeaux bien sûr). Quel choc ! Je suis absolument convaincu que ce fut pour moi la révélation dont les effets n'allaient plus me quitter ; pardon Scapin, Figaro, Puck et Petitjean, cela se confirmait pleinement, voilà ce que je voulais faire : du visuel.

Pas aussi bien, c'était impossible, mais dans cette voie-là, et pas une autre.

On verra que je n'ai pas dérogé ; pour le meilleur et pour le moins bon…

Yves Montand ! Je n'avais plus que lui en tête ; tu l'as vu, ce grand escogriffe en chemise marron qui te prend une chanson et t'en fait une comédie, un dessin animé de trois minutes ! Ces trouvailles, ces mimiques, cette gestuelle !

Les femmes de sa vie – Piaf l'autodidacte, Simone Signoret l'intellectuelle – avaient judicieusement conseillé cet instinctif sans instruction, dans le choix de ses textes, mais ce n'est pas ce qui me frappait le plus chez lui. « Les Feuilles mortes », des tas de chanteurs étaient capables de la chanter aussi bien que lui.

La différence monumentale, c'était, je me répète, sa façon de mettre ses personnages en scène : on voyait le petit gars de « Luna Park » prendre vie, comme le snob de « Il fait des » ; le boxeur de « Battling Joe » était si vrai qu'il m'avait laissé K.-O. debout, après un round époustouflant de quatre minutes.

Quant au prestidigitateur de « Rien dans les mains rien dans les poches », il m'avait tellement emballé que je l'avais mis à mon répertoire, en prenant bien garde de me trouver un jeu de scène personnel, éloigné du sien.

Malgré mon inexpérience, j'avais bien pigé qu'imiter ne mène pas bien loin – sauf si on est imitateur ! Et encore pas sûr : avant Thierry Le Luron, il n'y eut pas d'imitateur-vedette.

Trouver et confirmer sa propre personnalité en tâtonnant est ardu et vous prive du « sillage » du créateur ; c'est pourtant quatre-vingt-quinze fois sur cent la seule voie de salut. Le seul conseil que je me permette de donner aux jeunes et que je tiens moi-même des meilleurs parmi mes prédécesseurs : ne soyez pas interchangeable. Cocteau allait plus loin : *« Ce qu'on te reproche, cultive-le, c'est toi »...*

Voici ce qu'écrivit Pierre Delanoë : *« Les nouveaux grands du music-hall n'ont plus de jeu de scène. Il paraît que c'est démodé. Je crois plutôt que cela demande trop de travail et de temps. Il faut apprendre à danser, à chanter, à bouger, à parler. Il faut passer des heures en studio, pour répéter, recommencer cent fois le même geste. Il faut s'abstenir de boire et de trop fumer pour maintenir la forme. »* Bien vu !

Je me suis mis à travailler de plus belle mon répertoire, ma gestuelle et mes mimiques. L'art du mime a toujours été pratiqué en France ; qu'on se souvienne de Jean-Louis Barrault incarnant le célèbre Debureau dans *Les Enfants du Paradis* ou de la pièce de Sacha Guitry consacrée à ce célèbre mime. Pratiquement tout le monde mimait. Pas Tino, ni Rina Ketty, ni Patrice et Mario, c'est sûr ! Mais les Compagnons, les Frères Jacques, Chevalier. Et même Piaf...

C'est un mode d'expression qui a eu cours longtemps et qui donnait un plus indiscutable à ceux qui le faisaient bien – et ils étaient nombreux !

Ça s'était toujours fait et je trouve dommage que ça puisse paraître plus ou moins ringard aujourd'hui. Ça ne l'est pas ; ce n'est pas « tendance », ce qui est différent. Peut-être y a-t-il en ce moment même un enfant de 12 ans qui, dans quelques années, ressuscitera pour le plus grand plaisir des spectateurs cet aspect scénique depuis trop longtemps passé aux oubliettes.

Je dois préciser que je n'appelle pas mimer faire *« Je t'aime de tout mon cœur »* en montrant son cœur ; *« Avec ton petit nez »* en montrant son nez, etc. Ce qui n'a rien à voir avec Trenet imitant Mam'zelle Clio somnambule, Salvador faisant le scaphandrier, Ulmer le cow-boy, Piaf le clown ; les Frères Jacques jouant « À la Saint-Médard » ou les Compagnons « Perrine était servante » ; comme au temps de la lointaine *commedia dell'arte*.

Comme les grands aînés, j'observais les gens pour en faire des personnages et j'en ai utilisé certains, que j'ai gardés.

Par exemple celui-ci : il y avait dans ma rue un semi-clodo toujours entre deux vins qu'on appelait « Caruso », parce qu'il massacrait des airs d'opéra en faisant la manche. Ce pauvre type avait reçu à la guerre de 14 une blessure qui lui donnait une démarche un peu comique quand, en marchant de long en large, il nous contait pour la centième fois des exploits amoureux d'ancien Don Juan bidon. Cette silhouette, cette façon de bouger, je les ai longtemps casées dans d'autres chansons de hâbleurs grotesques, si bien que, lors d'un de mes passages dans les années 1955-1960, où je faisais un personnage de peintre en bâtiment fanfaron – « Le Peintre et la Marquise » – tout l'Olympia marchait comme moi.

Or, un peu plus tard, je vois que le leader du groupe Los Brutos – un certain Aldo Maccione, qui fera son chemin – m'a piqué plusieurs de mes trouvailles, notamment cette façon très particulière de marcher qui faisait beaucoup marrer les gens (je dois dire qu'il le faisait très bien). Il l'a casé dans le film de Claude Lelouch *L'aventure c'est l'aventure* où Lino Ventura, Jacques Brel s'amusent à faire comme lui ; c'est-à-dire comme moi ; sans le savoir (j'espère).

Que pouvais-je faire ? On ne dépose pas une façon de marcher dans une société de droits d'auteurs. Heureusement pour moi, je n'ai pas bâti ma carrière là-dessus. Cependant, le petit côté déplaisant, c'est que, quand il m'arrive de le faire en guise de clin d'œil, c'est moi qui ferais figure de plagiaire si, complice, je ne disais pas *« Hé ! l'estyle ! »*

Sans avoir les répercussions de l'espionnage industriel, de la contrefaçon médicale, pharmaceutique et j'en passe, le plagiat, puisqu'il faut l'appeler par son nom, est une forme extrêmement déplaisante pour ceux qui, dans tous les domaines de l'art, petit et grand, ont inventé un truc – même si, j'en conviens, c'est rarement *ex nihilo,* car, dans tous les domaines, chacun de nous pousse sur le terreau de ceux qui les ont précédés. Mais si j'ai pris assez souvent quelques longueurs d'avance, c'est tout simplement parce que j'ai mis le plus clair de mes gamberges au service de l'aspect scénique de mes spectacles comme je l'ai dit et répété dans ce livre de souvenirs.

Exemple beaucoup plus récent. Depuis une vingtaine d'années, je chante une chanson de soi-disant cow-boy, en américain de cuisine, avec une traduction franchouillarde décalée. C'est un de mes sketches qui font le plus rire le public. Cet amusant procédé original a été récupéré tranquillement par un artiste de grand talent qui l'applique à un standard américain.

Que faire ? Rien ! Mais ça soulage d'en parler (juste un peu...)

Coco Chanel avait coutume de dire que la copier, c'était lui rendre hommage. Oui, mais parce qu'on savait que c'était elle l'inventrice.

J'entends beaucoup dire que les idées sont dans l'air ; c'est vrai ; mais, assez souvent aussi, il y a quelqu'un qui les a mises dans l'air ; malheur à celui-là si la notoriété de l'usurpateur dépasse la sienne : non seulement il sera dépossédé, mais ce sera lui « l'accusé » !

Dans les domaines artistiques, à l'inverse du coucou, le plagiaire couve les œufs des autres ; il en est qui te dépouillent sans vergogne, estimant qu'eux seuls avaient le talent de mettre en valeur une idée qu'ils n'avaient pas eue.

Prenons le bon côté des choses et disons que ceux qui se sont trop inspirés de toi te rendent des hommages qui ont l'avantage de n'être pas posthumes.

De toute façon, tout ceci ne dépasse pas le cadre de ce que je me plais à appeler à nouveau « le Landerneau de la chansonnette ». Qu'on se rassure, j'ai parfaitement conscience de ne pas jouer sous le même pommier qu'Isaac Newton…

Comme au temps de mes tout débuts bordelais, peu à peu je me constituais un répertoire personnel. J'écrivais à l'occasion, mais je trouvais les chansons des autres meilleures que les miennes.

J'essayais donc de reprendre à ma façon des chansons connues empruntées aux répertoires des fantaisistes : Yves Montand, Charles Trenet, Georges Ulmer, Lily Fayol, Ray Ventura, Roche et Aznavour.

Mon premier succès, personnel à part entière, fut « Escamillo » une pantalonnade où le féroce toro vient faire ami-ami avec le pas très féroce torero ; burlesque garanti pendant quatre minutes – ou plus, selon les jours – et pendant quinze ans. L'auteur était Georges Coulonges qui m'avait remarqué à « Radio Bordeaux Lafayette » avec Stein-Castaing. Nous étions devenus amis (il sera parrain de Katia, ma fille aînée, en 1958). C'est lui qui, plus tard, écrira « Potemkine » pour Jean Ferrat et la série *Pause café* pour la télé, quand, deux ans après moi, il fera le grand saut à son tour vers la capitale.

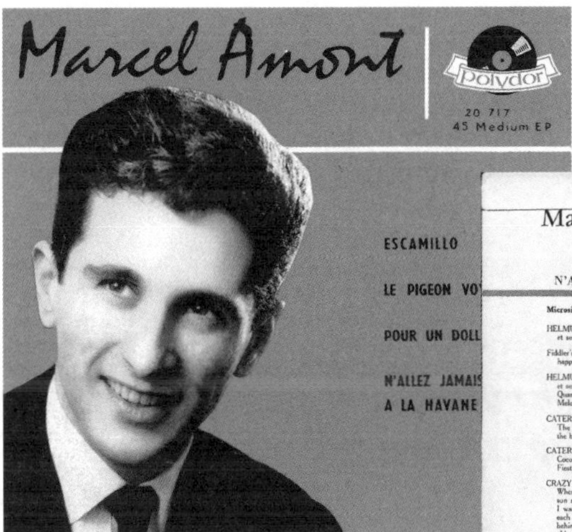

Marcel Amont (ARMAND MIGIANI ET SON ORCHESTRE)

ESCAMILLO (Roi-Coulonges)
LE PIGEON VOYAGEUR (Dominique Nohain)
POUR UN DOLLAR (Magenta-Bonifay)
N'ALLEZ JAMAIS A LA HAVANE (Bertola-Aznavour)

Microsillons 45 tours

HELMUT ZACHARIAS et ses violons enchantés (1) — 20 129
Fiddler's boogie, Blues blues, I want to be happy, Violon boogie

HELMUT ZACHARIAS et ses violons enchantés (2) — 20 130
Quand les lilas refleuriront, Sous les tilleuls, Melodia, Pizzicato valse

CATERINA VALENTE (N° 1) — 20 501
The breeze and I, Jalousie, Siboney, Begin the beguine

CATERINA VALENTE (N° 2) — 20 503
Coco polka, Chanson d'amour, Casanova, Fiesta cubana

CRAZY OTTO, PIANO-MASSACRE — 20 526
When my baby smiles at me, Wait till the sun shines, Nellie, A bird in a gilded cage, I want a girl, Have I told you lately, Into each life some rain must fall, I'm walking behind you, Yip-I-Addy-I-Ay, In the good old summertime, In the shade of the old apple tree, Ida sweet as apple cider, Bicycle built for two, The sidewalks of New York, The Bowery, The band played on.

SUC ET SERRE — 20 534
L'escadrille des sorcières
La lune pleine
La chouette
Le paravent chinois

PIANO-MASSACRE AVEC OTTO RHINOT ET ALAIN STRUMENT — 576 009
Oh ! mon papa, Anna - El Negro Zumbon - Vous, vous, vous, Answer me, The man with the banjo, Tea for two, Lullaby of Broadway, Begin the beguine, My blue heaven, Indian love call, Alexander Ragtime, Music, Music, Music, 12 th. Street Rag, Bugle call rag, Harry Lime theme, Whispering, Some of these days, In the mood, Linger awhile, I can't give you

Microsillons 33 tours (25 cm)

HELMUT ZACHARIAS et ses violons enchantés — 45 501
I got rhythm, Charmaine, Moulin rouge, When day is done, Delicado, Ramona, Mr Callaghan, Good night, sweetheart

CATERINA VALENTE — 45 517
Temptation, If hearts could talk, The breeze and I, Malagueña, My lonely lover, Fiesta cubana, This must be wrong, The way you love me

Ce disque est en résine de vynile, donc pratiquement inusable et incassable. Il ne doit être employé qu'avec une tête de pick-up à saphir n'excédant pas 10 gr. Vitesse de rotation : 45 tours à la minute.

Polydor

20 717

Patient, cet « Escamillo ».
Il a attendu 7 ans avant d'être enregistré (sur mon premier disque !) en 1956.

«Escamillo», ce torero qui a peur du taureau !
C'est ma première chanson qui ne doit rien au répertoire
des vedettes de cette époque.

Débuts sur les petites scènes bordelaises.

« Pour moi la vie va commencer »

(Jean-Jacques Debout)

Je me prépare intensément à partir tenter ma chance à Paris.

Je poursuis mes prestations le plus souvent « alimentaires » en m'efforçant malgré tout d'y apporter toute ma fougue, ma conviction car, je l'ai très vite compris, ce métier n'est pas comme tous les autres, qu'on le veuille ou non ; dans toute activité quelle qu'elle soit, c'est triste d'aller au boulot à contre-cœur ; mais si tu as la vraie fibre artistique, que tu sois un génie ou que tu exerces dans un art (dit) mineur, n'y va pas en traînant les pieds, sinon ça va très vite devenir l'enfer.

Je continue mes bals, mes galas ; mes prestations de comédien dans des sketches parfois ras-des-salsifis, ou des pièces à l'aspect culturel plus que douteux – « La folle nuit de Mlle Beaudard » (!). Je tiendrai également un rôle secondaire dans un mélo début de siècle – le fameux *Maître de Forges*, où, en compagnie de quelques condisciples du conservatoire et des professionnels locaux, je suis parti pour la première fois en tournée dans la région et jusque là-bas au diable, dans le fin fond du Gard, à Vauvert, justement…

Heureusement, il y a – trop rarement – le cher Molière et les rôles de valets du répertoire classique habituel, grâce à des organisateurs un peu ambitieux, dans des petites salles. Ça réconcilie avec l'art du saltimbanque ; ça aide à patienter…

Je cherche par tous les moyens honnêtes à me constituer un petit pécule pour l'expédition dont l'échec serait l'écroulement total de mes rêves, sans lendemains possibles étant donné le contexte social et familial.

Au printemps 1950, je gagne un grand concours de chanson ouvert à tous – amateurs et professionnels –, objet d'un grand battage dans la région.

Éliminatoires, quart de finale, demi-finale, finale, comme en sport. Les organisateurs, en nous faisant miroiter monts et merveilles, nous font ainsi occuper les premières parties du spectacle dont un artiste alors très connu est la vedette ; ceci, sans bourse délier. Ah ! les petits malins !

C'est moi qui gagne la finale dans la catégorie « fantaisie » et j'empoche la somme modeste – mais tout fait ventre – qui va avec.

Entretemps, je me produis dans l'un des cabarets louches – pléonasme – du centre-ville, « L'Arc-en-Ciel ». Prostituées, macs, gogos en goguette vite plumés par les entraîneuses, je constate de visu que « pour que l'artiste mange, il faut que le client boive » et que, dans ma bonne ville, on trouve, à une demi-heure à pied des échoppes à jardinet de mon quartier miteux, des lieux interlopes où le champagne coule à flot et où on sort les grosses liasses de biffetons pour embarquer la « dame-exprès » qui vous laisse croire que. Et moi, pendant ce temps, qui essaie un soir sur trois de me faire entendre dans le brouhaha, les rires stridents et les bouchons qui pètent.

Moi qui rêvais de détailler mes couplets sur une scène avec rideaux et éclairages, devant un public attentif, ce genre d'expérience me tanne le cuir.

Ça me servira, rendu dans la Ville lumière où les bastringues à lumière tamisée ne manquent pas non plus et où il vaut mieux serrer les dents et poursuivre quoi qu'il advienne si on veut toucher son cacheton, gagné à l'arraché, et pouvoir se payer le steak-frites ou le sandwich jambon-beurre quotidiens.

J'ai connu deux autres avantages à me produire en ces lieux mal famés :

- le premier est que les entraîneuses, souvent filles au grand cœur (tant pis pour le poncif), étaient gentilles avec nous. Très ;
- le deuxième est que nous sommes devenus vraiment amis avec le jeune pianiste – il avait 19 ans – Claude Romat. Pendant plusieurs semaines, et pour un prix infiniment modique, il m'a consacré plusieurs heures par jour pour me faire répéter. J'allais chez lui de l'autre côté de la Garonne, au quartier de La Bastide, pour mettre et remettre sans cesse sur le métier, cherchant des gags, contrôlant mes jeux de scène devant la glace, comme je l'ai expliqué plus haut.

Tous les après-midis je partais sur mon vélo depuis le passage Leydet où j'avais toujours gîte et couvert chez mes parents.

Une certaine semaine où les trois-huit lui laissaient l'après-midi libre, quand je rentre, papa m'accueille, l'air mauvais :

– *Tu vas bientôt être majeur (à l'époque c'était 21 ans). Tu bricoles et disons que tu n'es plus à notre charge, mais si je peux me permettre, comme tu pars tous les jours, est-ce indiscret de te demander où tu vas ?*

– *Je vais répéter chez Claude.*

– *Répéter, qu'ès aco ?*

– *Ça veut dire travailler mon tour de chant pour Paris.*

– *Ah bon ! Depuis plus d'un mois ! Mais alors tu en as combien de chansons à ton – comme tu dis – « tour de chant » ?*

– *Une douzaine…*

Alors, papa, hors de lui :

– *Tu me prends pour une andouille ! Tu ne les sais pas encore !*

Avec Claude et l'orchestre nous avons passé l'été à « La Côte d'Argent », une petite boîte sympa à Lacanau Océan.

Mais très vite les habitués ont connu mon répertoire par cœur ; pour ne pas les lasser et ne pas me faire virer par le patron qui n'y connaissait rien de rien je me suis mis à raconter des tas de blagues que je collectais ici et là et que, mon travail de comédien aidant, je ne racontais pas trop mal. J'ai retrouvé des vieux carnets où je les notais ; beaucoup se racontent toujours avec des variantes actualisées – ou bien en plaquant des sujets nouveaux sur de vieux « scénarios » efficaces.

La saison d'été terminée, chacun a poursuivi ailleurs ses activités.

Puis Claude est parti faire son service militaire.

Nous nous sommes revus à Paris où ses talents lui avaient permis de trouver du travail sans aucun problème. Après les années faméliques de mes débuts dans la capitale, dès que j'ai eu les moyens de payer, au moins décemment, un accompagnateur, il est devenu mon pianiste, puis chef d'orchestre et arrangeur.

Il l'est resté près de vingt ans.

C'est ensemble que nous avons passé les plus belles années de notre vie, parcourant les scènes du monde entier, de Tokyo à Moscou et de Rome à Montréal. On en a vu, des salles debout ! On en a reçu, des gerbes de fleurs !

À vivre tant d'années côte à côte, on a partagé tant de joies !

On s'est aidés mutuellement dans les chagrins, grands et petits, qui nous ont frappés, l'un comme l'autre.

Quand les temps sont redevenus moins faciles pour nous deux, Claude a préféré retourner vers notre Bordeaux natal, où il a pu monter une petite formation de jazz, sa musique de prédilection.

Il nous a quittés sur la pointe des pieds il y a peu ; c'est-à-dire une éternité…

Encore une prestation parfaitement inintéressante pour les fêtes de fin d'année à l'Alhambra avec les fameuses tournées Tichadel, dans une revue finement appelée *Adieu Chouette*, c'est-à-dire « salut Machin » ailleurs qu'en Gironde.

Je me souviens que, sur des succès du jour, l'adaptateur-metteur en scène avait pondu des paroles de circonstance, d'une platitude redoutable, pour présenter les gentilles petites femmes animant les tableaux en tenues légères ; chaque fois qu'il lui manquait un pied à un vers, il mettait « oui » ; par exemple, sur « Mamzelle », un air à la mode, ça donnait *« oui tout près du buisson, oui c'est un champignon » ;* apparaissait alors une jolie fille, oui, « nue » déguisée, oui, en champignon. Et, oui, moi, jeune premier de blanc vêtu, oui, je devais la cueillir, mille fois oui, elle était charmante, surtout en coulisses, oh que oui !

En vérité, les spectateurs mâles, infiniment moins blasés qu'aujourd'hui, avaient les yeux beaucoup trop occupés pour accorder la moindre attention à ce qui prétendait s'adresser à leurs oreilles – ou à leur bon goût poétique…

Début 1951, me voilà gonflé à bloc, prêt à monter au feu… de la rampe…

Entretemps, je suis devenu MARCEL AMONT. Non que j'aie peur de jeter l'opprobre sur mon vrai patronyme, mais je me disais, un peu naïvement, qu'Amont ça ferait plus chic que Miramon – peut-être pensais-je à l'amont pour les sources et les fleuves, au Dieu égyptien ; ou plus vraisemblablement à Yves Montand.

Je ne sais plus trop bien au juste.

Ce serait aujourd'hui, je choisirais « Balthazar Miramon » - ça sonne bien.

Mais les jeux sont faits, n'est-ce pas...

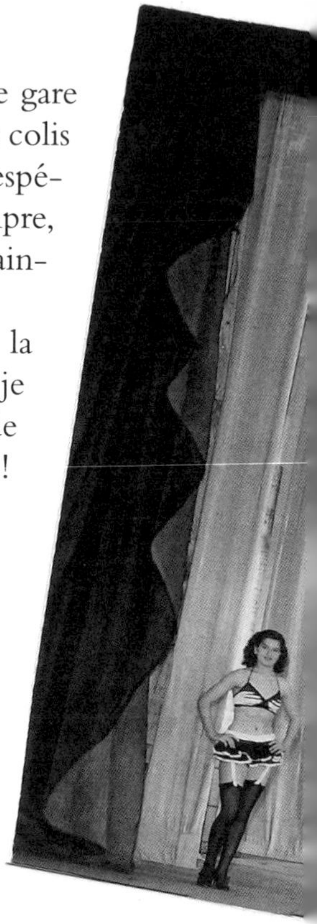

Me voilà donc sous le grand hall vitré de cette gare Saint-Jean qui m'avait vu pousser des brouettes de colis aussi lourds que recommandés deux ans plus tôt, espérant, de tout mon cœur qui bat à tout rompre, qu'Austerlitz – la gare – va voir débarquer un vainqueur en herbe.

Comme bien des Rastignac avec ma valise à la main et mon ridicule costume bleu métal que je crois dernier cri, je m'applique la fameuse méthode Coué « Ça va marcher, ça va marcher. Allez Marcel ! En avant ! »

Mais, dans le fond, je suis mort de trouille.

J'ai mis un peu d'argent de côté mais il me faudra un jour ou l'autre me nourrir et trouver une chambre d'hôtel – je ne vais pas squatter indéfiniment l'appartement de l'oncle Jean chez qui j'irai au début.

Ensuite, je ne me suis jamais senti aussi péquenot et je n'ai aucun sésame ; tout au plus deux ou trois tuyaux.

Or je ne suis pas sans savoir que Paris n'attend jamais personne et que les candidats pour la fortune et la gloire ont intérêt à ne pas prendre leur billet retour s'ils prétendent se faire une place dans le panier à crabes.

Ça ne fait rien : à nous deux Paris !

À l'Alhambra de Bordeaux,
a revue Adieu chouette, *en fin d'année 1950.*
La « nudité » des danseuses paraît bien gentillette aujourd'hui…

Marcel AMONT

Cette photo est un vieux cliché qui en illustre un autre : Rastignac à la conquête de Paris.

À PARIS [1]

« Je viens du Sud »

(Pierre Delanoë - Michel Sardou / Jacques Revaux)

« À nous deux, Paris », c'est vite dit ! Le mot a fait florès mais, je ne le sais que trop, ils sont bien plus nombreux que ça « en face », et pas tous disposés à accueillir à bras ouverts le X millième provincial venu papillonner autour des feux de la Ville lumière. Je sais bien que pour mon débarquement dans la capitale, le soleil d'Austerlitz (la gare !) ne sera pas forcément de la fête. Justement le ciel est gris, il pleuvote, il fait frisquet. J'ai l'habitude. Les pieds dans l'eau, à Bordeaux, on connaît !

Les petites gens voyagent encore peu à l'époque, et ceux qui se figurent qu'au sud de la Loire c'est tempête de ciel bleu toute l'année renseignent gentiment ce blanc-bec à l'accent chantant qui demande sa route. Après quelques errements métropolitains, j'atteins dans des délais raisonnables mon point de chute : le deux-pièces-kitchenette de l'oncle Jean, mon parrain, rue du Dessous-des-Berges dans le 13e arrondissement. J'ai beau les chercher du regard, je ne vois pas les berges, le nom me paraît bien poétique et le cinquième étage par l'escalier étroit – une rigolade avec « mon bagage mince » ; il me paraîtra bientôt un peu plus ardu quand j'y hisserai mon Vélosolex pour ne pas qu'on me le vole les nuits où je devrai rentrer après le dernier métro ; fétu de paille quand on a 22 ans et qu'on s'est fait les biscoteaux avec les tonnes de caisses de foie gras de Bordeaux Saint-Jean.

(1) Francis Lemarque.

Avec l'oncle, la tante et mes deux cousines on se tasse un peu, comme on en a l'habitude chez les pas-très-riches où il y a toujours un matelas et une couverture dans un placard pour les proches de passage.

J'ai donc un toit, quelques économies pour aider la tantine à faire bouillir la marmite et pour me caler l'estomac au cours de mes raids incessants, jour et nuit, dans le Paname qui chante, essayant de m'y faire une petite place au plus vite afin de ne pas me retrouver à sec et revenir tête basse chez mes parents, morts d'inquiétude. Or, si j'ai assez vite quelques engagements, je trouve qu'ils se suivent de façon bien intermittente, bien qu'à l'époque le statut d'intermittent du spectacle paraisse aller de soi, y compris pour les intéressés.

J'ai quelques adresses. Quelques tuyaux dont certains s'avéreront crevés : *« Vous avez du travail dans votre coin ! Ne lâchez pas la proie pour l'ombre, retournez-y. Ici, c'est bouché, saturé ; dès qu'un chanteur de baloche a un début de petit succès au fin fond de sa cambrousse, il se figure que c'est arrivé et le voilà qui rapplique à Paris. »*

On le voit, les arguments pour vous éconduire ne sont pas nouveaux. Il est vrai que je ne paie pas de mine. J'ai beau être tout propre sur moi et tout, j'exhale à cent pas cette province si décriée, si moquée, infiniment plus qu'aujourd'hui encore.

Et puis il y a l'accent, rédhibitoire si on ne donne pas dans le pagnolo-alibertesque pastis-pétanque-cabanon-Canebière. *« Vous prétendez vous faire une place à Paris, jeune homme : alors commencez par vous débarrasser de cet accent ridicule »*, me dit un homme de radio très connu après une audition – ratée évidemment !

Par chance, certaines adresses ne mènent pas à ces impasses, ces faux-fuyants incessants qui finiraient par vous saper le moral. Certains regards, au-delà de la dégaine du plouc endimanché, décèlent dans votre œil, dans votre voix, un petit quelque chose prometteur. C'est ainsi qu'on glane quelques informations utiles : l'une des deux radios donne leur chance à des débutants dans ses studios deux fois par mois ; tel jour il y a des auditions dans tel cabaret, telle brasserie ; dans tel ou tel cinéma aussi car, en ces temps « que les moins de 20 ans ne peuvent pas connaître », des numéros de music-hall étaient programmés entre les actualités et le film en fin de semaine.

On ne parlait pas encore de blousons noirs et encore moins de malaise des banlieues, pourtant j'ai le souvenir insupportable de vendredis sinistres où de jeunes loubards me bombardaient de fléchettes et de boules puantes, ou pire si leurs nénettes m'applaudissaient avec trop d'ardeur. Les personnes bienveillantes dont je parlais plus haut me dissuadaient d'aller me fourvoyer dans tel lieu trop snob ou trop rive gauche pour moi, comme Agnès Capri ou le Carolls, trop mal famé ou attrape-couillons, dont la spécialité consistait, comme plus tard dans le *Dîner de cons,* à se payer votre tête. Évidemment, certaines déconvenues ne m'ont pas été épargnées, ça faisait partie du paquet…

Chez les agents artistiques comme chez le dentiste, en attendant son tour dans la file parfois interminable, se créent des sympathies ; on échange des informations : *« Va chez le père Stoll rue de l'Échiquier, chez Brown passage des Champs-Élysées, deux anciens du métier, tu leur chantes un ou deux trucs dans la pièce à côté de leur bureau et s'ils t'ont à la bonne ils te font travailler. Ils ont même parfois des petits galas en province, des arbres de Noël, des soirées privées… »*

C'est ainsi que jour après jour, à condition de rester disponible, sur la brèche vingt-cinq heures sur vingt-quatre, on tisse sa toile, on tricote sa petite laine.

L'une des adresses que j'avais en poche, sans être pour autant l'impossible sésame, me conduira au cœur du monde de la chanson, ce lieu d'observation et ce carrefour privilégiés qu'étaient les éditeurs en ces années 50.

L'éditeur avait gardé, et pour encore longtemps un rôle absolument central, incontournable, dirait-on aujourd'hui ; sa fonction était lucrative s'il avait de l'intuition et du savoir-faire. Assez souvent, c'est lui qui organisait les rencontres entre paroliers et compositeurs, c'est lui qui cherchait le bon interprète. Ensuite, ses réseaux lui permettaient une diffusion fructueuse auprès de tous les orchestres, surtout les baloches ou régnait l'accordéon : il y en eut jusqu'à 350 000 en France avant que les discothèques ne les tuent pratiquement tous peu à peu.

C'est grâce à leurs éditeurs et à leurs contacts avec l'étranger que « La Mer », « C'est si bon » et quelques autres devinrent des succès mondiaux.

Je devins vite un habitué assidu des éditions Paul Beuscher boulevard Beaumarchais. Il arrivait qu'on y entraperçoive Édith Piaf, Yvette Giraud, Henri Genès, Eddie Constantine, tant d'autres, rendant visite au boss, Roger Seiler.

On y croisait aussi bon nombre de débutants, dont la plupart ont disparu de la circulation ou que le temps a effacés de ma mémoire ; pas tous, puisque je me souviens très bien, et pour cause, de ce jeune troufion qui faisait son service militaire dans l'aviation et avec qui j'avais sympathisé ; il était pianiste dans le civil et, flanqué d'un parolier inconnu nommé Pierre Delanoë, il venait proposer ses chansons ; on disait qu'il faisait des musiques pas mal du tout et qu'il semblait promis à une carrière intéressante de compositeur sous le nom de Gilbert Bécot ou Bequaux – ou Bécaud.

Surtout, dans la pièce prévue à cet effet, tout le menu et moyen fretin faisait cercle autour du piano des répétiteurs pour travailler, sans bourse délier, les chansons maison (c'est-à-dire appartenant à l'édition, comme il se doit) ; il pouvait même arriver que les auteurs en personne viennent prendre la relève quand un nouveau leur paraissait digne d'intérêt.

C'est ainsi que je devins, choisi parmi des dizaines d'inconnus qui se pressaient en vain à sa porte, l'un des interprètes de Marc Fontenoy. Tout jeune avocat avant la guerre, sa veine d'auteur populaire s'était si bien imposée qu'il renonça vite au barreau et que, pendant vingt ans, la France reprit ses refrains : « Le Pêcheur » (Bourvil), « La Petite Diligence » (André Claveau), « Le Petit Train ».

Personnellement j'héritai de chansons inédites où je pouvais donner libre cours à ma fantaisie de chien fou ; Marc, se disant estomaqué par ma vitalité et mon imagination, fouillait ses tiroirs pour me rapporter, parmi ses chansons-sketches, les plus farfelues, qui n'avaient pas jusque-là trouvé preneur : « Oncle Arthur », « Bella Musica », « Les Liserons ». Elles furent un temps l'essentiel de mon tour de chant et, à l'exception de « Chanson d'avril », elles étaient trop visuelles, trop exclusivement scéniques pour qu'il ait pu en rester trace dans le vinyle, plus tard.

« Je m' voyais déjà »

(Charles Aznavour)

De la même façon, peu de temps après, je me liai d'amitié avec Charles Aznavour, le « poulain » de Raoul Breton. La perspicacité et le goût sûr de ce dernier avaient fait de son édition de la rue Rossini un tremplin dont rêvaient auteurs et interprètes. Avant la guerre, il avait été le premier à dénicher et lancer une chanson de Mireille et Jean Nohain, « Couchés dans le foin », enfouie dans une opérette injouable.

Il avait lancé Charles Trenet dont il fut l'éditeur quasi exclusif jusqu'au bout.

Depuis quelques années, il s'obstinait à pousser le petit Charles au grand pif contre le goût dominant qui, Saint-Germain-des-Prés s'essoufflant quelque peu, allait des roucoulades de Lina Margy aux bonnes grosses bidasseries d'Henri Genès.

La majeure partie du public, gardant à l'oreille la voix d'or de Luis Mariano ou celle, veloutée, de Tino, admettait mal ce timbre rauque ; des critiques le surnommaient « l'enroué vers l'or » ; alors qu'il chantait « Tant de monnaie », j'ai vu des petits rigolos lui envoyer des pièces comme on jette des cacahuètes aux singes. Il en a bavé, le Varouch ! – c'est le diminutif de Varenagh, son prénom arménien – depuis qu'il s'était séparé de Roche. Peu à peu, il a fini par imposer son mètre soixante-cinq, dressé contre les vents contraires.

Il avait écrit pratiquement pour toute la profession, de Maurice Chevalier à Jacqueline François en passant par Patachou, Juliette Gréco, Eddy Constantine, Philippe Clay et tutti quanti ; or, avant le raz-de-marée des auteurs-compositeurs, il était d'usage courant que les interprètes annoncent les auteurs de leurs chansons ; c'est ainsi que, le grand public finit par prendre en sympathie ce parolier (ce qu'il restait principalement à ses débuts en solo) au nom imprononçable. Peu à peu on s'habitua également à ce physique, à cette voix, ce phrasé, ce style inhabituels.

Lorsque le succès populaire finit par lui venir en tant qu'interprète, quelques anciens détracteurs repentants concédaient : *« Il a fait des progrès »* ; Raoul Breton leur répondait : *« Non, vous, c'est vous qui avez fait des progrès ! »*

En ce qui me concerne, je me flatte d'avoir été depuis toujours de ses inconditionnels ; si Cocteau a pu écrire par la suite « avant Charles Aznavour, le désespoir était impopulaire », beaucoup semblent ignorer ses dons multiples ; car s'il a su faire pleurer Margot avec ses amours tourmentées, il fut également un rythmicien et un fantaisiste de grand talent. Je le revois à Bordeaux, jouant et mimant *« Monsieur Jonas est un as au billard »,* (on va jouer au) *poker »* ou *« J'ôte le veston le gilet la cravate »*... Un artiste complet, doublé d'un talent effervescent de parolier, puis d'auteur-compositeur à part entière, qui le faisait se lever en pleine nuit quand l'inspiration le prenait intempestivement.

Tout comme Fontenoy chez Beuscher, il m'avait repéré quand je venais répéter, surtout ses chansons, rue Rossini. Au bout de quelques visites, il lui arriva de se mettre lui-même au piano. Puis on se fixa rendez-vous, on devint copains.

Et puis vraiment copains.

J'héritai de titres auxquels leurs destinataires-vedettes avaient renoncé : Juliette Gréco pour « Les Amoureux de Peynet », Dario Moreno pour « N'allez jamais à la Havane », en compagnie d'une kyrielle de laissés-pour-compte, d'ébauches que je lui demandais de terminer, et – privilège ! – de chansons qu'il me confiait personnellement, bien que je n'aie commencé à enregistrer de disques que quelques interminables années plus tard.

En plus de celles déjà citées, j'ai interprété sur la distance une dizaine de ses chansons, comme « À propos de pommier », « Ah », « Sur la table », « M. Gabriel », « Les Nez », qu'il avait parfois lui-même oubliées, comme « La Complainte des Explorateurs » que j'avais mise à l'essai seulement quelques semaines. Dix ans plus tard, « Un Mexicain » (basané), sur des paroles de Jacques Plante, partagée avec les Compagnons de la Chanson, fut et resta l'un des indestructibles piliers de mes tours de chant,

Avec le (grand) Charles, hier et aujourd'hui.

1962.
« Un Mexicain » = « un carton » !!

avec la moins populaire « Moi le clown » sur des paroles de Jacques Mareuil.

Charles n'est pas resté la plus grande vedette hexagonale sans discontinuer. D'autres ont pu le supplanter un temps en haut de l'affiche, ou de façon durable, comme Johnny Hallyday. Mais, depuis Maurice Chevalier, le seul artiste francophone universellement connu – États-Unis compris – c'est lui et seulement lui.

Quelle revanche !

« Quand un soldat »

(Francis Lemarque)

Mon obsession, en arrivant à Paris, était de m'acquitter de mes obligations militaires. J'avais déjà fait valoir un sursis d'études pour me donner le temps de poser quelques jalons, établir quelques têtes de pont, afin de ne pas repartir à zéro après une année perdue à faire le zouave.

L'incorporation devait se faire en octobre 1951.

Après audition, un petit imprésario m'avait proposé de passer l'été à la Maxéville, brasserie connue sur les Grands Boulevards. L'orchestre, deux violons, un pianiste, un bassiste, un clarinettiste/flûte de Pan, était tzigane comme je suis moldo-valaque ; mais les musiciens, que les drames de la guerre avaient fait se retrouver là, tous de formation classique, pratiquaient une excellente musique. Cependant, le patron de l'établissement voulait, pour une partie de son importante clientèle de province, quelqu'un qui pousse la chansonnette populaire bien de chez nous. La carpe (farcie) et le lapin.

Ces gens qui en avaient vu de toutes les couleurs me regardaient et m'écoutaient au début sans la moindre hostilité, mais avec une espèce d'incrédulité compatissante. Le répertoire populaire français leur était – c'est le cas de le dire – étranger ; ils en étaient, visiblement, à le subir avec une indifférence le moins visible possible ; quant à mes interventions fantaisistes, elles les plongeaient de plus en plus dans la consternation.

Deux ans après mon service, dans les coulisses de 36 chandelles, *ce n'est pas la nostalgie de l'uniforme qui me fera jouer à Fernandel les comiques troupiers des années 50 en présence de Gilbert Bécaud.*

À l'infirmerie du 93e R.I. à Courbevoie.

Au fil des jours, à la pause, je sentais bien le malentendu s'appesantir et les sourires polis se faire glaciaux.

Il fallait faire quelque chose.

C'est le bassiste, francophone et distingué, qui allait de table en table recueillir les desiderata de la clientèle, valses viennoises, répertoire tzigane, classiques les plus connus ; il revenait ensuite : *« Madame, Monsieur sont-ils satisfaits ? pourboire, meeeerci ! »*

J'ai pris l'une des décisions les plus héroïques de ma jeune carrière d'artiste, fils de fiers prolos ; j'ai proposé de laisser le bassiste jouer et de le remplacer pour les ronds de jambe de la manche digne et culturelle. Ma jeunesse souriante, mon bagout firent facilement la différence pour la cagnotte commune ; les ouais-bof firent place peu à peu au retour de sourires qui ne cessèrent de s'élargir.

On dit qu'un bienfait n'est jamais perdu. Je veux bien qu'on remplace « jamais » par « pas toujours ».

Les rôles ayant été redéfinis comme je l'ai dit, l'entente cordiale régnait désormais sans nuages entre mes « tziganes » et moi. Si peu à peu les horreurs de la Shoah et la condamnation du révisionnisme ont pu prendre la place qui revient au devoir de mémoire, quelques années après la guerre, les survivants des camps de la mort en parlaient peu, hormis entre eux ; comme s'il leur paraissait inutile de chercher à communiquer l'incommunicable à qui n'était pas impliqué de près. Or, pendant le quart d'heure de repos, il nous arriva de parler des activités clandestines de mes parents sous l'Occupation. Ces confidences entre « collègues de bureau » ne tombèrent pas dans l'oreille de sourds.

Se présenta un jour un certain Simon Wichené, secrétaire général d'une association de déportés, co-auteur de *Drancy la Juive*, qui avait le bras long. C'est ainsi que je fus affecté à l'infirmerie du 93e régiment d'infanterie à Courbevoie.

À Courbevoie ! Nourri, logé, à un quart d'heure du métro ! Pas de manœuvres, pas de corvées, pas de maniement d'armes ! Sans tambours ni trompettes !

C'est très injuste. Je ne cherche pas d'excuse rétrospective mais, comme on était en temps de paix, même si ça commençait à chauffer en Indochine (on ne disait pas encore Viêtnam), j'eus droit à une paix royale quoique républicaine. Et puis il y a prescription. Et puis chacun sait que, quand la patrie est en danger, il en faut qui portent les bazookas et d'autres les seringues et les flacons de teinture d'iode.

Et puis, à l'artiste provisoirement en veilleuse, la noblesse de cette obscure et ingrate mission d'utilité publique apporta bien peu d'émotions esthétiques ; je ne donnerai pas de noms, mais combien de héros fatigués et décorés comme des sapins de Noël, dépouillés du prestige de l'uniforme, m'ont montré par leurs tristes fesses le revers de la médaille ? Pas l'ombre de cambrure d'une AFAT (auxiliaires féminins de l'armée de terre) pendant douze mois !

Heureusement, il y avait les perms !

Sans être vraiment un régiment de planqués, le 93e RI accueillait des sursitaires parisiens mariés ; je prenais leur tour de garde les dimanches et fêtes, pour qu'ils les passent en famille, en échange de quoi ils veillaient au grain quand je devais, en semaine, rencontrer des gens du métier dans Paris ; prudent comme un Sioux sur le sentier de l'armistice, je téléphonais tout de même toutes les demi-heures à l'infirmerie…

Gravir le mur d'enceinte de la caserne était un jeu d'enfant pour un escaladeur pyrénéen ; au pied de ce mur, des candides du coin cultivaient leur jardin ; l'un d'eux, complice, m'avait laissé la clef de sa cabane à outils, et voilà le troufion se civilisant, comme Cendrillon se transformant en princesse.

Pendant douze mois je m'en suis tenu à la consigne draconienne que je m'étais fixée : profil bas, pas de vagues. Je n'ai jamais manqué un tour de veille, je ne me suis jamais présenté une minute en retard au poste de garde, tôt le matin, après une nuit à l'extérieur. Sans servilité aucune, je me suis toujours tenu à la disposition du médecin-commandant Chambon, un brave homme.

Moyennant quoi, je n'ai pas eu beaucoup à jouer à pas vu pas pris.

Chez les éditeurs et imprésarios, auprès de qui je m'étais déjà fait connaître, plus quelques autres, le chanteur en kaki inspirait la sympathie. Si bien que, libéré en octobre 1952, j'avais déjà des contrats pour début novembre.

Merci à l'Union internationale antiraciste, aujourd'hui éteinte, dont j'ai gardé la carte n° 1995. J'ai reçu d'elle au centuple ce qu'il m'arriva de lui donner en modestes prestations.

« Le Temps des œufs sur le plat »

(Claude Lemesle / Joe Dassin)

Cette fois-ci au grand jour, ou plutôt à la grande nuit, la course effrénée reprit de plus belle, avec l'énergie teigneuse de l'apprenti champion qui court après toutes les balles, que ce soit pour chanter dans les cinoches de la périphérie, *Le Chaville* à Chaville, dans tous ces « Cyrano », « Palladium » et autres « Kursaal », ou dans les petits bouibouis du centre ville.

Toujours chevauchant mon indispensable Vélosolex, je me présentais discrètement à l'entrée des artistes. Après mon passage en décembre, le directeur d'une salle de la porte de Bagnolet avait, m'a-t-on raconté, confié à l'imprésario :

« J'ai pris peur ! Je vois un scaphandrier se pointer, avec passe-montagne, veste, bottes et gants fourrés : "Bonjour, je suis le chanteur ! " Il descend une valise de son porte-bagages. Costume, chaussures, fond de teint ; la métamorphose ! Et il me fait un triomphe, le scaphandrier, un vendredi soir devant quatre rentiers, quinze voyous et leurs gigolettes ! Alors tu parles, le dimanche en matinée avec la salle comble… »

Mon ami Georges Chauvier, dont le talent, évident à tout le métier, lui avait évité semblable forcing, s'étonnait et s'inquiétait pour son jeune compatriote : « Fais gaffe à ta santé, Marcel, ne tire pas trop sur la corde. » Et son fils, le petit Serge, futur Lama, après nous avoir dit quelques poèmes prometteurs, regardait avec perplexité cet artiste si bavard, si remuant et si différent de son papa.

J'avais quitté l'appartement de l'oncle Jean dans le 13e pour un bouge au dernier étage sous le toit en pente d'un hôtel miteux, avec eau courante sur le palier, pipi trois étages plus bas. Même si la « chambre » n'était pas chère, il fallait quand même la payer.

Papa, qui m'avait poussé une visite, n'avait pas fait de commentaires ; on avait parlé de tout et de rien ; après un long silence, il n'avait pu s'empêcher de laisser tomber simplement : *« Tu es sûr, Marcel, que tu ne veux pas reprendre tes études ? »* Réquisitoire en forme de question !

Kapikian, mon copain de l'infirmerie du 93ᵉ, me fit alors une proposition pleine de délicatesse : *« Pas cher, ton placard, mais c'est tout ce que ça vaut. Pour le même prix, mes parents mettent à ta disposition une chambre de bonne qu'ils ont au 45 rue Rochechouart. »*

C'est en ce lieu rangé des voitures que j'ai pu me la jouer Mimi Pinson durant des mois. Pour la première fois en vingt-trois ans, quinze mètres carrés pour moi tout seul, sans avoir à les partager avec qui que ce soit, excepté de mon plein gré !

Une poêle à frire, deux casseroles, une assiette, deux couverts plus un jeu supplémentaire en cas de visite, un réchaud électrique pour cuisiner, un autre pour se chauffer. Un lit. Des étagères. Deux vis pour les porte-manteaux. Un grand vasistas, plus grand que celui de ma chambre à Bordeaux, s'ouvrant sur les toitures à pigeons roucouleurs. Et que demande le peuple ?

Et le téléphone, le précieux, l'indispensable téléphone, chez le copain bougnat juste en face, qui traverse la rue plusieurs fois certains jours, pour héler l'artiste : *« Maaaar-ceeeel ! »* Et vas-y que je te dégringole si vite les cinq étages que souvent j'arrive dans son bistrot en même temps que lui. Eh, si des fois c'était un appel important… !

La cigale est la fourmi : frénétiquement besogneux, en permanence sur la brèche le jour, pour chanter la nuit. Comme lors de mes préparatifs bordelais en vue de la grande expédition vers Paris, je fais tout pour ne pas me trouver pris au dépourvu si la bise revenait. Pas question de m'en aller crier famine chez qui que ce soit, surtout pas auprès des miens, question élémentaire d'amour-propre !

Or, outre l'irrégularité des engagements, ce n'est pas avec ces cachets même additionnés que je peux aller bien loin, tenir bien longtemps. C'est bien là le problème essentiel du provincial trop éloigné de sa famille.

Yves Beaugier.

Quand je suis parti, j'ai emporté toutes ces pochettes de disques en souvenir des temps difficiles. Le mur était plein de trous et le locataire suivant a mis de la tapisserie – comme tout le monde…

Yves Beaugier.

Yves Beaugier.

21 rue Godillot à Saint-Ouen.

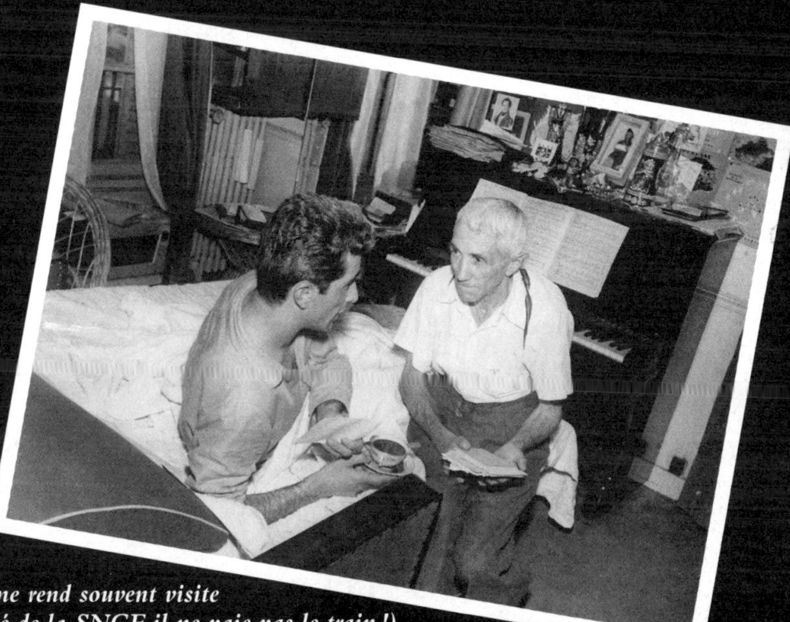

Papa me rend souvent visite
(retraité de la SNCF il ne paie pas le train !).

De plus, je me rends bien compte que, si je veux progresser, il me faut gagner assez d'argent pour me payer, dès que possible, un accompagnateur personnel. Les pianistes maison sont rarement de mauvais bougres, mais s'ils font l'affaire à l'orchestre, ils sont parfois de bien mauvais lecteurs pour les pauvres chanteurs qui auditionnent, particulièrement ceux qui, comme moi, présentent des partitions truffées de conventions ; alors il arrive qu'ils vous foutent votre numéro par terre et il faut aller se faire voir et entendre ailleurs.

Il faut savoir ce qu'on veut et vouloir s'en donner les moyens.

C'est pourquoi, même dans les périodes où je piétine, je m'obstine à poursuivre en solo, malgré les sollicitations de collègues qui me proposent d'unir nos forces dans un numéro de duettistes ; ou malgré le piège tentateur de signer pour un an aux « Concerts Mayol » ou à « La Nouvelle Ève » en qualité de boy, comme au temps des tournées Tichadel à l'Alhambra de Bordeaux. Sursis anesthésiants…

« L'Homme pressé » (Bertrand Cantat)
« Petit à petit » (Christian Ravasco / Olivier Despax)

Voilà pourquoi je cavale tant.

Avec un peu de figuration au cinéma de temps en temps et les lieux que j'ai déjà évoqués, on me voit aux « Concerts Pacra », un mini-music-hall avec Eddie Constantine en haut de l'affiche ; à La Taverne de Paris où triomphe Philippe Clay, grand par la taille et le talent, que je retrouverai deux ans plus tard, ailleurs…

Mais je pus surtout arriver à mes fins (de mois) grâce aux cabarets.

Il y en avait des dizaines et des dizaines, à chaque coin de rue, pour tous les goûts, toutes les couleurs, toutes les bourses.

On me vit beaucoup à La Bolée, place Saint-Michel, où la spécialité était les chansons de corps de garde ; bien des pontes, ruban, voire rosette à la boutonnière, venaient retrouver l'ambiance de leur jeunesse estudiantine en reprenant tous en chœur *« Y a que la peau d' couille pour conserver l' tabac », « As-tu connu la putain de Nancy qu'a foutu la vérole à tout' la caval'rie », « Le cordonnier Pamphile », « De profondis morpionibus »* et tous les fleurons de ce répertoire. Ces nostalgiques, joyeux fêtards d'un soir, constituaient un public de choix, bon enfant, attentif aux artistes qui passaient en intermède entre « Les Trois Orfèvres » et « Les Filles de Camaret ». Or, même quand on est payé des clopinettes, c'est un élément qui n'a rien de négligeable. Ça regonfle !

C'est là que j'ai sympathisé avec deux jeunes comédiens, Les Escholiers, qui avaient mis au point un numéro très réussi d'extraits de Villon et de Rabelais. L'un était Serge Sauvion qui, en plus de rôles variés, deviendra la voix française de l'inspecteur Colombo ; l'autre, Pierre Vaneck, le prestigieux homme de théâtre. La chanson populaire et les belles lettres voisinaient sans l'ombre d'un problème.

D'autres cabarets :

- Le Vieux-Colombier, où régnait Claude Luter.
- L'Orée du Bois, où les gens, parfois, levaient le nez de leur assiette et, rarement, posaient leur fourchette pour applaudir les courageux qui, moyennant un assez bon cachet, osaient confronter leur art à la gastronomie.
- Le Sexy, boîte à striptease, rue Pierre-Charon. Ah ! Les coulisses du Sexy ! Quel bonheur de se rendre utile en aidant à passer le fond de teint sur des coins de peau difficilement accessibles – en tout cas avec une éponge !
- La brasserie Graf, place Clichy, où Les Pinsons, Raymond Devos et son partenaire, faisaient, accompagnés de leurs guitares, des parodies très second degré.
- L'Échelle de Jacob à Saint-Germain-des-Prés. Un soir, un rire tonitruant accompagne chacun de mes gags. À la fin, le rigoleur m'invite à sa table : *« Toi mon pote, je te donne pas longtemps avant de casser la baraque ! »* Henri Salvador ! Henri qui m'a tant faire rire, tant charmé avec l'orchestre Ray Ventura en tournée dans ma ville natale ; tant ébloui à la guitare, moi qui joue si mal ! Je n'ai jamais oublié à quel point les encouragements

de certains peuvent compter. Quand il m'est arrivé à mon tour d'être en situation d'agir de même, je n'y ai pas manqué, même même si je n'ai parfois reçu en retour qu'un intérêt ostensiblement indifférent; tant pis, je continuerai, on n'est jamais à l'abri d'un sourire reconnaissant!

- Paris sur Seine, un nouveau cabaret qui ne tiendra qu'un temps.

C'est là que je retrouve mon troufion des éditions Paul Beuscher qui, comme moi, en a terminé avec ses obligations militaires, Gilbert Bécaud (A-U-D!). Tout en continuant à composer sur les textes de ses paroliers Pierre Delanoë et Louis Amade, le sous-préfet poète, tout l'encourage à persévérer dans la carrière d'interprète. Renouant avec la tradition de chanteurs s'accompagnant au piano, qui remonte à Fragson, il ne quitte pas encore son clavier, mais il donne déjà libre cours à une énergie qui deviendra de plus en plus survoltée. Le voltage, dira-t-on, montera jusqu'à 100 000! Cette électricité positive agitera de plus en plus son jeune public. Bientôt ses biographes et thuriféraires porteront à son crédit d'avoir, par son entrain, provoqué un nombre important de fauteuils cassés lors de son premier passage à l'Olympia. *« Pour la première fois »*, écrivent-ils. C'est faux. Dans les années 30, des spectateurs déchaînés, déçus de ne pas voir reparaître leur idole après un triomphe délirant, cassèrent tout pour... Berthe Sylva!

- Chez Patachou. Quand je me produisais dans son cabaret, elle était devenue une grande vedette populaire et, tandis qu'elle sillonnait le monde, c'est son entourage qui continuait à faire tourner l'affaire. Mal. Privés de leur animatrice, les lieux étaient nettement moins fréquentés; certains soirs, le client se faisant rare, il pouvait arriver qu'on donne le spectacle pour deux tables d'Américains égarés à qui, je suppose, on avait laissé entrevoir que Toulouse-Lautrec n'allait pas tarder à pousser la porte.

Les soirs où c'était pire, en guettant l'improbable consommateur qui serait entré parce qu'il aurait vu de la lumière et entendu un piano, nous refaisions le monde en coulisses avec un grand maigre aux dents longues, au propre comme au figuré, qui venait d'arriver de Bruxelles avec à peine plus d'expérience que moi quand j'étais arrivé de Bordeaux: Jacques Brel.

Claude Poirier.

Une devinette très difficile :
mais qui donc se cache sous le déguisement de Juanita Banana ?

André Mouillet.

Sous l'œil de mon agent Eddy (l'un des 50 Marouani !)

André Mouillet.

Henri, le cher Henri ; l'un de nos maîtres ès-music-hall.

Son parcours n'avait rien à voir avec le mien : marié, père de famille, il avait pratiquement rompu avec son milieu très bourgeois pour vivre sa bohème à Paris. S'accompagnant à la guitare, il avait un gentil succès dans des chansons pleines de bons sentiments, un peu boy-scout.

Brassens l'avait amicalement surnommé « l'abbé Brel ».

Nous nous retrouvions avec quelques autres dans tous ces lieux où l'on engage des chanteurs et dans les petits troquets d'alentour ; chacun fignolait son style en attendant son heure. Au fil du temps, on voyait nos rangs s'éclaircir puis des nouveaux se pointer ; l'expérience venant, on se rendait compte peu à peu que celui-ci repartirait dans son bled, que celle-là avait peu de chances de s'en sortir, que tel autre imitait trop Montand pour s'imposer durablement…

Parmi ces groupes fluctuants de chercheurs d'or, on voyait jouer la chance, le travail, l'obstination, l'espoir, l'enthousiasme.

Et aussi le découragement.

Un artiste ne pratique pas son art – qu'il soit tenu pour mineur ou non – sur des bases rigoureuses, scientifiques, stables. Aussi le mental y est-il primordial. Pour le chanteur encore plus

Henri.

Avec Jacques Brel sur la Butte, dans un cabaret désert, on chasse les mouches pour attirer les clients.

Avec Jacques Brel, Maurice Biraud et Hugues Aufray.

que pour quiconque. Tu peux t'appeler Van Gogh et t'obstiner à peindre des tournesols invendables qui se vendront des dizaines de millions après ta mort, tandis que si personne n'écoute ta romance ou si, à force de bides, on ne t'engage plus et que tu n'y crois plus, il ne te reste qu'à te couper les deux oreilles ; ou à faire autre chose.

Tout ceci pour évoquer, a contrario, la métamorphose de Brel.

Peu à peu, on vit le bourgeois bien élevé aux refrains de qualité, tirés au cordeau sur le plan de la forme et de la morale, effectuer une transformation à vue.

Cette transformation lui apporta un premier gros succès populaire qui ne se démentit plus jusqu'à la fin.

Éric Battista et Mario Poletti rapportent les propos de Brassens dans l'ouvrage qu'ils lui consacrent : *« Ils [les artistes] ont besoin des applaudissements, de la consécration de la galerie, pour être enfin persuadés de leur don. Et croire en leur étoile. [Brel] à son commencement poussait des couplets d'une inspiration un peu apostolique. Tout cela sentait son prêche, son patronage. Il ne dépassait pas l'antichambre. Un beau jour lui tombe dessus un succès inattendu. Il se découvre. L'approbation populaire lui a donné la hardiesse qui lui manquait […]. Il a libéré son instinct créateur, sa verve. C'est le public qui l'a accouché. »*

Voilà notre grand Jacques qui, suivant le conseil de son ami François Rauber, laisse au placard la guitare à laquelle se raccrochaient jusque-là son manque d'assurance, sa pudeur et sa bonne éducation. S'ensuit une sorte d'explosion.

Le jeune Bruxellois bon chic bon genre désenchaîne, déchaîne son corps en scène, mouline l'air de ses grands bras maigres, arpente la scène, lève le poing, se met à éructer, postillonner, invectiver. Libérés, attisés, jaillissent des textes à l'emporte-pièce, faisant de lui un imprécateur féroce et désespéré, transfiguré en monstre sacré qui, chaque soir, mettra les salles debout.

Dans les années 60, on se revoyait parfois sur les terrains d'aviation où nous conduisait notre passion commune ; parfois nous poussions jusqu'à la buvette évoquer un peu le « bon vieux temps » de nos débuts parisiens.

Un jour il a disparu dans les nuages, à bord d'un avion qui ressemblait à l'hélicoptère de Chedid à la fin d'« Ainsi soit-il ».

La Villa d'Este. Une boîte chic en haut des Champs-Élysées.

Le patron, contrairement à celui de Lacanau, n'avait rien de bien chaleureux envers ses pensionnaires ; lui aussi enrichi dans la « limonade », il ne perdait jamais de vue le tiroir-caisse et veillait attentivement au bon rendement de l'escouade d'entraîneuses, chargées, comme à Bordeaux ou à Pigalle, de pousser le client à la consommation de boissons chèrement alcoolisées, la plus commode étant le champagne : il suffit de compter les bouchons pour faire l'addition.

Pour le standing de son établissement, il programmait les têtes d'affiche les plus en vue, avec lesquelles il redoublait d'égards, n'accordant qu'un vague salut à la piétaille.

Les sans-grades, qui n'avaient pas droit aux loges des vedettes, patientaient dans un réduit juste à côté des toilettes. Mais, par bonheur, ce lieu exigu communiquait par les sous-sols avec L'Amiral mitoyen ; c'est dans les coulisses de ce très agréable cabaret-théâtre qu'on nous retrouvait la plupart du temps entre nos deux tours de chant à La Villa. Quelle ambiance ! Quelle bonne humeur ! Quelle cordialité ! Que de talents au mètre carré : Roger Pierre et Jean-Marc Thibault, Jean Richard,

Jacqueline Maillan, Darry Cowl ; Francis Blanche, entre autres canulars et savantes absurdités, présentait une énorme machine en contreplaqué et carton, pleine de rouages, de poulies, qui lâchait deux pets de vapeur et trois confettis. Il la décrivait en détail pour conclure : *« À quoi sert cette machine ? À rien ! »*

Avec Pierre Dac, ils l'avaient appelé *« le schmilblick »*. Le nom vient de là…

Avec Roger Pierre et Jean-Marc Thibault.

TETES D'AFFICHE

Aux dîners-spectacles de la Villa d'Este : Henri Bry, Léo Marjane, Mona Georges et un des meilleurs et rares fantaisistes : Marcel Hamont

Cabarets des années 50…

LA VILLA D'ESTE

présente tous les soirs à 22 h. 30
un grand programme d'exclusivité

CHARLES AZNAVOUR
HENRI BRY
GUYLAINE GUY
MONA GEORGE
MARCEL AMONT

Tous les jours à 16 h. 45

THÉ DANSANT
A. PICALLO - M. MOUFLARD

ÉLY 78-44 — 4, RUE ARSÈNE-HOUSSAYE, PARIS 8e

VILLA D'ESTE

4, r. Ars.-Houssaye (Etoile) ETO. 78-44
Pour la première fois aux Champs-Elysées
GEORGES
BRASSENS
Jacques MEYRAN
Marcel AMONT - Nicole ROANY
Thé dansant 17 h. - Orch. PICALLO

Mai 56

MARCEL AMONT
le jeune et étourdissant fantaisiste a recueilli un triomphe à l'Alhambra, qui le consacre véritable révélation du music-hall de l'année.
Il continue à présenter son tour de chant au LIBERTY'S à 23 h., et à la VILLA D'ESTE, à minuit.

DEUX FANTAISISTES

Marcel AMONT
Philippe CLAY

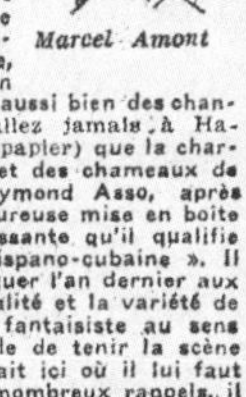

Marcel Amont

INJUSTES servitudes de la mise en page ! Quelques lignes coupées et j'aurai parlé de la Fontaine des Quatre-Saisons en paraissant ignorer sinon mépriser un des meilleurs numéros de son programme, celui en tout cas qui y remporte le plus vif succès et le plus justifié. Il s'agit du jeune Marcel Amont dont la finesse des traits, le sourire narquois, l'œil pétillant traduisent l'intelligence malicieuse ; bon chanteur, excellent mime, il interprète avec un humour très personnel aussi bien des chansons d'Aznavour (N'allez jamais à Hawaï, Les Amoureux de papier) que la charmante fable du lapin et des chameaux de Claude Valéry et Raymond Asso, après s'être livré à une savoureuse mise en boite de cette mode envahissante qu'il qualifie de « vocalo-guitaro-hispano-cubaine ». Il s'était déjà fait remarquer l'an dernier aux Trois-Baudets ; la qualité et la variété de ses dons en font un fantaisiste au sens plein du mot ; capable de tenir la scène plus longtemps qu'il fait ici où il lui faut cependant céder à de nombreux rappels, il doit pouvoir se tailler au music-hall une place de choix.

3 BAUDETS

2, rue Coustou (angle 64, bd de Clichy) (Mon. 81-98) (Mo Blanche). Soir. 21 h. 30. Dim. et fêtes mat. 16 h. Relâche Lundi (Closed on Mondays). Places à partir de 500 fr.

Jacques Canetti présente :

Fernand Raynaud, Boris Vian, Pierre Repp, Marcel Amont, avec Bernard Régnier assisté de Bob du Pac, et Jean Constantin. Robert :

Et un nouveau specta

88 Cabarets

LE LIBERTY'S — Diners Spectacle

LONA RITA – MARCEL AMONT – KAREN – JACQUES MEYRAN
JEAN CONSTANTIN – JACQUELINE MAILLAN
JEAN RICHARD
et la Troupe Maison avec
JACKIE ROLLIN et FERNAND SARDOU
Place Blanche – TRI. 87-42

ANDRE PASDOC

A L'ÉCHANSON, 49, Rue des Petits-Champs - OPE. 74-12
Tous les jours 22 h. (sauf lundi) Mat. sam. dim. 17 h.

MARCEL AMONT
MARGUERITE CASSAN

JACQUES FAMERY

YOSHIKO
ALAIN NANCEY

« Le Gorille »
(Georges Brassens)

C'est dans cette si peu chaleureuse Villa d'Este que j'ai fait la rencontre la plus marquante de ma carrière et probablement de mon existence : Georges Brassens.

Tel un loup que la faim fait sortir du bois, le gorille avait été obligé de quitter son antre de l'Impasse Florimont, dans le 14e arrondissement ; après un séjour chez Patachou qui fut loin de passer inaperçu, le monde blasé des noctambules commençait à réclamer ce gros poète bourru et mal embouché. Il avait espéré un temps s'en tenir au rôle d'auteur, mais aucun chanteur n'acceptant de se lancer dans un répertoire aussi anticonformiste, force lui avait été d'affronter le public et de lancer lui-même ses brûlots.

Une partie des spectateurs de la Villa d'Este, alertés par les trompettes de la renommée, étaient venus rejoindre les inévitables piliers de cabarets qu'on retrouve partout où le champagne coule ; c'est dire si celui qui vivait peu de temps avant auprès de son arbre était à son aise au milieu de la piste de danse ! Couvert de transpiration, il roulait des yeux hagards en débitant ses couplets, grommelant des injures dans sa moustache au cours d'ad libitum prolongés, quand les champagneuses gloussaient trop fort en plumant leurs pigeons.

On peut difficilement trouver deux êtres plus différents que nous deux, le gros placide et le maigrelet teigneux, le poète guitariste et le danseur sur corde, le « serein contemplatif ténébreux bucolique » et le tracassier volubile.

Pourtant nous sommes devenus amis. Vraiment amis.

Il n'allait pas tarder à m'en donner la preuve.

Les soirs où il en avait plus que marre d'entendre le brouhaha couvrir sa voix, il plantait là tout le monde, et le patron, qui voyait sa recette se débiner, lui courait après pour le raisonner. Je ne sais quelle bonne âme alla cafter que c'était moi qui lui montais la tête. On commençait à me montrer la sortie, quand le Georges, tranquille, dit simplement que, si on me virait, il partait aussi. Ça crée des liens.

Plus tard il me dédicaça son portrait : *« À toi Marcel mon vieux sapeur de moral. »*

À l'instar de Napoléon, l'abbé Pierre, sœur Emmanuelle ou François Mitterrand (!), le nom de Georges Brassens est la source d'une surabondante production de livres. Je me garderai bien, quant à moi, de tomber dans les pièges de l'hagiographie. Brassens n'était pas un saint. C'était un brave type, très fraternel, pour qui « les copains d'abord » n'était pas qu'un titre de chanson populaire. Hors des lieux publics où sa timidité le mettait mal à l'aise, il adorait plaisanter ; la politique et ce qu'on appelle le débat d'idées étaient l'objet de toute son attention et quand il était en désaccord sur telle et telle affirmation péremptoire de l'un ou l'autre de ses amis, il avait une maïeutique très particulière, assez différente de celle que nous enseignait à Bordeaux le bon monsieur Giraud ; la sienne était faite de mimiques ou de petites phrases à l'économie qui nous conduisaient le plus souvent à des remises en question.

Je n'ai pas non plus de ces confidences inédites qu'il n'aurait faites qu'à moi, moi, moi, moâ seul.

Je m'en tiendrai donc à confirmer des petites informations d'un intérêt relatif, à savoir qu'il était un peu bricoleur à ses heures ; qu'il faisait du sport chez lui et que sa capacité thoracique était époustouflante (il m'avait dit pouvoir nager pendant des heures) ; qu'il avouait ne pas connaître grand-chose en peinture et que si les murs de son salon rue Santos-Dumont étaient tapissés de tableaux, c'était pour faire plaisir à leur auteur, son ami le Sétois Éric Battista, ancien champion et recordman de France du triple saut et peintre du dimanche talentueux

Je confirme aussi qu'il avait dévoré des bibliothèques entières, savait des centaines de vers par cœur ; que, pour approfondir sa connaissance encyclopédique de la langue française, il avait entrepris sur le tard de se mettre un peu au latin.

Faute de scoops, je peux livrer sans coups d'encensoir deux ou trois anecdotes qui indiquent bien à quel genre de bonhomme on avait affaire.

Pendant mes périodes de long célibat mouvementé, je sortais évidemment beaucoup plus que lui. Je faisais partie des fidèles qui venaient souvent lui rendre des visites qu'il rendait volontiers à son tour. Il m'arrivait de lui présenter des copains, Cavanna par exemple, qu'il se faisait un plaisir d'accueillir. Maurice Chevalier, le grand Maurice, qui se complaisait dans son rôle incontesté de gardien de phare de la gent artistique internationale, me fit un jour une requête touchante de modestie de la part d'une star de son importance : « J'ai une grande admiration pour Georges Brassens. Je sais que c'est votre ami ; j'aimerais, s'il en est d'accord, que nous nous voyions. »

Georges, fou de joie de rencontrer l'un de ces artistes qui avaient fait chanter sa jeunesse, arriva une heure à l'avance chez moi le jour du rendez-vous ; au dessert, il prit sa guitare et, à la bonne franquette, nous interpréta, sans en oublier un mot ni une note, tout le répertoire de Maurice, y compris des refrains que le grand aîné lui-même avait oubliés.

Le lendemain je dis à Georges :

– *Quelle merveilleuse après-midi ! Ah ! si j'avais mis un magnétophone sous la table, tu te rends compte de la rareté du document sonore qu'aurait fait votre duo, le vieux et toi !*

– *Hé ! counifle, pourquoi tu ne l'as pas fait ?*

– *C'est ça ! Si je l'avais fait sans te prévenir, qu'aurais-tu pensé de moi ?*

Il a mis sa grosse paluche sur mon épaule. On s'était compris. Mais comme je le regrette, ce document qui n'a jamais existé !

L'histoire ne s'arrête pas là.

Arrivés à l'âge de la retraite, mes parents m'avaient rejoint en région parisienne. Georges adorait ma mère et, quand il venait à la maison, elle mettait les petits plats dans les grands. Pour ce fameux jour J du rendez-vous au sommet avec Maurice, elle avait voulu se distinguer et, pour varier un peu, avait préparé un superbe lapin à la moutarde, après avoir bien répété avec une voisine.

Chacun se pourlèche les babines. Georges apprécie vraiment.

« Allez, Georges, ne vous gênez pas puisque vous aimez… » Il en reprend.

Un mois se passe. En rentrant de Tokyo, je trouve un message : *« Rappelle-moi, galopin. »*

Le galopin rappelle. On se voit.

Salutations, embrassades, la pluie, le beau temps, et on entre dans le vif du sujet :

« Maurice Chevalier a voulu nous avoir à déjeuner tous les deux, chez lui à Marnes-la-Coquette ; mais tu étais à l'autre bout du monde (qu'est-ce qu'on peut bien avoir à foutre au Japon !). Accueil de prince tu t'en doutes. Il voulait me faire plaisir et comme il avait observé que je reprenais chez toi du lapin à la moutarde, il a refait dudit lapin à ladite moutarde. » Un temps. *« Or, dis-le avec ménagement à ta maman à qui je ne veux surtout pas faire de peine, je déteste le lapin ! Particulièrement quand il est à la moutarde! »*

L'année avait été pénible ; en plus de difficultés professionnelles, je traversais une période difficile sur le plan sentimental. Il était bien entendu au courant. Mais je ne suis pas trop du genre à confondre ami et confesseur ou psy, lui l'était encore moins.

Comme il en avait l'habitude avant ses rentrées à Bobino, il testait sur nous ses nouvelles chansons en guettant nos réactions du coin de l'œil.

Il me chante « Le Chapeau de Mireille ». Sans la moindre idée derrière la tête, je le jure, je lui demande de me la rechanter.

– *Elle te plaît ?*

– *Et pas qu'un peu ! J'en ferais bien mes beaux dimanches !*

– *Elle est à toi !*

No comment !

Il m'avait dit un jour : *« Tu vaux beaucoup plus que ce que tu chantes. »* Je lui avais fait valoir que, si j'étais sensible à la qualité poétique et littéraire des textes, des siens en particulier, le métier tel que je me voyais le pratiquer était beaucoup plus près

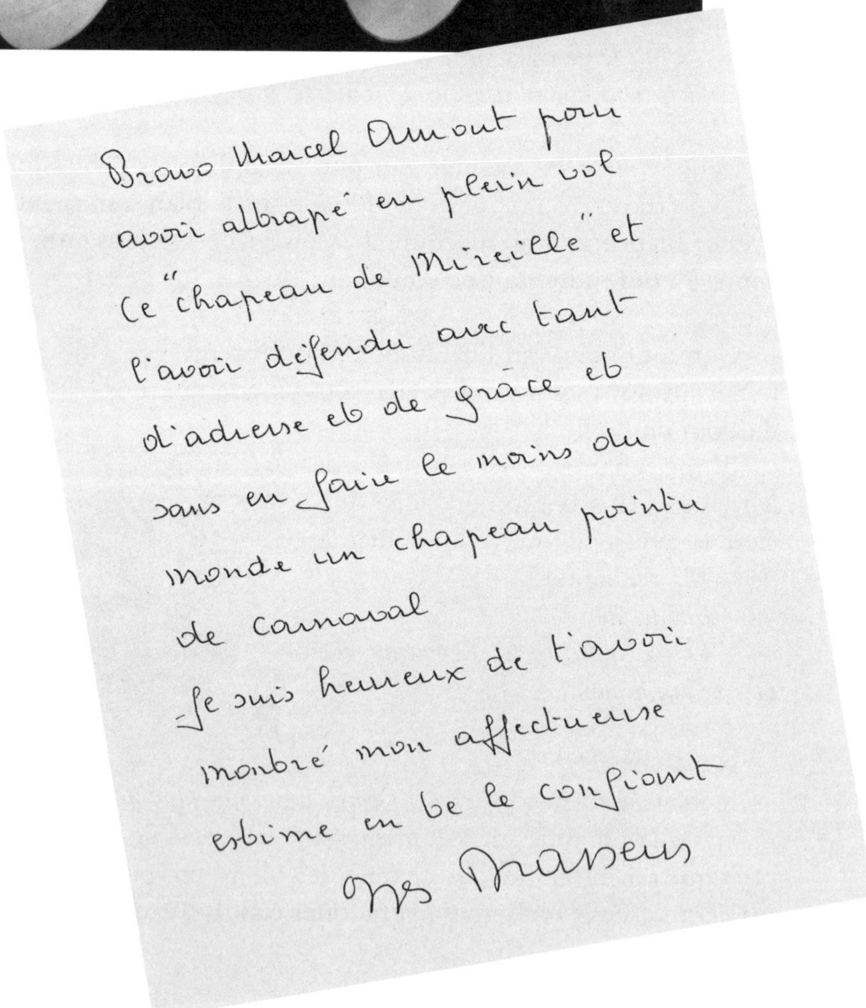
Bravo Marcel Amont pour
avoir attrapé en plein vol
le "chapeau de Mireille" et
l'avoir défendu avec tant
d'adresse et de grâce et
sans en faire le moins du
monde un chapeau pointu
de carnaval
Je suis heureux de t'avoir
montré mon affectueuse
estime en te le confiant
Georges Brassens

Une journée inoubliable : cette rencontre que j'avais organisée chez moi à Villennes. Ma fille Katia… Georges, ma mère, Püppchen, Maurice Chevalier et Félix Paquet.

Cette photo date des années 70 où Brassens me fit le royal cadeau du « Chapeau de Mireille », sous l'œil approbateur de Kikou et de son frère siamois.

Georges ne vivait pas sur une grande échelle, sauf au temps des cerises pour faire plaisir à mes parents.

Fred Mella.

des bateleurs de la commedia dell'arte que du tout nouveau raz-de-marée des auteurs-compositeurs, dont tous n'avaient pas son talent.

Peut-être, à sa façon habituelle, ce cadeau était-il un moyen de me convaincre. Cependant, je continue de penser que j'avais en partie raison : « Le Chapeau de Mireille » est une chanson qui se suffit à elle-même, paroles et musique ; je n'y apporte pas grand-chose de personnel et bien des interprètes pouvaient la chanter aussi bien que moi. Il n'en demeure pas moins que c'est l'un des fleurons de mon tour. Grâces en soient rendues à son auteur !

Quelques mois plus tard, il est sur le plateau des Carpentier entouré de ses copains, Maxime Le Forestier, Pierre Louki ; je chante « Le Chapeau ».

Maritie lui glisse : *« Vous lui avez fait un sacré cadeau à Marcel Amont ! »*

Et lui, devant quelques millions de téléspectateurs : *« Il l'a chantée bien mieux que je n'aurais su le faire. »*

No comment (bis).

★

André Pasdoc était de ces Russes blancs arrivés avec leurs parents aux lendemains de la victoire des Rouges.

Il ne s'était pas estimé déshonoré de tirer profit de son joli brin de voix pour se faire un nom estimable comme chanteur ; sans pour autant faire de lui une vedette populaire, quelques succès l'avaient lancé.

L'âge venant, il avait ouvert l'Échanson ; des artistes comme Charles Aznavour, Simone Alma, Marthe Mercadier, étaient parmi ses pensionnaires préférés ; il engageait aussi des jeunes après audition ; c'était mon cas.

Avec beaucoup de gentillesse et de tact, il m'avait donné quelques conseils pour être un peu moins plouc dans mon habillement et mon maintien.

Chaque soir, notre tour venu d'entrer en scène, il nous présentait à ses habitués de choix avec tant de chaleur qu'il ne nous restait plus qu'à avoir un peu de talent.

Un soir Jean Nohain était dans la salle. Je ne tardai pas à avoir de ses bonnes nouvelles.

« Jaboune » – son surnom du temps où il publiait pour les gamins – était en quelque sorte un enfant du sérail ; tout petit, il avait pu voir à la table de son père, le poète-écrivain-librettiste Franc-Nohain, toutes les gloires du début du siècle, de Mistinguett à Francis Poulenc et Tristan Bernard. Après avoir été peu de temps un avocat sans grande conviction sinon sans cause, il avait définitivement laissé la robe au vestiaire pour taquiner la muse ; comme papa.

Avec Mireille, ils furent les premiers à dépoussiérer la vieille gaudriole franchouille, fille du caf' conc' ; Charles Trenet disait volontiers tout ce qu'il leur devait.

En bon patriote il s'était évadé de France pour aller rejoindre de Gaulle à Londres et s'était engagé dans la 2e DB de Leclerc avec son fils Dominique et son frère Claude Dauphin. Tandis qu'il se trouvait sur la tourelle de son char, lors de la libération de Strasbourg, la balle d'un snipper allemand lui avait éclaté la face ; les séquelles de sa blessure lui donnaient cette diction particulière qui faisait le bonheur des imitateurs.

Le poète-journaliste-avocat-animateur de radio s'était vu confier *36 chandelles*, la première grande émission publique de la balbutiante télévision ; autant dire expérimentale aux tout premiers débuts, elle s'était adressée ensuite à quelques centaines de privilégiés, puis aux habitants de la région parisienne, puis à ceux des départements du Nord, avant d'étendre sa tâche d'huile à l'ensemble de l'Hexagone.

À condition de rester dans les limites de la bienséance et du politiquement correct de l'époque, les idées les plus farfelues, les plus extravagantes pouvaient s'y réaliser. L'outil étant tout neuf, aucune célébrité ne refusait de s'y montrer et même d'y endosser les personnages les plus inattendus. Un feu d'artifice ininterrompu !

Jaboune me proposa d'entrer dans l'équipe. Difficile d'imaginer une nouvelle qui puisse réveiller pareil raz-de-marée d'enthousiasme en moi ! D'un coup de baguette magique, je passais de la pénombre des cabarets au feu de ces *36 chandelles* qui brillaient pour des centaines de milliers de téléspectateurs (mot nouveau), qui faisaient des petits chaque mois.

Nous nous réunissions plusieurs fois par semaine dans son grand appartement du square Alboni et les émissions se construisaient dans les tourbillons d'un *brainstorming* permanent.

J'endossais tous les rôles possibles et « inimaginables » : le zouave du pont de l'Alma, un conducteur de pousse-pousse, un petit marquis Louis XV, que sais-je encore... S'il arrivait qu'on me demande des autographes, les premiers de ma carrière, ce n'était pas pour m'avoir reconnu sous ces multiples déguisements, mais parce que je chantais et dansais l'indicatif.

« Je ne suis pas bien portant »

(Géo Koger / Vincent Scotto)

L'été nous sommes partis en tournée à travers la France. Je présentais la première partie, faisais mon tour de chant, et comme Jaboune en redemandait, nous avions monté à trois une espèce de numéro d'acrobates bidon qui rataient tout, Les Armoiros Normandos, moustaches, biscoteaux et poses de fiers-à-bras 1900.

Je voyageais dans la voiture de Philippe Clay, notre vedette. Je trouvais cette nouvelle vie merveilleuse, exaltante.

L'effervescence du changement quotidien, les nuits courtes, les étapes longues – pas encore d'autoroutes évidemment – le bonheur de triompher devant des salles pleines ; la joie de rencontrer le public de toutes les provinces, encore peu uniformisé par des médias univoques, unimodes, unichants, unigoûts...

Mais la fatigue s'accumulait. L'énergie et la bonne santé ne vont pas forcément de pair. J'avais le punch, la vitalité, mais depuis ma plus tendre enfance, les privations de la guerre aidant, j'ai toujours été un peu patraque.

Je n'allais pas tarder à payer d'avoir brûlé mes 36 chandelles par les deux bouts.

En passant par Bordeaux, ma mère m'avait trouvé « une mine de déterré » et Philippe lui avait promis de veiller sur son chien fou de fiston qui se gaspillait un peu trop. Deux jours plus tard, à Périgueux, je ne me sentais pas d'attaque ; à Agen je me traînais. Mais rien au monde ne m'aurait fait mettre un terme à cette infernale vie de rêve. À Montauban, en plein milieu de la première partie, après avoir changé de tenue, j'ai fait deux pas dans la coulisse et je me suis effondré.

On parlait de m'emmener à l'hôpital le plus proche ; Philippe s'y est opposé. Son tour terminé, on m'a transporté et allongé à l'arrière de sa vieille traction avant. Il a roulé deux cents kilomètres jusqu'à Bordeaux, m'a déposé chez mes parents ; il a bu un café serré et il est reparti dans la nuit jusqu'à Toulouse où le concert aurait lieu sans moi, comme tous les suivants.

Peut-être à cause de sa taille, Philippe Clay pouvait paraître hautain à certains, tout comme Brassens pouvait paraître bourru à d'autres. Il ne fallait pas s'attendre avec eux à de grandes déclarations de bons sentiments ; cette graine d'homme-là agit.

C'était un excellent mime et comédien. Sa voix, son physique, les thèmes qui l'intéressaient ne collaient pas du tout avec l'époque yéyé dont la vague l'emporta. On ne l'entendit plus guère que dans des chansons où il exprimait sa façon de voir, comme « Mes universités ». On lui en fit grief. Il se consacra au théâtre où il retrouva sa vraie place, au sommet. On se voyait peu, mais je n'ai jamais oublié cette nuit où j'étais à deux doigts de rendre l'âme alors qu'il était au volant.

En janvier 2007, il est venu m'encourager à l'Olympia. Début 2008, on se téléphone et je passe le voir ; physiquement méconnaissable, appuyé sur deux cannes, mais l'œil vif et le verbe haut. On papote. Ces cannes, ces grimaces de douleur qu'il ne peut retenir, à chaque instant ? *« Je vais crever »,* me fait-il. Et sans pleurnicher une seconde sur son sort, il enchaîne en me rappelant quelques anecdotes marrantes de nos équipées d'autrefois.

Nous rigolions comme deux collégiens en nous quittant.

L'élégance de Philippe Clay ! Nous n'étions pas nombreux à ses obsèques…

JEAN NOHAIN

présente

SA COMPAGNIE DE VARIETÉS 1953

I

Le Programme vivant
par toute la Compagnie

Les danseurs acrobatiques de la Compagnie :
DANN et DESS, de l'A.B.C.

Un quart d'heure à Montmartre :
ANDRÉ MYR, dans son répertoire

CHRISTINE VERCEL et ses chansons

La joyeuse révélation de 1953 :
MARCEL AMONT

DANY KANE

Le suffocant numéro de
MYR et MYROSKA

II

ORCHESTRE des **RAMINAGROBIS**
dirigé par **CHARLES LEVAL**

Le Gallup sonore

GENEVIÈVE GUITRY

L'auteur de "C'est si bon", de "Maître Pierre", de "Baratin", le joyeux fantaisiste au piano :
HENRI BETTI

La grande révélation vocale :
LUCIEN LUPI

Finale par toute la Compagnie

LES PROGRAMMES DE FRANCE

3, Place de Valois
PARIS Ier
Cen. 42-81 • Gut. 41-16

St Sever. Dimanche 2 août 53

Cher Marcel Amont,

Je t'écris pendant le spectacle que nous a organisé ici ton ami Coullonges pour te dire combien nous pensons souvent à toi – et moi en particulier, je t'assure. Tu devines combien tu nous manques, non seulement dans le spectacle où tu rendais tant de précieux services, mais aussi dans la compagnie où tu t'étais tout de suite rendu si sympathique, et où tout le monde t'aimait.

Cher Amont, j'ai été heureux des nouvelles que nous a données Coullonges ce matin – et je veux surtout que tu ne te fasses aucun souci pour l'avenir de ta carrière, qui a si brillamment commencé et qui va continuer plus brillamment encore dès que tu seras sur pied. Ta place est toute prête au milieu de nous, et, nous te la réservons en souhaitant tous de tout cœur que tu reviennes le plus vite possible avec ta gentillesse et ton talent qui ont conquis en quelques mois tous ceux qui t'ont connu.

Tiens-nous au courant, je t'en prie. Dis mes pensées les meilleures à tes parents. Soigne-toi bien et vite ! A bientôt !

Je t'embrasse bien affectueusement cher Marcel
ton vieil ami sincère
Jean Nohain

DÉPARTEMENT PRODUCTION DE LA S. A. INFORMATIONS ET PUBLICITÉ AU CAPITAL DE 12.000.000 FRS R.C. SEINE 231.794 B

CAPITAL PORTÉ A 25.200.000 FRS

Troupe Jean Nohain
– en déplacement en province –
Philippe Clay,
Maurice Baquet,
Fernand Raynaud.

Non, non ! Fernand Raynaud
n'avait pas une dent
contre moi !

La mort; on est en plein dans un sujet qui m'obsède en permanence. Je ne sais si j'aurai le cran de Philippe le moment venu. Bien que j'adore me faire plaindre et chouchouter, je m'en tiendrai à dire que je l'ai vue de près à 25 ans.

J'ai mis près d'un an à réchapper de ses griffes.

On me demande souvent quel est le « secret de ma forme ». Il n'y a évidemment pas de secret, et si recette il y a, elle est des plus élémentaires. Le vieux médecin de famille, le docteur Lhoste, proche de ses patients comme un curé de ses ouailles, m'avait dit sans détour :

– Tu es de santé fragile. Tu viens de réchapper au pire et tu t'en tires somme toute à bon compte. Il te faut un métier tranquille, avec des horaires réguliers, sans à-coups ; renonce à ta vie de patachon actuelle, range-toi des voitures, il est encore temps pour toi. Reviens vers l'enseignement...

– Je préfère mourir jeune !

Devant la détermination palpable qu'il percevait dans ma voix, dans mon attitude, il me fit alors des recommandations paternelles auxquelles je me suis conformé vaille que vaille pendant plus d'un demi-siècle. Bien évidemment, je n'ai pas été en mesure de mener une « vie régulière » au sens où on l'entend généralement ; je n'ai pu ni voulu m'en tenir à un impossible train-train pépère. Mais je me suis abstenu d'absorber des hectolitres d'alcool, de me goinfrer à tous les repas où l'on est invités en permanence, tout en profitant au maximum, mais raisonnablement, des joies que nous offre l'existence. J'ai veillé à récupérer des dépenses excessives d'énergie auxquelles on ne peut échapper, sans avoir recours à des substances, pour rouler au starter vingt-quatre heures sur vingt-quatre.

Je n'appelle pas cela vivre à l'économie. J'appelle cela vivre.

Voilà pour la recette élémentaire ! Désolé de décevoir les amateurs de révélations !

Quand je suis revenu, ma place auprès de Jean Nohain était prise – avec quel talent ! – par Fernand Raynaud.

La télé gagnait du terrain à vue d'œil, il avait bénéficié de cet inestimable tremplin pour devenir le premier comique de

France. Ne pouvant prétendre être aussi efficace que lui, dont toutes les interventions, souvent à la limite de l'improvisation, étaient d'une efficacité totale, j'ai accepté un temps de continuer à jouer les utilités. J'ai fini par comprendre, bien tristement, que j'avais raté ce coche-là et que je devais reprendre seul le sentier de la guerre.

Comme à l'époque je refusais la sécurité du boy de revue, pour la jouer solitaire, j'ai brûlé mes vaisseaux en prenant congé du cher Jaboune qui, un an auparavant, ne jurait que par moi.

J'ai des regrets mais pas d'amertume en repensant à ces moments exaltants où nous faisions bourdonner comme une ruche ce grand appartement connu du Tout-Paris ; et quand, avec une poignée de fidèles, nous sommes venus dévoiler son buste dans un coin du square Alboni, je revoyais défiler avec émotion ces épisodes de ma jeune carrière où j'avais cru sauter quelques classes, comme on disait au temps de ma communale.

« On est encore là »

(Kool Shen / Joey Starr)

Au retour, plus que jamais, j'avais bouffé du lion.

Sauf parfois en scène, je suis de ceux que l'adversité stimule.

Le rescapé que j'étais fut accueilli à bras ouverts par les établissements amis, l'Échanson et l'Échelle de Jacob ; et avec la plus grande bienveillance dans deux cabarets prestigieux et exigeants, où j'avais passé des auditions avant la tuile : le Liberty's, (« chez Tonton »), place Blanche et la Fontaine des Quatre-Saisons.

– Le Liberty's. Les plus grands sont passés par là ; lors de mes nombreux séjours, j'y ai partagé l'affiche avec Gilbert Bécaud, dont le succès allait croissant ; Jacqueline Maillan, accompagnée au piano par son mari Michel Emer, auteur d'une partie des plus grands succès d'Édith Piaf ; Jackie et Fernand Sardou (*Aujourd'hui peut-être « ou alors demaing »*) qui amenaient parfois en coulisses leur gamin joufflu, le petit Michel.

– La Fontaine des Quatre-Saisons. Enfin un pied sur la prestigieuse rive gauche ! Le patron, Pierre Prévert, frère de Jacques, ne laissait lui non plus à personne le soin de faire son programme (je crois qu'il m'avait vu au Liberty's). La clientèle de connaisseurs faisait confiance à ses choix et passer en ces lieux constituait une plus-value. J'ai vu bien des artistes prestigieux se faire applaudir sur la petite scène ; Maurice Béjart, qui avait fait la chorégraphie d'*Arcanes,* ballet pour deux femmes et un homme ; Jacques Chazot qui, dans un sketch sur le personnage de la snobinarde Marie-Chantal, joué par Judith Magre, avait confié un minuscule rôle de groom à un jeune homme timide nommé Guy Bedos.

Mais c'est Jacques Dufilho qui m'a le plus impressionné : il avait un succès fou dans ses monologues de chaisières et de paysans gascons, mais les soirs où il était encore plus inspiré que d'habitude, c'est dans la loge qu'il se lançait dans des improvisations hallucinées qui me paraissent avec le recul proprement géniales.

Le coup d'arrêt du « sanatorium », qui aurait pu m'être fatal, avait décuplé ma rage de m'en sortir durablement. Je me suis lancé à corps (pas) perdu dans la bataille de Paris, avec maintenant omniprésentes à l'esprit les recommandations du bon docteur Lhoste.

Je pense au moral d'acier d'un Aznavour, d'un Lama qui ont prouvé qu'à partir d'un minimum de dispositions (appelons-les « talent »), c'est dans l'adversité qu'on se forge une foi à renverser les montagnes. C'est devenu un lieu commun et les citations sur le sujet prendraient des pages entières ; par exemple, celle-ci de W. Churchill : *« Réussir, c'est être capable d'aller d'échec en échec, sans perdre son enthousiasme. »* Élémentaire, mon cher Winston !

« Bouge de là »

(MC Solaar / Jean-François Delfour)

Ça bouge ! Ça bouge ! Qu'on en juge :

- La tournée l'Échelle de Jacob. La découverte du Maghreb : Tunis, les palmiers, les bourricots, les femmes voilées (je n'en avais encore jamais vu !) ; le Jardin d'été à Casablanca et les virées d'après spectacle avec mon copain Charles Aznavour, dont le talent finira par triompher en métropole, après avoir été reconnu dans toute l'Afrique du Nord, toujours sous influence – sinon sous domination – française ; toute l'Algérie « jusqu'à Tamanrasset », si accueillante, si chaleureuse ; si exubérante, si insouciante, tant que les pieds-noirs n'avaient pas pris conscience du drame terrible qui allait les emporter.

- L'Ancienne Belgique, rue des Pierres à Bruxelles. Mes vrais débuts au music-hall ! Un orchestre de huit musiciens, une grande salle, parterre et balcon, des tables de bois où les consommateurs attentifs boivent leur chope de bière ou leur tasse de thé en se gardant bien de faire le moindre bruit ; un public en or qui part au quart de tour, qui aime les artistes et le leur montre bien.

Moi qui n'avais pratiquement pas encore voyagé, je m'étais bêtement figuré que plus on va vers le nord plus les gens sont froids. Quelle erreur ! C'est une évidence que les Belges sont les descendants de ces personnages festoyant et dansant, riant à gorge déployée avec leurs compagnes bien en chair, dans les tableaux de kermesses et de ripailles des peintres flamands. Est-ce le temps maussade du « Plat Pays » qui incline ses habitants à la convivialité, dans une tradition festive bien ancrée ?

Toujours est-il que j'ai découvert un peuple de bons vivants, qui ne se prend pas pour le sel de la terre et se fout joyeusement des critiques que portent sur eux ceux qui se prennent pour Baudelaire, talent en moins.

J'avais un vrai style, un répertoire à moi, toujours aussi obstinément dirigé vers les sketches et les effets scéniques. Je ne me préoccupais qu'en second lieu de savoir si mes chansons donnaient envie ou non au public de les chanter à son tour : mon « Escamillo », survivant de l'époque bordelaise, les chansons de Marc Fontenoy un peu, Charles Aznavour beaucoup et des créations comme « Julie » de Jacques Datin et Maurice Vidalin, que je n'enregistrerai que deux ans plus tard.

« Venez donc chez moi »

(Jean Féline / Paul Misraki)

Je commençais à gagner ma vie correctement. J'avais cassé ma tirelire et fait un emprunt pour un tout petit appartement au cinquième étage, 21 rue Godillot (mais oui ! c'est le nom d'un préfet qui prenait soin de la piétaille, évidemment), en face de la gare, à Saint-Ouen. Il y avait encore des locomotives à vapeur et ceux qui avaient une voiture passaient un chiffon le matin pour enlever la suie de leur pare-brise.

L'obsession de la pollution n'était pas encore… dans l'air et ça m'était bien égal.

J'étais le roi du pétrole dans ces quelques mètres carrés d'une banlieue proche des terrains vagues où campaient les roulottes de familles à la Django Reinhardt.

Une cuisine modèle réduit où je pouvais ôter la paillasse de l'évier pour installer la douche ; une chambre(tte), un « salon » grand comme ma chambre de la rue Rochechouart, avec un canapé-lit, surtout pour papa qui, maintenant à la retraite, était venu me fabriquer quelques installations de rangement, penderie, étagères, tiroirs, placard.

Pour ne pas faire de frais supplémentaires, j'avais demandé à Aznavour de m'aider à dégotter des tas de pochettes de disques qui recouvraient la totalité des murs, dans une formule très économique et décorative kitsch que je conseillais aux copains pour remplacer leurs tapisseries souvent défraîchies.

Enfin deux luxes suprêmes : le premier, qu'on veuille bien m'excuser du détail, pour la première fois de ma vie, chez moi, les w.-c. non plus sur le palier ou dans la cour mais dans l'appartement ; le second : le téléphone à domicile. Fini les escaliers dévalés quatre à quatre au risque de me rompre les os à chaque appel ! Je crois bien que les deux premiers jours j'ai dû téléphoner à cinquante personnes. Je me suis vite calmé…

« Ça c'est d' la bagnole »

(Georgius / Henri Poussigue)

Maintenant que j'avais l'appartement, je rêvais de voiture.

N'en avait pas qui voulait et, même si une vieille bagnole pourrie eût fait l'affaire pour mes déplacements nocturnes, je ne voulais pas m'endetter encore plus.

Une bonne fée me sourit qui avait nom Festival de la Chanson de Deauville.

Le concours avait eu lieu, les jeux étaient faits. Dominique Nohain avait eu l'idée de tenter un coup de poker en demandant que je vienne à la fin, juste avant la proclamation du palmarès, faire hors concours une petite chose qui amuserait tout le monde, il en était sûr, disait-il ; n'importe quel quidam se serait fait jeter, mais il était suffisamment connu, à titre personnel et comme fils de son père, pour que sa requête, un peu risquée tout de même, soit acceptée.

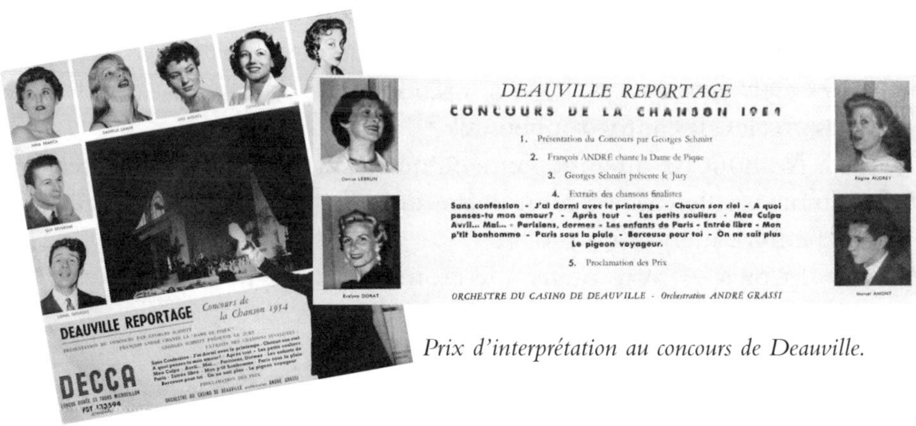

Prix d'interprétation au concours de Deauville.

Sur des arpèges soporifiques, la chanson commençait par une guimauve, fadasse à souhait : *« Le pigeon voyageur est un oiseau fragi-i-ileu / Qui cherche le bonheur dans le ciel bleu des î-i-i-les. »*

Consternation, murmures désapprobateurs : d'où sort cet hurluberlu qui prétend venir faire roucouler son pigeon après tant de talents prometteurs…

Refrain en fanfare : *« C'était une chanson qui devait avoir le prix. Qui est-ce qui m'a foutu un jury de vieilles badernes qui n'a aucun goût. J'avais pourtant fait un chèque au président, j'avais envoyé à la femme du directeur une gerbe de roses qui m'a coûté les yeux de la tête… »*

Rigolade plus triomphe égal prix spécial du jury égal chèque. Égal 4 CV d'occase. MA 4 CV, à MOI.

Je n'ai pas pu résister à la tentation et me suis fait livrer MA voiture rue Godillot, en stationnement jusqu'à ce que j'aie le permis ; à moi maintenant le plaisir de passer ostensiblement un chiffon pour enlever la suie, d'ouvrir MA portière avec MA clef et de me mettre à MON volant en faisant mine d'étudier MON cadran d'un air pénétré ; tout juste si je ne faisais pas « Vroum vroum » comme les gosses.

Le père Schmidt, agent artistique, un vieux de la vieille qui avait connu tous les grands du music-hall, m'avait dégotté, dans la foulée, un autre concours à Cannes, avec un cachet convenable et possibilité d'un prix.

Permis en poche juste à temps, je crois que la nationale 7 n'a jamais vu un néophyte de la bagnole pareillement inondé de bonheur ; le Morvan chantant, la Bourgogne heureuse, le Mâconnais jubilant, la vallée du Rhône euphorique, le Midi des ciels sans nuages. Pour la première fois les pins, la lavande, les cigales ; les auto-stoppeuses !

Au bout de quelques années, quand il m'a fallu me séparer de ma vieille caisse à bout de souffle, c'est comme si j'étais allé à l'enterrement d'un proche.

Et puis, – j'avais peine à le croire ! – j'ai gagné le concours ! Je n'y croyais pas…

Mon style – enfin original – avait plu.

Mon style ! Parlons-en…

J'ai toujours eu la tentation de chercher de préférence des chansons – des rôles ? – qui ne seraient qu'un prétexte, un tremplin, pour mettre en valeur ce que je pensais avoir dans les tripes et dans le style scénique dont j'ai parlé à propos d'Yves Montand.

Je pense surtout ici aux paroles de chansons à visée « fantaisiste » ; quand un texte se suffit à lui-même, le mettre en scène est le plus souvent inutile, voire contre-productif ; c'est un peu ce que Bourvil expliquait à Pierre Perret qui lui apportait « Moi j'attends Adèle » : C'est excellent ; mais, justement, que puis-je y apporter de personnel ?

Ainsi, quand je chante « Le Chapeau de Mireille », je donne à écouter une excellente chanson, mais tout y est dit par Brassens ; pour « Les Bleuets d'Azur », je n'ai qu'à laisser parler mes sentiments, porté, là aussi, par un très beau texte poétique de Jacques Larue – l'un des auteurs préférés d'Édith Piaf ; quant au rythme de « L'amour ça fait passer le temps », il incite les gens à marquer la mesure, taper dans leurs mains mais ne demande pas une grande concentration.

Avec « Moi le clown », « Le monsieur qui volait », « Y en avait pas beaucoup », ou mes petits sketchs de liaison qui ont l'air d'être improvisés, c'est une autre paire de manches : lâchez votre public une seconde, pour sympathique qu'il soit à votre égard, et c'est le décrochage, le reflux quasi immédiat !

En d'autres termes, l'artiste qui bâtit son répertoire primordialement sur la qualité des textes et de la musique ne court pas à la catastrophe absolue en cas de méforme ou d'incidents de toute sorte. Pour les gens de mon espèce, les jours où on ne se sent pas dans le coup, les branches où se raccrocher sont bien fragiles.

On me rétorquera qu'on peut trouver les deux, qualité de la chanson et possibilités scéniques ; ça se trouve (j'ai aussi cet article en magasin) ; mais, sans être la quadrature du cercle, c'est beaucoup plus rare qu'il n'y paraît.

Après Cannes, comme je me l'étais promis-juré, je m'offris les services exclusifs d'un pianiste et pus enfin aller de boîte de nuit en boîte de nuit sans avoir le souci de me demander avec anxiété comment je serais accompagné.

Pendant quelques mois, le premier fut Gérard Feuga. Avant de s'envoler pour les Amériques, il m'envoya un petit chef-d'œuvre de sa composition, « Sonate pour piano », qu'il m'arrive encore de chanter.

Claude Romat, vingt ans de musique, de voyages ensemble. Quarante ans de complicité, d'amitié.

Ensuite, je pus retrouver mon cher Claude Romat avec qui nous faisions des projets improbables au temps de mes débuts à l'Arc-en-Ciel de Bordeaux. Il vint lui aussi s'installer à Saint-Ouen et nous répétâmes sans relâche pour affermir, peaufiner (j'aime bien ce mot), régler au quart de tour un répertoire qui prenait de plus en plus de punch, semblait de plus en plus spontané, à la limite de l'improvisation… à force de travail.

D'abord un pianiste doublé d'un ami cher. Ensuite une bagnole qui me mettait à l'abri des intempéries et m'évitait de me harnacher l'hiver, comme aux temps glorieux du Vélosolex ; un petit appartement avec téléphone et – je redemande l'indulgence du jury pour mon insistance très insistante – les chiottes perso.

Que manquait-il à ma félicité sur le chemin montant, sablonneux, malaisé, qui conduit jusqu'en haut de l'affiche ?

« J'ai un problème »

(Michel Mallory / Jean Renard)

Et même deux…

Un, je n'enregistrais toujours pas de disques ; deux, Coquatrix faisait toujours la sourde oreille pour m'engager à l'Olympia.

Paris, dans sa tradition de phare de tous les arts, grands et petits, avait ses découvreurs de talents. Ils sont légion, même si l'on ne tient compte que de ceux qui ont authentiquement le goût, le flair, pour débusquer ceux qui, dans leur coin encore obscur, ont les qualités pour occuper le devant des scènes.

L'un d'eux s'appelait Jacques Canetti. C'était un descendant de Juifs d'Espagne qui, chassés par l'Inquisition, se disséminèrent, en particulier dans l'ex-Empire ottoman. D'une famille très cultivée (son frère Elias obtiendra un prix Nobel), polyglotte, mélomane, il avait roulé sa bosse à travers l'Europe avant de choisir la France où, très vite, il s'imposa dans le monde fermé des enregistrements de disques, classique et variétés (je n'ai pas dit « variétoche »).

Il avait la charge d'un département de la célèbre firme Polydor (Deutsche Gramophon Gesellschaft) et, pour tester l'impact de ses découvertes sur le public, il avait pris la direction du petit théâtre des Trois Baudets. Pratiquement tous sous contrat Polydor, la plupart des grands noms y défilèrent en tête d'affiche – Robert Lamoureux, Félix Leclerc, Patachou – attirant un public averti qui avait ainsi l'occasion de découvrir en première partie les nouveaux en qui il croyait.

C'est ainsi que l'on vit *« en alternance* – Jacques Brel et Marcel Amont » dans le même programme que Darry Cowl, Jean Constantin, avec en vedette Catherine Sauvage !

C'est également ainsi que j'ai connu Boris Vian.

Ancien ingénieur de Centrale, grande figure de Saint-Germain-des-Prés, touche-à-tout, écrivain-trompettisteparolier, il avait monté un tour de chant aux textes très caustiques et volontiers provocateurs (« Le Déserteur » en pleine guerre d'Indochine).

Certains soirs, de véritables commandos, militaires comme il se doit, venaient lui chercher des poux dans la tête, clamant des injures contre cet empêcheur de cocoriquer en rond. Apparemment cela lui plaisait assez ; sans se départir de son self-control, il gueulait sa chanson à tue-tête, martelant les paroles ; comme lui avait un micro, il était moins vite aphone que les trublions, alors, avec un grand sourire découvrant ses dents carnassières, il saluait sous les huées, exactement comme s'il se fût agi d'ovations.

Le reste du public appréciait l'affrontement et je pense que, le bruit s'en étant répandu, une grande partie venait pour cela !

Le grand boutefeu pacifique était un type délicieux, attentif aux autres ; et quand on connaît sa fin tragique, la quarantaine à peine entamée, on est tout triste en écrivant que c'était un bon vivant…

Il adorait la chanson, qu'elle soit populaire, intello, guimauve, et il était assez intelligent, mélomane et cultivé pour savoir décortiquer des paroles et une musique, trier le bon grain de l'ivraie. Il essayait de comprendre les ressorts d'un succès, et il lui est souvent arrivé d'avoir des jugements à contre-courant, négativement mais, le plus souvent, positivement. Il tenait par exemple « Ah les p'tits pois » de Dranem pour un chef-d'œuvre de surréalisme à force d'absurdité volontaire !

Comme avec Brassens à la Villa d'Este, le courant était passé entre nous ; il s'était promis de m'écrire des chansons et j'allais souvent lui rendre visite chez lui juste à côté du Moulin-Rouge, à deux pas de chez Jacques Prévert. En attendant des textes inédits, j'avais commencé à travailler « La Java des Bombes atomiques » qui faisait partie de son propre tour de chant.

Avec toujours ce foutu obstacle de ne pas enregistrer de disques, la création de ce petit bijou philosophico-fantaisiste m'est passée sous le nez ; dommage !

Un jour Canetti me convoque et me dit sans ambages: « *Cher Marcel, je conçois que vous soyez impatient d'enregistrer. Vous avez largement la capacité de le faire ; j'apprécie votre talent scénique et je le prouve en faisant de vous un quasi-pensionnaire des Trois Baudets ; mais j'aimerais que votre premier disque soit un vrai succès et que nous cherchions ensemble des chansons de bon aloi, mais plus populaires* (il avait raison, la suite l'a prouvé...). Il ajoute: *Vous gagnez maintenant votre vie, il n'y a pas urgence. De toute façon, je ne peux me concentrer sur deux fantaisistes. Pour l'heure, je m'occupe à fond de Philippe Clay; je vous garde encore un peu au frigidaire et très bientôt ce sera votre tour.* »

Je l'ai cru sur parole et j'avais raison.

C'est l'Olympia qui a changé le cours des choses.

« Anne ma sœur Anne »

(Louis Chedid)

Coquatrix persistait à ne pas vouloir m'entrouvrir les portes de son Olympia.

Je n'ai jamais eu le fin mot de cette obstination; cela tient à tant de choses: le rapport défavorable de quelqu'un qui ne vous apprécie pas? Un bide dont il a été témoin?

Entretemps, l'imprésario Eddie Marouani avait pris mes affaires en mains.

À ses débuts, il avait quitté sa Tunisie pour rejoindre l'agence de son oncle Félix, patriarche de la fameuse tribu des Marouani (Brel disait que, pour s'endormir, les artistes comptent les Marouani) et, voulant voler de ses propres ailes, il cherchait à se constituer une « écurie ». C'est pourquoi il m'avait pris sous son aile.

Il faut croire que je m'y trouvais bien puisque, pendant près de vingt-cinq ans, il fut de mes grandes aventures artistiques en France et à l'étranger, et mon seul et unique représentant fut son « Office parisien du spectacle ».

En 1956, après m'avoir observé sur tous les fronts, il me tint à peu près ce langage: « *Coquatrix a fait de l'Olympia un des théâtres de chanson parmi les plus célèbres au monde. Depuis, personne n'ose le contredire et tout son entourage n'est fait que de yes-men (oui-Bruno in french). Si nous voulons accéder à l'Olympe, il faut que Zeus soit amené à prendre la décision LUI-MÊME – tactique vieille comme le monde; ton enfance et tes années de galère t'ont donné, par force, le sens de l'économie, mais tu n'as pas du tout celui du business ; il faut faire à Bruno un coup d'esbroufe. »*

Au début, la plupart des initiatives de Coquatrix Imperator furent tellement couronnées de succès qu'il acquit pour longtemps le titre envié de « Pape du Music-Hall ». Quelques échecs cuisants le ramenèrent aux dures réalités de la gestion ; par bonheur, sa femme Paulette avait pour neveu Jean-Michel Boris, tout juste diplômé en droit de la faculté de Bordeaux ; elle sut convaincre son mari de prendre le jeune homme à ses côtés et de le former pour le rendre le plus vite possible opérationnel et apte à le seconder. Bien lui en prit. Devenu de plus en plus compétent, c'est lui, au fil des ans, qui prit la barre du navire.

Mes respects et mes amitiés, mon cher vieux capitaine !

Le plan était le suivant : profitant de mon passage à l'Alhambra – pâle concurrent de l'Olympia – avec Dany Dauberson en vedette, mettre tout ce que je gagnais dans une publicité qui passerait chaque jour dans les trois plus grands journaux parisiens : *« Marcel Amont, tous les soirs, l'Alhambra à 21 h, la Fontaine des Quatre-Saisons à 22 h 30, le Libertys à 23 h, l'Échelle de Jacob à minuit… »*

Mais, comme pour sœur Anne guettant du haut de sa tour, l'horizon restait immobile dans le désert des Tartares. Pourtant, cela nous fut confirmé un peu plus tard, ce travail de sape ouvrait une brèche dans le mur du niet…

Édith Piaf était alors au sommet de sa gloire. Outre son immense talent, son existence, les drames récents qui l'avaient frappée (Marcel Cerdan, son grand amour, s'était fracassé en avion sur un pic des Açores) en faisaient la Madone des Mille Douleurs en même temps que la chanteuse aussi bien adulée du populo que fêtée par les plus snobs d'entre les snobs. Elle rentrait, auréolée d'un beau succès à New York devant le gratin du show-biz et les premières semaines de son retour avaient lieu à guichet fermé.

Coquatrix avait inauguré la formule « en supplément au programme » qui donnait leur chance à des débutants et Piaf lui avait demandé de prendre une de ses découvertes, sortie on ne sait d'où. Or, deux jours avant l'Olympia, à l'avant-première de Versailles, la prestation du gars en question s'avéra catastrophique. Il fallait à tout prix sauver l'honneur du Temple et Coquatrix réunit après le spectacle les agents présents, parmi lesquels Marouani (le mien).

Eddie, une fois de plus, avança mon nom.

Bof, Amont… Ouais…

Dès le lendemain, les bandeaux portant mon nom, imprimés en hâte dans la nuit furent collés par-dessus le nom de l'inconnu, qui le resta. Quant à moi, pour résumer, je passai de la pénombre à la grande lumière.

Je devins ce que je ne serai jamais plus : « La révélation de l'année ».

Comme dit l'autre, j'avais mis sept ans pour devenir connu, du jour au lendemain !

J'avais du métier, des années de cabaret m'avaient aguerri, je me connaissais à fond et j'avais assez travaillé pour donner l'impression que la scène était mon domaine. Le parterre attiré par Piaf n'était pas une constellation d'étoiles filantes : Charlie Chaplin, Marlène Dietrich, Maurice Chevalier, Yves Montand, Simone Signoret…

Juste après la présentatrice, le jongleur de service et les retardataires tout juste assis dans leurs fauteuils, en cette troisième place après le lever de rideau, on n'avait vu défiler jusqu'alors que des débutants. Et voilà que déboule sur la scène un vieux cheval de retour… de 27 ans, qui piaffe depuis deux siècles dans un box fermé à triple tour et qu'on vient tout juste de lui ouvrir vers la grande galopade !

Ce soir-là, je crois bien que j'ai bouffé tout crus les cinquante premiers rangs.

« Qui c'est celui-là ? »

(Pierre Vasiliu / Chico Buarque de Hollanda)

D'où sort-il ? Mais d'où sort-il ? S'interrogeait la presse, en me couvrant d'éloges.

Paul Carrière titrait dans *Le Figaro* : *« À l'Olympia : Édith Piaf et Marcel Amont »*, ce qui était tout de même exagéré et ne contribua pas à m'attirer les bonnes grâces de la star au sommet de son art. Désormais Coquatrix proclamait partout que c'était lui qui, lui que – classique ! Cependant, il serait injuste de laisser dire qu'Édith m'en tint rigueur, à moi qui n'en pouvais mais. Au fur et à mesure que son inoubliable succès prolongeait son séjour chez lui, « la révélation de l'année » passait les vitesses supérieures jusqu'à la surmultipliée.

C'est ainsi que je finis la longue série au milieu, au beau milieu de l'affiche, après avoir commencé tout en bas en tout petit.

Jamais elle n'émit la moindre objection, sinon j'aurais bien fini par l'apprendre.

Mais Édith Piaf ne m'a pas « lancé », comme on dit, avec tous les sous-entendus que cela implique... À tort ou à raison, on lui a fait une réputation de mangeuse d'hommes qui faisait tout pour ses protégés ; je n'ai pas été mangé...

En revanche, j'ai bénéficié dans son sillage d'un tremplin inouï, incomparable. D'autre part, tous les soirs, depuis la coulisse, j'ai reçu la plus grande leçon de scène, de chant, d'art dramatique qu'il m'ait jamais été donné de recevoir.

Quoi qu'il en soit, et bien qu'il soit difficile de faire jouer pour soi-même la fanfare des dithyrambes : il y a eu dans ma vie d'artiste l'avant et l'après 1956.

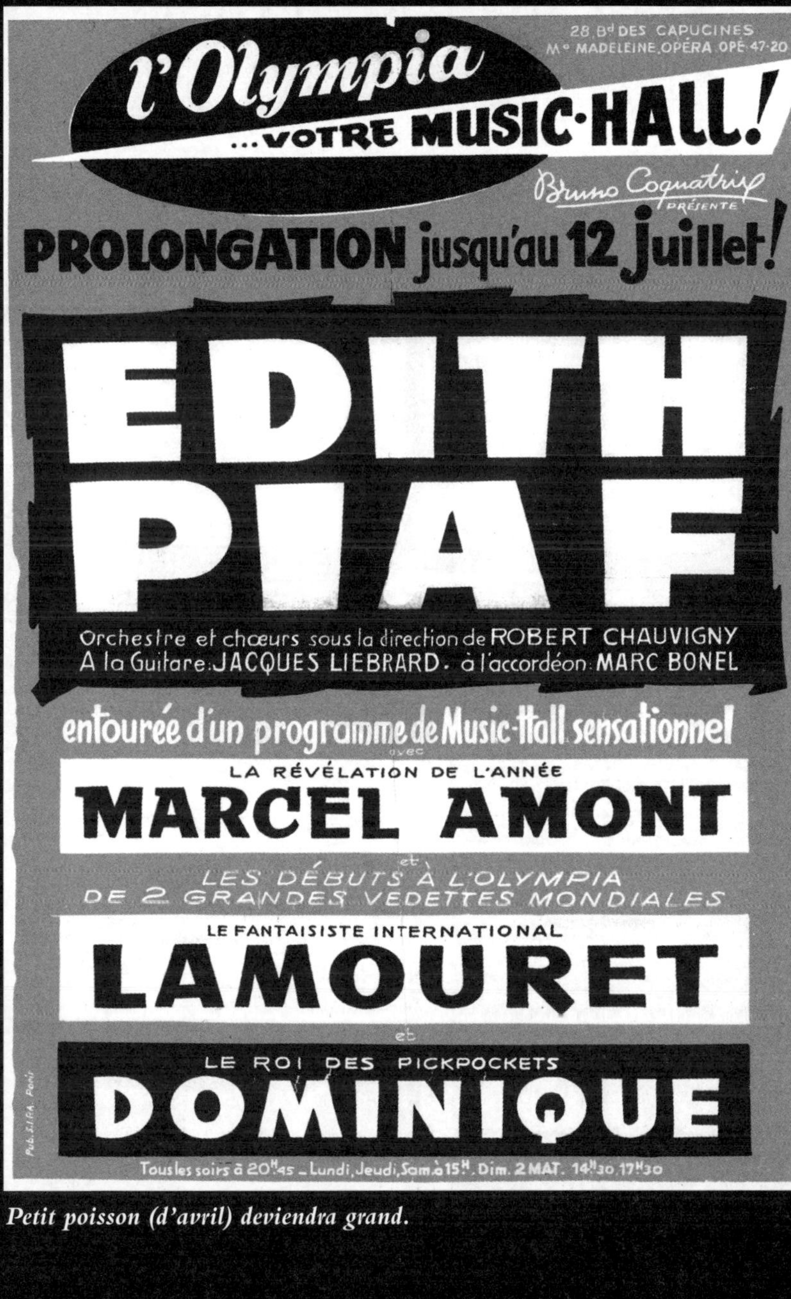

Petit poisson (d'avril) deviendra grand.

A L'OLYMPIA

Edith PIAF et Marcel AMONT

La soirée commence par un carnaval de chiens où nous n'avons trouvé aucun agrément, refusant une fois de plus d'admettre que l'on costume et ridiculise les animaux.

Mais bientôt l'humour, la drôlerie et la gaieté s'emparent du music-hall. Grâce d'abord à Marcel Amont dont nous regrettions l'autre jour que l'Olympia l'ait boudé aussi longtemps. Le nouveau fantaisiste s'est taillé tout de suite un succès de choix. Désormais nous exigerons beaucoup de lui. Pour commencer, conseillons-lui un effort vers la sobriété.

Nous avons vu ensuite deux burlesques espagnols de style anglais : Elsa et Waldo. Sous réserve d'une charge un peu excessive (costumes et grimaces) de la partenaire, leur numéro est éblouissant. Revu ensuite avec plaisir les mimes Bernard, dont les gags sont aussi bons que la technique. Mais, se renouvelant assez peu, ils finissent par paraître les meilleurs de leurs imitateurs.

Enfin, Edith Piaf. L'Amérique ne nous [l']a pas changée, sinon dans certaines [d]e ses interprétations, désormais an[c]iennes (*L'Accordéoniste*) qui ont perdu [to]ute spontanéité et semblent un [p]eu mécaniques. Il arrive aussi que la [v]oix soit moins sûre. La diction est insuffisante (« le mois de jouin »). Côté gestes, nous retrouvons les à-peu-près d'Edith Piaf qui désigne ses jambes quand elle parle de « tes yeux ». En revanche, une animation excellente pour une chanson de Marguerite Monnot, la meilleure parmi plusieurs nouveautés. *Les Amants d'un jour* nous montrent Edith Piaf essuyant des verres au bar de l'hôtel tandis que deux amants meurent à l'étage supérieur. Ce tableau réaliste est brossé sur mesure pour l'artiste qui peut dès lors se dispenser de mettre en branle le lyrisme solennel de sa voix. Mais le moins bon n'est pas loin du meilleur : il s'agit cette fois d'une chanson originale à tout prix et dramatique, bien sûr, où il est question d'un monsieur qui « porte une culotte et les bottes de moto », de « sa petite amie qui s'appelait Marilou » et même de divers accessoires de la motocyclette, entre autres le tuyau d'échappement..

Paul Carrière.

demain : PREMIERE à 14h45

l'Olympia VOTRE MUSIC-HALL !

Bruno Coquatrix PRÉSENTE

EDITH PIAF

ORCHESTRE ET CHŒURS SOUS LA DIRECT. de R. CHAUVIGNY
A LA GUITARE J. LIEBRARD - A L'ACCORDEON M. BONEL

SKATING RYLES - Les FIELD SISTERS
DARLY DOGS

Luis ALBERTO DEL PARANA
et son trio LOS PARAGUAYOS

ELSA et WALDO

AVEC
LES CÉLÈBRES FANTAISISTES AMERICAINS

GEORGES et BERT BERNARD

EN SUPPL. MARCEL AMONT

EN SUPPLEMENT AU PROGRAMME

BRUNO COQUATRIX

vous propose...

C'est grâce à cette rubrique et à la faveur que vous lui avez faite que l'OLYMPIA... votre Music-Hall a servi de tremplin vers le succès pour Danièle DUPRE, Jean-Claude DARNAL, les 5 PERES, Jacques BREL, Domingo RAMON, le trio HILL BILLY'S, René-Louis LAFFORGUE, Annick CHARLIER, Robert CHABRIER, Lucie DOLENE, SIM, Robert PIGUET, Christian MERY, Marie-Josée NEUVILLE, Jean BERTOLA, etc. Nous continuons cette année, forts de votre appui à vous présenter cette rubrique, avec l'espoir que nous gagnerons nos « paris ». Parmi ces débutants, pleins de talent, vous trouverez peut-être ceux que demain nous serons fiers de vous présenter en tête d'affiche.

MARCEL AMONT

C'est un jeune fantaisiste que tous les cabarets de Paris ont présenté sur un rythme record et dont la carrière a connu cette saison une ascension en flèche. DANY KAYE à dit de lui : « C'est moi en français ». Et en fait AMONT c'est de la dynamite en scène. Il trépigne, tape du pied, frappe des mains, danse, crie, se travesti et se transforme. C'est un fantaisiste-prôtée, la voix suit, sonore ou délicate, timbrée et nuancée. Et les fantaisies alternent avec les parodies et les poésies qui s'achèvent en burlesque.

Olympia 1956, ouf !

Dans sa loge, Édith donnait toujours de bons conseils. Mais il suffisait d'observer son tour de chant depuis la coulisse pour prendre une grande leçon de scène.

Avec Bruno Coquatrix.

Visite de Michel Simon. Il est des hommages comme celui-ci qui me touchent infiniment.

Le dauphin Moustik III s'inscrit dans une longue lignée de Bibis et de Pépins. Sa Majesté Zizou régnera dans les années 2000.

ÇA PLANE POUR MOI [1]

Après 1954, une carrière ne pouvait plus être consacrée qu'après un passage réussi à l'Olympia.

Ce fut mon cas et peut-être au-delà de tous les rêves que j'avais nourris en rongeant mon frein.

La maison Polydor s'empressa de me signer le contrat de disque espéré depuis si longtemps. Mon directeur artistique, le compositeur Paul Durand, eut la bonne idée de venir m'enregistrer en direct et, coup d'essai coup de maître, pour ce document sonore pris sur le vif, avec les réactions du public, j'obtins le Grand Prix du disque en même temps que le génial Dufilho et un inconnu du grand public, comme moi, un certain Serge Gainsbourg.

Je signai pour le film *La mariée est trop belle* qu'il allait mettre en scène dès le début 1957. Protagonistes : Micheline Presle, Louis Jourdan, Roger Dumas (qui s'affirmera comme brillant comédien et comme parolier de… Chantal Goya !) et – pincez-moi, je rêve – le fantasme de toutes les pensées érotiques des penseurs érotomanes de ma génération, la Vénus nouvelle vague, épouse du sulfureux Roger Vadim, j'ai nommé – en frissonnant – Brigitte Bardot !

Mes cachets faisaient des petits. Pour juillet-août des agents de province, tout en s'excusant de n'avoir « que » si peu à proposer, offraient à Eddie Marouani pour « ce petit Amont dont on parle tant et qu'on entend souvent à la radio » dix à douze fois ce que j'obtenais péniblement en mars. Douze fois, peuchère…

(1) Lou Deprijck / Yves Maurice Lacomblez

Photo tirée d'un sketch
de clowns que j'avais imaginé
pour Raymond et moi.
Ce n'est pas tous les jours
qu'on écrit pour Monsieur Devos.

A-B-MAGAZINE

Affilié à l'Union de la Presse Périodique Belge

N° 608 - 6 F.

29-11-1958

RUE OBBERG, 235
WEMMEL

Le Danny Kaye français...

MARCEL
AMONT

PROGRAMME OFFICIEL DU MUSIC-HALL

Ancienne Belgique

Bruxelles

Les années 50
tout-terrains !

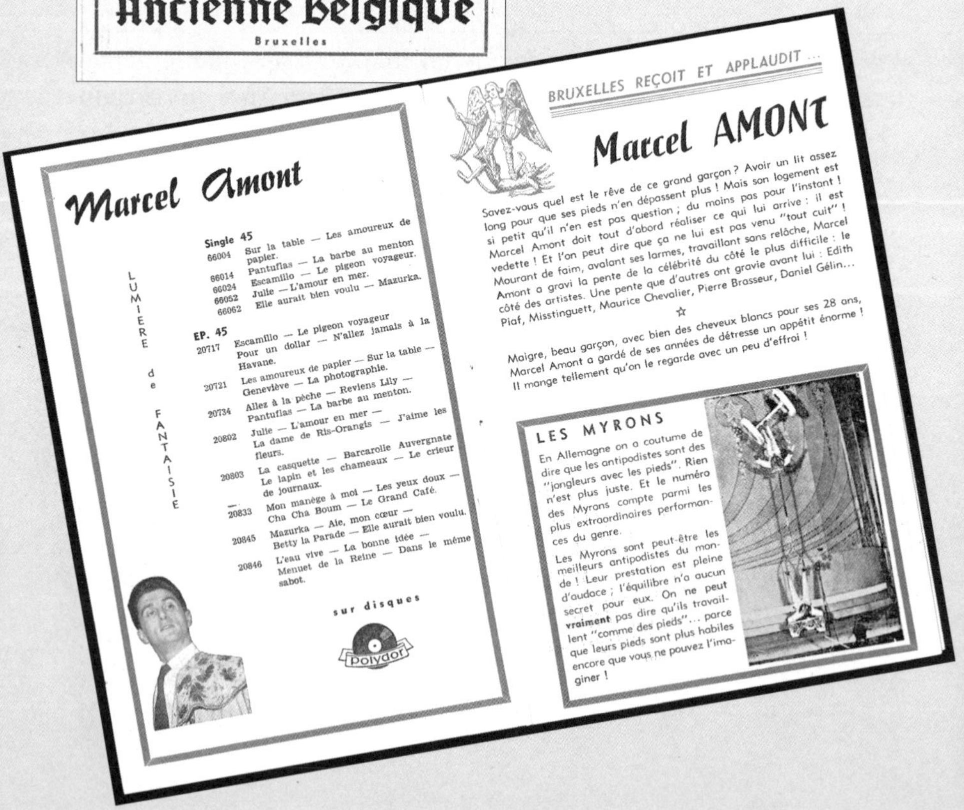

Marcel Amont

LUMIÈRE de FANTAISIE

Single 45

66004 Sur la table — Les amoureux de papier.
66014 Pantuflas — La barbe au menton
66024 Escamillo — Le pigeon voyageur.
66052 Julie — L'amour en mer.
66062 Elle aurait bien voulu — Mazurka.

EP. 45

20717 Escamillo — Le pigeon voyageur
Pour un dollar — N'allez jamais à la Havane.
20721 Les amoureux de papier — Sur la table — Geneviève — La photographie.
20734 Allez à la pêche — Reviens Lily — Pantuflas — La barbe au menton.
20802 Julie — L'amour en mer — La dame de Ris-Orangis — J'aime les fleurs.
20803 La casquette — Barcarolle Auvergnate
Le lapin et les chameaux — Le crieur de journaux.
20833 Mon manège à moi — Les yeux doux — Cha Cha Boum — Le Grand Café.
20845 Mazurka — Aïe, mon cœur — Betty la Parade — Elle aurait bien voulu.
20846 L'eau vive — La bonne idée — Menuet de la Reine — Dans le même sabot.

sur disques

Polydor

BRUXELLES REÇOIT ET APPLAUDIT ...

Marcel AMONT

Savez-vous quel est le rêve de ce grand garçon ? Avoir un lit assez long pour que ses pieds n'en dépassent plus ! Mais son logement est si petit qu'il n'en est pas question ; du moins pas pour l'instant ! Marcel Amont doit tout d'abord réaliser ce qui lui arrive : il est vedette ! Et l'on peut dire que ça ne lui est pas venu "tout cuit" ! Mourant de faim, avalant ses larmes, travaillant sans relâche, Marcel Amont a gravi la pente de la célébrité du côté le plus difficile : le côté des artistes. Une pente que d'autres ont gravie avant lui : Edith Piaf, Misstinguett, Maurice Chevalier, Pierre Brasseur, Daniel Gélin...

☆

Maigre, beau garçon, avec bien des cheveux blancs pour ses 28 ans, Marcel Amont a gardé de ses années de détresse un appétit énorme ! Il mange tellement qu'on le regarde avec un peu d'effroi !

LES MYRONS

En Allemagne on a coutume de dire que les antipodistes sont des "jongleurs avec les pieds". Rien n'est plus juste. Et le numéro des Myrons compte parmi les plus extraordinaires performances du genre.

Les Myrons sont peut-être les meilleurs antipodistes du monde ! Leur prestation est pleine d'audace ; l'équilibre n'a aucun secret pour eux. On ne peut **vraiment** pas dire qu'ils travaillent "comme des pieds"... parce que leurs pieds sont plus habiles encore que vous ne pouvez l'imaginer !

Dario Moreno.

Jacques Chazot.

Les Frères Jacques.

En passant près de Bordeaux, je pousse évidemment jusqu'au passage Leydet voir mes parents. Me voyant si rayonnant, ils me recommandent une fois de plus de veiller sur ma santé ; papa ne peut s'empêcher de me dire : *« Tu nous écris que tu n'as plus de dettes et que tout va bien de ce côté-là aussi ; mais, au cas où ça ne durerait pas, est-ce que tu penses à faire des économies ? »*

Alors, je ne sais pas ce qui me prend, je cours sortir des liasses du fond de ma valise et les jette en l'air comme de gros confettis, qui retombent mollement ; et nous pleurons tous les trois enlacés, tout en riant comme des enfants à qui le Chat botté aurait offert le château du marquis de Carabas.

Quand je rentre à Paris, je raconte cette scène chaplinesque à Marouani. Il a un petit sourire ému puis, pris d'un doute, me demande :

– *Et au fait, excuse-moi si je suis indiscret, mais que fais-tu de ton pognon ?*

– *Eh bien, je vais aider mes parents à déménager vers une échoppe individuelle, à la Barrière de Toulouse, rue Toussaint-Louverture.*

– *Bravo ! Mais pour le moment, où le mets-tu ? Dans un coffre ?*

– *Un coffre ! Je n'en ai jamais vu de ma vie ! Je le garde sous mon linge dans le tiroir de ma chambre à Saint-Ouen.*

– *Quoi ? hurle-t-il, mais tu es fou, fou à lier. S'il te plaît va immédiatement le chercher et cours ouvrir un compte ! C'est fini le temps des bas de laine pleins d'écus planqués dans les lessiveuses à la cave !*

Une heure et demie plus tard, je sortais d'une banque gare du Nord ; je suis entré chez le marchand de chaussures d'en face. Mon cœur battait la chamade en remplissant mon premier chèque et je l'ai signé, naturel et souriant, comme ces grandes vedettes qui ne se poussent pas du col et donnent aux passantes des autographes en toute simplicité.

Ces années où la télé comptait si peu et le disque pour pas grand-chose au regard de la scène, il fallait faire ses preuves vers le vedettariat étape par étape ; mais c'était pour moi chose admise désormais et Eddie s'y employait au mieux.

C'est ainsi qu'on me vit en deuxième vedette de Suzy Delair en décembre 1956.

Parisien - 12 Déc 56

A BOBINO

Suzy Delair Marcel Amont

SUZY DELAIR est une chanteuse... qui sait chanter et cela n'est pas si courant qu'on pourrait le croire: elle sait être tendre, parfois un peu canaille, selon ses chansons et sa voix elle-même se plie au genre qu'elle interprète : presque rauque pour *Toi c'est vrai* ; cristalline — rappelant Yvonne Printemps — dans *Laissez-moi dormir, laissez-moi rêver*. Son déguisement, s'inspirant de Giulietta Massina dans *la Strada* était, je crois, inutile, mais c'est dans ces détails que se révèle le souci qu'a Suzy Delair de se renouveler.... mais les spectateurs lui ont réclamé *Avec son tra-la-la*.

Marcel Amont est devenu une valeur sûre et la vedette l'attend pour demain. Le verra-t-on chanter en duo avec Marie-José Neuville ? En attendant, il connaît un succès mérité avec ses anciennes et nouvelles chansons : *Les Amoureux de papier*, *la Corrida*, *la Barbe au menton*, *A table*, etc., où lui aussi sait se montrer éclectique.

André Aubert est, certes, un de nos meilleurs imitateurs : en Georges Brassens, notamment, il est criant de vérité ; mais il y a, actuellement, beaucoup d'imitateurs. Rima Rudina, excellente violoniste, sait mettre de l'humour dans son numéro, mais pas assez pour qu'il soit « music-hall 100 % ». Gil et Mil, fantaisistes, fleurent encore l'amateurisme.

Les attractions, comme très souvent ici, sont de qualité. En tête, viennent les 5 Elwardos, sauteurs et cascadeurs hors de pair : l'un d'eux monte et descend, sur une main, un escalier de douze marches. Citons aussi les chiens comédiens de miss Malta ; les antipodistes Tommy Burke et Partners et les Jit Bobs, deux couples de jeunes danseurs d'un tel dynamisme que le rock n'roll paraît en comparaison une danse de salon.

Jean JOUQUEY.

En haut : **Rima Rudina et Marcel Amont ; en bas : trois aspects de Suzy Delair**
(Vus par GARRY.)

En mai 1957 à l'Olympia avec Brassens – rien que du bonheur devant le genre de public qu'il attirait, rien que de la rigolade et de la complicité en coulisses.

A L'OLYMPIA

Georges Brassens et Marcel Amont

LE cru Brassens 1957 est décevant : guère de feu ni de saveur. Six ou sept chansons nouvelles qui n'auraient certainement pas fait la gloire d'un débutant. Musiques sans relief et presque interchangeables. Paroles qui cherchent l'image sans la trouver souvent. Et toujours les mêmes croque-morts, dents qui mordent et « baisers fripons ». Quelques goulées de poésie provinciale dans les deux meilleures pages — le mariage en char à bœufs et la *Chanson du vin*. Mais, comme les nouveautés sont accouplées aux plus solides chansons du répertoire de Brassens, la comparaison s'impose et elle est accablante. Souhaitons que l'inspiration revienne à un artiste que nous aimons.

Inégale première partie qui n'évite pas toujours l'ennui. Ainsi les trois

RAN ★ LA SCÈNE ★ LES LIVRES ★ LES A

A L'OLYMPIA

Georges Brassens et Marcel Amont

LES deux vedettes du nouveau spectacle de l'Olympia, la « grande », Georges Brassens, et « l'améri[...] Marcel Amont, ont tenu [...] de nouvelles chans[...] peut que leur donn[...] remarquer, une fois [...] ce sont les succès co[...] remportent le pl[...] connues, les nouv[...] nes tout au moins [...] le même sort he[...]

L'entrée de Bra[...] par de frénétiq[...] ments et les acc[...] orgues... de ciné[...] chansons, il y e[...] compté — six [...] ont, d'emblée, [...] *l'Enterrement d[...] riage d'amour* [...] Notre « ours » [...] nouveau réper[...] trances de l'a[...] l'habitude ait[...]

bier de Séville ; *A la gloire de l'inventeur de la pince à linge*, musique de Beethoven (5e Symphonie) et *Monsieur Béranger*.

Parmi les attractions, signalons [...]agazzi, des burlesques ; [...] est un peu

A BOBINO

PATACHOU

et Marcel Amont

JOIE de se retrouver à Bobino ! De recouvrer, pour qui n'habite pas
entre le carrefour des arts (lisez : Vavin-Raspail)) et l'avenue
du Maine, le plus valable motif de fouler la rue de la Gaîté !
Joie de se fondre dans le public le plus compréhensif de Paris (à
égalité avec celui du concert Pacra qui, rouvrant avec la brune Tcha-
ma et du caustique Maurice Hor-
gues hérissé de toutes les flèches
aiguisées pendant les vacances,
nous propose, vendredi prochain,
un menu de choix avec Jean
Bretonnière et la capiteuse Line
Andrès).
Inutile de stipuler que pas un
strapontin ne restait libre ven-
dredi : enfant prodigue de retour
au proscenium qu'éclaire sa grâ-

En septembre 1957 rebelote, cette fois-ci à Bobino avec Patachou.

En 1958 les Platters. Les créateurs du tubissime « Only you » remplissaient les salles partout dans le monde ; lors de leurs passages en France, leurs sectaires supporters jetaient systématiquement les premières parties qu'on leur proposait en trépignant « Les Platters ! Les Platters ! »

Quant aux présentatrices, accortes et court vêtues comme la délicieuse Nadine Tallier, elles se faisaient cueillir par des « À poil ! À poil ! » et des noms d'oiseaux inconnus des ornithologistes, dont je demanderai à la baronne de Rothschild de me rappeler le détail.

Je crois bien que seuls Pierre Perret (avec son Adèle qui plaisait bien aux jeunes) et moi avons échappé au massacre. En fait, les amoureux de la chanson américaine qui allaient sous peu bouleverser le paysage chansonnant ne supportaient que les humoristes, les fantaisistes, en première partie de leurs « idoles » – c'est ainsi qu'ils allaient bientôt appeler leurs artistes).

Cet ultime test ayant été probant, encore un peu de patience et, bientôt, ce serait la vedette à Bobino.

Côté cœur, je m'étais gardé jusque-là de donner une suite durable à toute liaison car, s'il est vrai qu'on fait mieux front contre l'adversité à deux, je m'étais très vite rendu compte qu'à Paris, on l'a vu, c'est déjà bien assez difficile de s'en sortir seul. Est-ce l'absence toute récente de soucis matériels, la faim, l'occasion, l'herbe tendre ou le sable chaud venu du désert en passant par les orangeraies parfumées ? Quelque diable aussi me poussant, je tombai amoureux à Marrakech, à l'ombre des vieux remparts aux tours carrées couleur ocre et jaune au soleil levant, parmi les odeurs de cannelle, de gingembre, d'anis, de laurier, de figues, de safran, de menthe fraîche. Autant de détails de dépliants touristiques pour en arriver à dire que c'est au pied de la barrière blanche de l'Atlas – plus exactement dans les coulisses du casino – que Tamara entra dans ma vie.

L'année d'après, naissait à Paris notre petite Katia – c'est moi qui avais choisi ce prénom qui fleure bon les steppes d'outre-Russie, en souvenir du film de Danielle Darrieux vu dans ma jeunesse.

Robert Cohen.

Quelle idée de faire prendre la pose à des chanteurs dans un bus qui va porte de la Muette !

“La belle des belles” et le triomphateur

C’ETAIT, jeudi soir, la réouverture de l’Olympia. Le Tout-Paris qui n’était pas en vacances ou à Venise avait tenu à figurer dans cette première « première» de la saison. On notait Jean Marais, Marcel Carné, Marie Daems, Jean Richard, Annie Cordy, Maurice Baquet, Ludmilla Tchérina, Philippe Hériat.

Parmi eux, Italienne par sa naissance, mais Parisienne par sa reconnaissance (n’est-ce pas Paris qui, le premier, l’a consacrée dans Fanfan la Tulipe ?), la belle des belles : Gina Lollobrigida, en vacances de tournage du film la Loi.

Elle félicite ici, à l’entracte, le fantaisiste Marcel Aucourt, qui s’est révélé le triomphateur d’une soirée qui a vu encore l’affirmation du talent de Lucette Raillat, la confirmation des ballets No, les débuts encourageants de Jean-Marie Puslier, la consécration comme grandes vedettes des Platter’s, si, par contre, Marie-José Neuville, nattes sacrifiées, répertoire à la fois plus mûr et plus sévère, a déçu, dans sa transformation de collégienne un peu audacieuse en une jeune fille aux gestes incertains.

Rançon d’un succès trop vite attaché à ces accessoires que sont les nattes. Mais que Marie-José ne se décourage pas. Elle a tout à retrouver. Mais, depuis jeudi soir, elle n’a plus rien à

LA LOUQUE

17-3-58.

Voila qui en plus de vos dons visibles votre mot me prouve que vous avez en outre - du cœur... et du style.

Bonne Chance Cher Marcel Amont.

Maurice Chevalier

PARC DE MARNES-LA-COQUETTE (S.-O.) FRANCE

Le regard de Gina Lollobrigida et les encouragements de Maurice ; que du bonheur !…

Je suis sensible aux encouragements de Jean Maris même si je craque devant ceux de la belle Gina.

André Mouillet.

Je n'ai pas l'intention d'en dire trop sur ma vie sentimentale ; non par une bienséance qui n'est plus de mise en cette époque exhibitionniste, mais je ne voudrais pas, après des décennies de paix retrouvée, qu'il y ait le moindre froid avec des femmes qui ont compté dans ma vie, en racontant plus qu'elles ne le souhaiteraient.

Je m'autoriserai donc à dire seulement que Tamara et moi avons très peu vécu ensemble, car nous n'avons pas tardé à nous apercevoir que nos différences étaient décidément par trop incompatibles.

Elle a repris son métier de danseuse et, pour ne pas avoir à mettre notre fille en pension, mes parents, incorrigiblement dévoués, débordants d'amour, ont quitté sans l'ombre d'une hésitation leur cher Bordeaux et sont venus me rejoindre à Paris avec bébé, dès que ma mère a été à la retraite, c'est-à-dire très vite.

« Viens à la maison »

(Henri Bourtayre / Robert Lamoureux)

C'est l'époque de Villepinte.

C'était avant que la (nécessaire, dit-on) fièvre immobilière et bétonneuse n'y étende sa lèpre et ne submerge ces lieux où je ne reconnais plus rien aujourd'hui – comme dans la chanson de Charles Trenet « Coin de rue » – et où les gros avions de Roissy font vibrer, depuis 1974, les carreaux toute la journée selon l'orientation des pistes.

Toujours prudent à cause de ce quart de siècle à garder l'œil sur le porte-monnaie, dont cinq ans à tirer le diable par la queue, passé les HLM de Bobigny et d'Aulnay-sous-Bois, au bout des grands champs de blé et de betteraves, j'avais dégotté ce pavillon que venaient de quitter de nouveaux retraités. Les commerçants à deux pas pour ma mère, l'école pour ma fille, un jardinet pour mon père.

Et que demande le peuple ?

Un peu loin de Paris aux heures de pointe, avec ces banlieues pleines de feux rouges, pas très « standing », mais confortable, reposant ; un havre familial au milieu de l'agitation de plus en plus frénétique qu'est la vie d'une nouvelle vedette.

Comme dira si justement Coluche, « pas nouveau riche mais ancien pauvre ».

« Initials B.B. »

(Serge Gainsbourg)

À partir du début 1957 commença le tournage du film avec Brigitte Bardot où je tenais le rôle du photographe. On avait ajouté une scène pour que je puisse montrer mes talents de chanteur – avec « Les Amoureux de Peynet » qui venaient là, il faut bien le dire, comme des cheveux sur la soupe ; c'était une fleur qu'on me faisait, car on croyait dur comme fer, autour de moi et dans le métier, qu'une carrière cinématographique s'ouvrait à deux battants devant moi.

Hormis « Conduite à gauche » (voir plus loin), il n'en a rien été. Je me demande toujours pourquoi, non que je me prenne là, comme c'était le cas au music-hall, pour la révélation de l'année 1956 confirmée de 1958 à 2009 ; mais, à part quelques panouilles sans grand intérêt, aucun metteur en scène n'a jugé bon de répondre à ma demande, plutôt discrète. Les rôles de jeunes premiers maigrichons et agités, puis de grisons un peu déjantés, puis de grands-pères rigolos, me sont passés sous le nez.

Pour la fin de ma carrière, je me vois assez dans « Les Aventures de Mathusalem ».

Brigitte était au sommet de sa gloire et de sa beauté. Un matin, et c'est une image que je ne suis pas près d'oublier, nous tournions sans elle au milieu des vignes dans le Bordelais. Sur le coup de midi, la voilà qui descend se rafraîchir dans la Dordogne, en contrebas, nu-pieds, cheveux dénoués, short ultracourt, bustier, serviette sous le bras. On est en plein réglage technique et elle traverse le plateau, féline, souriante (candide ?) :

Le monsieur qui s'interpose entre l'accueillante B.B. et moi, c'est Louis Jourdan. Il a la priorité : il arrive de Hollywood !

Alex Quinio.

Peynet, le papa des amoureux du même nom.

« Ciao les copains, à tout à l'heure » ; et tous les regards, même ceux des femmes, la suivent jusque derrière le rideau d'arbres à mi-pente, le souffle suspendu…

Et, qu'on me croie, la Vénus de Botticelli n'est qu'une pouffiasse, un boudin ; Mona Lisa une mijaurée, une chichiteuse ; et que la Maya Desnuda aille se rhabiller !

Et avec ça, pas frimeuse ; simple, drôle, gentille.

Naturelle, voilà !

Vingt ans plus tard, dans les couloirs de la télé, entourée de chevaliers servants empressés qui lui font escorte, je me retrouve nez à nez avec elle.

– *Oh Brigitte ! Tu te souviens de moi ?*

– *Non mais ça va pas la tête, Marcel, mon petit amoureux de Peynet !*

Et elle m'embrasse comme du bon pain.

Naturelle, vous dis-je…

« Tombe la neige »

(Salvatore Adamo)

C'est au cours d'un de ces hivers que je me décidai à skier. Ce sport était devenu accessible à tous et, à bientôt 30 ans, il était grand temps que je me mette à la glissade avant de mourir idiot !

Accompagnant ma fillette, mes parents me suivirent sans le moindre enthousiasme. C'est que la neige, ils en avaient soupé, maman surtout ; les hivers avaient été si rudes au début du siècle qu'elle gardait de son enfance en haut du hameau d'Aubisa un sinistre souvenir

Papa, lui, ça le laissait rêveur : ces milliers de sapins abattus, ces rochers dynamités, ces remonte-pentes, toute la montagne bulldozerisée, ratissée, aménagée à grande noria de chenillettes nocturnes, pour que ces nuées de scaphandriers bariolés se fassent tirer par les fesses jusque sur les sommets, après une longue attente ; tout ça, tout ça, tu le crois pas, pour redescendre en zigzaguant en quelques minutes et recommencer comme les fourmis à l'entrée de la fourmilière.

La neige !
Une occasion unique
de battre des champions…
cyclistes
(ici, Bobet et Anquetil).

Non ce n'est pas moi ;
C'ÉTAIT moi…

Michel Jazy essaie de soutenir
le train infernal que je lui impose…

André Mouillet.

Bobet, Anquetil, Geminiani.

André Darrigade,
champion du monde.

Bernard Hinaut,
en 2012.

Raymond Poulidor…

Cyclistes.

« Il a le maillot
Il a le maillot
Le maillot bouton d'or
Le maillot jau-au-ne. »

S. Chiaberge.

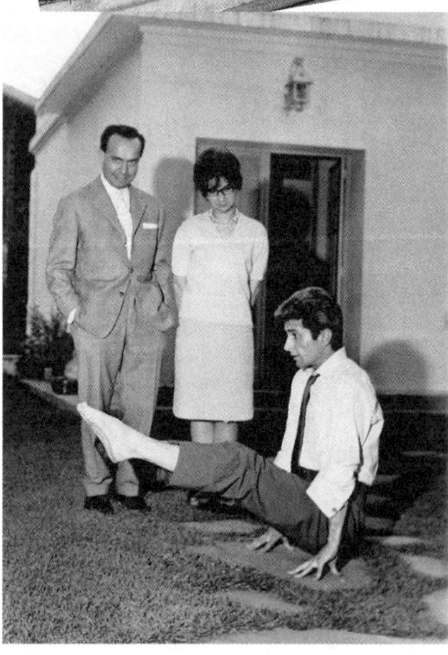

Ces figures sportives ne sont plus à ma portée, sauf celle de droite. Oui, mesdames et messieurs, je suis encore capable, à 80 ans passés, de faire le cochon pendu !!

S. Chiaberge.

Ils sont fous ces citadins ! Mais les paysans ont l'air de trouver tout ce bastringue naturel ; alors, tant mieux pour eux si ça leur profite et s'ils peuvent rester au pays, au lieu de mettre la clef sous la porte du chalet et partir pour la ville voisine ou les Amériques.

C'est là qu'on est devenus amis, Jacques Anquetil et moi.

Faute d'avoir la moindre chance d'épater Jacques sur un vélo, je lui en bouchais un coin en lui apprenant les hauts faits d'armes de ces Pelissier, Archambaut, Speicher, Leduc et autres Vietto qu'il connaissait beaucoup moins bien que moi.

Comme il savait la plupart de mes chansons, qu'il reprenait de sa voix de casserole, je lui balançais, mine de rien, sa position dans le Tourmalet et le Galibier deux ans auparavant ou son chrono dans tel contre la montre (j'avais potassé la question).

Échange de procédés amicaux.

Un jour, au Grand Prix des célébrités, alors que j'ai déjà exécuté mon slalom, ratant la moitié des portes et me marrant comme un bossu, je le retrouve sur la ligne de départ : « Voyons un peu ce pouls. » Son cœur battait la breloque comme s'il s'était agi d'une étape capitale du Giro !

Anquetil, deux choses pouvaient affoler son palpitant : frôler de près un jupon ou porter un dossard.

Raymond Poulidor, c'était autre chose ; j'ignore s'il savait skier, mais la rumeur disait que, du côté de Saint-Léonard-de-Noblat, il avait préféré investir dans le cheptel ce que lui auraient coûté les folles soirées aux sports d'hiver ou autres lieux « de débauche ». Polydor, ma maison de disques, avait trouvé plaisant de nous réunir pour une photo. Dans ce champion en qui d'aucuns ne voulaient voir que le paysan madré, j'ai découvert un type chaleureux et charmant, avec qui je n'ai jamais perdu le contact par la suite. Pour ses 70 ans, nous étions ses deux surprises, Eddie Merckx et moi ; bon pied, bon œil le Poupou ! Il est vrai qu'il s'est dispensé d'ingurgiter des pharmacies entières pour rester au plus haut niveau ; et si on l'a surnommé « l'éternel second », c'est oublier, un, qu'il a aussi gagné des courses prestigieuses, deux, que pour un second du Tour de France, il y en a un seul devant et, parmi les rescapés du massacre, une centaine derrière…

« Dans les rues de Québec »

(Charles Trenet)

En décembre 1958, j'ai terminé mon parcours du combattant et me voilà en vedette à Bobino avec, en deuxième vedette, Renée Lebas, la grande Renée Lebas. J'en suis presque gêné quand je vais la saluer dans sa loge, près de la mienne (la plus belle !).

Ainsi va la vie…

J'en verrai, moi aussi, des jeunes de mes premières parties devenir à leur tour des vedettes, et occuper la belle loge qui va avec. La roue tourne…

Je dispense le lecteur de l'énoncé de mon palmarès de ces deux années et demie de marche graduelle, mais sûre, vers le haut de l'affiche mais, chaque fois, je grimpais d'un cran…

Dans le tourbillon magique de l'après Olympia 1956, j'ai chanté à la télé de la plupart des pays d'Europe (Allemagne de l'Ouest, Autriche, Espagne, Grande-Bretagne, Hollande, Portugal) et en Afrique.

Et aussi, comme nous tous, les petits Français, au lointain (par la distance) Québec, d'où j'avais ramené le très pittoresque « Rapide blanc », morceau de bravoure d'Oscar Thiffault ; celui-ci, bûcheron à l'origine, avait acquis une belle popularité en poursuivant dans la tradition dont la fameuse mère Bolduc reste le plus bel exemple.

Posant sa plantureuse personne devant le piano, une « musique à bouche » (harmonica) autour du cou, elle chansonnait la vie de tous les jours des gens simples en turlutant ; le « turlutage » est un scat à la québécoise, très pratiqué là-bas ; Gilles Vigneault fit même d'une de ces onomatopées le titre d'une de ses chansons (« Tam-ti-delam »).

La grande vedette populaire Renée Lebas avait accepté de venir chanter à la fin de la première partie de mon spectacle – la classe !

Pierre Fournier.

« Le Balayeur du Roy », un conte signé Claude Nougaro.

VARIÉTÉS A BOBINO

Marcel Amont devient une vedette numéro 1 du music-hall

IL est des réussites, elles sont rares, qui font l'unanimité. Celle de Marcel Amont, fantaisiste 59, qui prend place à Bobino parmi les très grandes vedettes du music-hall, est de celles-là.

Ce petit jeune homme bien mis, costume bleu, sobre, visage de Pierrot séduisant, vient jouer, chanter des histoires, des chansons. Il le fait avec une économie de moyens, un sens des nuances, une retenue qui n'excluent pas la verve de bon aloi.

Le tour de chant de Marcel Amont s'est terminé à minuit 27. Pas un spectateur n'avait quitté son fauteuil. A Bobino, où l'approche du dernier métro éteint les plus grands enthousiasmes, c'est une performance. Seuls Piaf et Brassens avaient jusqu'alors obtenu cet hommage.

Avec des couplets comme « Betty la parade », de Delanoë, « Le Lapin et le Chameau », il montre des qualités de mime qui vont bien au-delà d'une chansonnette. Il esquisse trois pas et les majorettes défilent sous nos yeux ; un geste, une pirouette, c'est le chameau qui apparaît, une grimace, le lapin chante. Fantaisiste, Amont dit en finesse des chansons bien écrites, sans niaiserie. De vraies chansons qu'on lui est reconnaissant d'avoir choisies.

Qui donnera à Marcel Amont l'occasion de s'essayer dans une comédie musicale ?

Avant Marcel Amont on applaudit un marathon de chansons : Mathé Altéry, Robert Ripa et Renée Lebas. On a besoin de souffler. Bobino, qui est le fief du numéro de variétés, devrait faire la place plus belle aux attractions visuelles. Malgré cette abondance, Renée Lebas, scrupuleuse artiste, remporte un grand succès.

Willy GUIBOUD.

Samedi 3-Dima

TRIOMPHE de Marcel AMONT *A BOBINO*

AH! qu'il est bon de voir accéder au rang de vedette incontestée un artiste qu'on a vu débuter et dont, même sur une petite scène, même alors que son talent n'était qu'en bourgeon, on a pressenti ce qu'il pourrait devenir... Ici même, voici six-sept ans, on pourrait ainsi retrouver les deux, quatre ou cinq lignes (au plus) où je disais le talent d'un tout jeune fantaisiste entendu au concert Pacra et qui était apparu tantôt sentimental comme un amoureux de Peynet, avec un séduisant physique, tel un Gilbert Bécaud qui ne serait ni hystériquement agité ni sophistiqué — tantôt fantaisiste débordant de vivacité et démontrant de sûres qualités d'observateur et de parodiste (comme dans son « espagnolade » Escamillo *devenue son fétiche)... Eh bien! depuis lors, malgré un an et demi de repos forcé au préventorium, Marcel Amont a gravi à pas de géant la dure côte de la notoriété; en province, à Paris, à Bobino comme à l'Olympia voici peu, il séduit par sa simplicité souriante, son dynamisme qui n'hésite pas à devenir celui d'un danseur acrobatique, sa gaieté saine, son don poétique et sa gentillesse de bon aloi. Son répertoire abonde en morceaux de qualité, sa voix est aussi agréable que sa diction précise et il n'est pas un geste, pas une attitude qu'il n'ait affiné sans jamais commettre une faute de goût. On acclame en lui, très justement, le prototype de la mesure et de l'élégance française au music-hall.*

Avec lui, mais aussi avec Robert Ripa, Mathé Altéry et Renée Lebas, la chanson se taille la part du lion à Bobino sans que soient trop sacrifiées les autres variétés. De Ripa, force est de redire que sa voix chaude, son remarquable jeu de guitariste flamenco, son brun visage, ses accents mâles font de lui l'interprète idéal de chansons telles que D'où viens-tu, gitan ? *Mais Ripa aborde des genres plus légers avec un égal bonheur d'interprétation.*

De Renée Lebas, on peut affirmer qu'elle a rarement connu une meilleure forme quant à la mise en valeur d'airs et de textes volontiers dramatiques. Son succès est entier.

Je souhaiterais le même à Mathé Altéry qui, malgré le brio, l'éclat de sa voix de diva d'opérette, sa science vocale, son joli physique, pâtit d'un fait lamentable..., c'est qu'une partie du public, l'ouïe abîmée par les « best-sellers » des « juke-boxes » (ah! ce jargon!), est incapable de l'apprécier assez. Tant pis pour ce public-là.

Un fantaisiste tout à fait particulier, c'est Patrick Raynal, Berrichon fûté, pittoresque, truculent et qui dément bien le dicton (quatre-vingt-dix-neuf moutons et un Berrichon...). Autres numéros qui achèvent de faire de ce programme une réussite totale — sans parler même des piquants montages-photos de Harold : les adorables cabots (à quatre pattes) de Malta et Fernando, les drôleries de Siki et Fils, clowns musicaux fertiles en trouvailles.

Guy DORNAND.

Ces francophones, arc-boutés farouchement sur leur francophonie au milieu d'un océan d'anglophonie, avaient quelque chose de touchant pour les Français de la fin des années 50. Touchant, parce que l'accueil franc et chaleureux de ces rudes cousins d'au-delà de l'océan nous allait droit au cœur.

Dieu sait pourtant si leurs ancêtres, émigrés de France depuis trois siècles, avaient dû batailler pour faire de cette tête de pont un pays et s'y implanter.

Rien ne pouvait leur faire oublier de quelle façon l'ingrate mère patrie les avait abandonnés à leur triste sort – *« les arpents de neige »* de Voltaire, c'est chez nous ; et ces *« écuries »* qu'il vaut mieux passer par pertes et profits quand le château brûle, c'était nous, tabernacle, ces écuries !

Ainsi va l'histoire des peuples et réjouissons-nous fraternellement, Français de France, que les Québécois soient toujours là. Et un peu là !!

⋆

Bien des auteurs me proposaient leurs chansons (voir « Auteurs » à la fin de l'ouvrage).

J'apportais souvent les idées et mettais la main à la pâte pour l'écriture ; mais jamais il ne me serait venu à l'idée de cosigner. Car, même quand un interprète travaillait de façon active à l'élaboration d'une chanson, il n'était pas dans les mœurs d'aller mesurer sa part de travail avec un pied à coulisses et en tirer profit.

Cela dit, le grand raz-de-marée des auteurs-compositeurs-interprètes ne s'était pas encore levé.

Bien sûr, il y avait eu Trenet, Jean Tranchant, puis Aznavour ; et encore avant, Georgius, et encore avant, Bruant, et encore avant, Pierre-Jean de Béranger ; mais jamais Damia, Milton, Dranem, Marie Dubas n'avaient prétendu écrire – ce n'était pas leur métier. Et plus tard, quand Y. Montand, J. Gréco, Ph. Clay ou les Frères Jacques tenaient une bonne chanson écrite par autrui, ils ne se demandaient pas si leur travail s'en trouvait déprécié. Quand Jean Sablon ou Piaf (véritable auteur de « La Vie en rose ») collaboraient avec les paroliers et les compositeurs de façon plus ou moins active, ils n'exigeaient pas de figurer à la Sacem pour autant.

Mais loin de moi l'idée de persifler sur la vague des auteurs (ou/et compositeurs) interprètes ; elle aura eu l'immense mérite de faire connaître au grand public des œuvres originales qui, sans eux, seraient restées trop souvent au fond des tiroirs.

Dans mon travail d'équipe assidu, Claude Nougaro compta pour beaucoup : hormis les très nombreuses chansons scéniques, j'ai enregistré « Le Tango des Jumeaux » (musique de M. Legrand) « Le Porte-Plume », « Le Balayeur du Roy ».

Claude avait mon âge et personne n'imaginait alors qu'une prestigieuse carrière d'auteur-interprète l'attendait. Ses études avaient laissé à désirer ; il ne s'intéressait qu'à la littérature, la poésie et la musique – tiens ! ça me rappelle quelqu'un…

Son baryton de père – je l'ai entendu au Grand Théâtre de Bordeaux, c'était magnifique – et sa pianiste de mère, n'ayant pu être aussi présents à ses côtés qu'il l'eût souhaité, après avoir été transbahuté de lycée en pension, il avait pas mal glandé. Quand je l'ai connu il traînait la savate en disant ses poèmes sur la Butte et il avait déjà écrit des choses pour Jean Constantin et Philippe Clay.

Tout comme Aznavour, il savait habiller ses interprètes sur mesure dans un style où la poésie montrait le bout de son nez, même au sein du texte le plus fantaisiste.

Le contact fut donc instantané et notre collaboration, qui dura plusieurs années, enrichit mon tour de chant de belle façon d'au moins dix chansons.

Claude occupait l'appartement de la place des Ternes dont ses parents lui laissaient l'usage ; mais son amour-propre lui interdisait de leur en demander plus, même quand les fins de mois étaient difficiles (décidément tous nos parcours se ressemblent !). Or moi, par rapport à ce que j'avais enduré, j'estimais que je pétais dans la soie et je me voyais mal dans le rôle du « rupin » réclamant sa dîme au « pauvre » !

Pourtant, parmi les piliers de mon répertoire, j'ai réécrit et rendu chantable toute la fin du « Monsieur qui volait » ; j'ai donné l'idée, établi la trame et collaboré à l'écriture du « Barbu de Séville ».

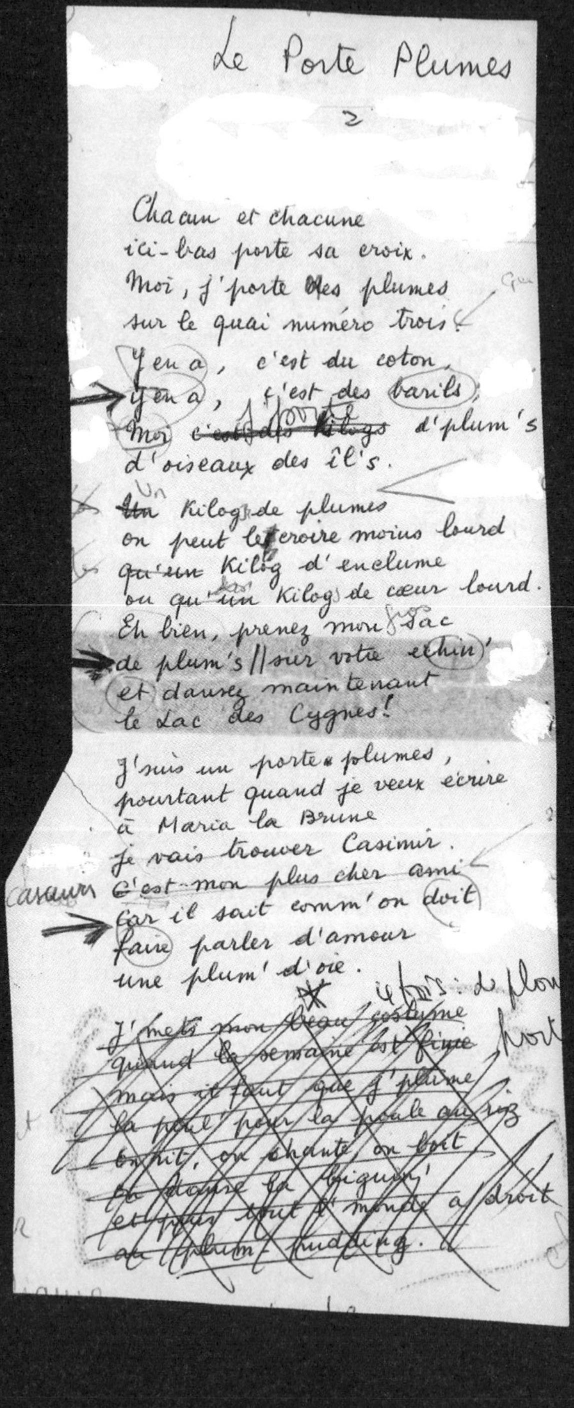

Le Porte Plumes

2

Chacun et chacune
ici-bas porte sa croix.
Moi, j'porte des plumes
sur le quai numéro trois.
Y en a, c'est du coton,
y en a, c'est des barils,
Moi ~~c'est des kilogs~~ j'porte d'plum's
d'oiseaux des îl's.

~~Un~~ Un kilog de plumes
on peut le croire moins lourd
qu'un kilog d'enclume
ou qu'un kilog de cœur lourd.
Eh bien, prenez mon sac
de plum's // sur votre échin'
et dansez maintenant
le Lac des Cygnes!

J'suis un porte-plumes,
pourtant quand je veux écrire
à Maria la Brune
je vais trouver Casimir.
C'est mon plus cher ami
car il sait comm' on doit
faire parler d'amour
une plum' d'oie.

~~J'mets mon beau costume~~
~~quand la semaine est finie~~
~~mais il faut que j'plume~~
~~la poul' pour la poule au riz~~
~~on rit, on chante, on boit~~
~~on danse la biguine~~
~~et puis tout l'monde a droit~~
~~au plum' pudding.~~

Nougaro

Mardi 19 décembre

Bien cher Marcel,

Une fois de plus ton esprit méthodique
met du plomb dans ma petite cervelle,
mais ce plomb devient de l'or car ta
lettre me plonge, moi, dans la plus grande
émotion. C'est pourquoi, loin des grotesques
éditeurs, je te souhaite, en ce proche Noël,
tous les bienfaits de l'âme, du cœur et
du corps qu'un être humain puisse
s'imaginer pour son semblable, en t'embra-
ssant bien fort, mon cher Marcel.
J'ai fait mon disque avec Michel Legrand,
vendredi dernier et je pense pouvoir en espérer
de bons résultats.

A Bientôt, mec!

Claude.

Le 28. 4. 89

Cher Marcel,

bien sûr, je me souviens de tout.
Et dans cette réverbération du miroir
de la mémoire, je nous revois dans
ta voiture, et voici la mer à
Nice, et je t'avais dit devant
la splendeur bleue que la mer
était la récompense de la terre.
Que d'eau! que d'au-delà déjà
derrière nos pas.

Merci de ta fraternelle pensée,
Marcel.

Je t'embrasse.

Claude.

Comme je serais fier de voir mon nom accolé au sien, aujourd'hui qu'il est reconnu à sa juste valeur !

Il m'accompagnait souvent en tournée et nous avions accumulé bien des souvenirs qui enrichissaient notre collaboration d'une belle complicité.

Un jour où il était vraiment raide comme un passe-lacet, il me redemanda, tout gêné, non plus le petit coup de pouce habituel pour finir le mois, mais un sérieux coup de main (ah, les subtilités de la langue française !). Avant de se résoudre, en ultime recours, à solliciter ses parents, il accepta avec enthousiasme de faire mes éclairages pendant la Tournée des Étoiles dont j'étais la tête d'affiche – il est vrai que cela ne prêtait à aucune conséquence, puisque personne ne connaissait sa tête. La tournée suivante, je l'avais imposé comme chanteur en première partie ; sur ses textes dont la qualité ferait bientôt l'unanimité ; pourtant, son manque de confiance en lui était tel que sa prestation falote était applaudie chaque jour du bout des doigts.

Bientôt, le vent sacré dont parle Brassens allait s'emparer de lui ; il allait s'envoler à son tour vers les sommets ; bientôt il enrichirait la chanson française de quelques petits chefs-d'œuvre.

Depuis le temps de la fin de sa bohème, je ne l'ai guère plus revu pendant près d'un demi-siècle – la durée de mon déclin et de son essor…

Pourtant il m'a refait signe il y a quelques années.

J'en ai été très heureux.

Toulouse, o Toulouso, tu peux être fière de ton fils fantasque et ombrageux ; ton poète…

La maison Polydor était contente de mes services; le bien qu'on disait de moi contribuait à sa bonne image de marque. De mon côté, après l'avoir tant espéré, j'appréciais de passer convenablement à la radio, dans mes chansons d'Aznavour, Vidalin, Nougaro et quelques autres inédites. Mais je vendouillais et ce n'est pas avec ma personne que cette maison de disques pouvait espérer faire ses choux gras. Le directeur pour la France, le très sympathique Wolfgang Zimmermann, me disait toujours: *« Fous êtes un showman ébatant, Marzel ! Mais rabbelez-vous qu'on n'est une fraie fedette bobulaire que quand on a fendu 100 000 disques ! »*

Moi je voulais bien « fendre » 100 000 disques, comme l'autre artiste maison, ma copine Colette Deréal (« À la gare Saint-Lazare »), mais comment fallait-il s'y prendre ?

C'est par la scène que la réponse m'est venue fin 1959.

J'étais à Londres pour une télé.

Avec Eddie Marouani, on va voir quelques spectacles. Au Palladium passe un certain Max Bygraves, crooner à l'anglaise ; c'est-à-dire tout ce que n'étaient ni notre Tino ni nos roucouleurs: la voix habituelle de l'emploi, mais l'aisance scénique, l'humour, en prime.

L'une des chansons, "Come softly to me" me touche comme un double coup de foudre: le premier, c'est qu'il fait le joli cœur en scène avec ses trois charmantes choristes (tiens ! tiens !) ; le second, c'est que pendant cette chanson d'amour, qui semble connue du public, ce sont les filles qui assurent la ligne de chant; que fait alors le pas-bellâtre qui – chose impensable chez nous – nous la surjoue bellâtre ? Il se contente de faire le contre-chant *« tara ram tam tam ta ra ra ram »,* comme s'il chantait un air de Mozart sur des paroles de William Shakespeare *himself.* Irrésistible de charme et de drôlerie ! Moi, comme d'habitude, je n'ai vu que l'aspect scénique ; j'ai rapporté la chanson à Paris; on l'a enregistrée avec, comme à Londres, les douces sirènes assurant l'essentiel du chant tandis que j'assurais mes *tarararam, tam tam, tarararam,* ne voyant dans cet exercice très second degré que le côté gag.

120 000 disques !

Le lecteur notera qu'en ce temps-là (comme disent les anciens), les micros portatifs n'étaient pas légers - légers. Encore moins invisibles.

Non je ne joue pas de piano.
J'ai pris la pose pour impressionner le photographe.

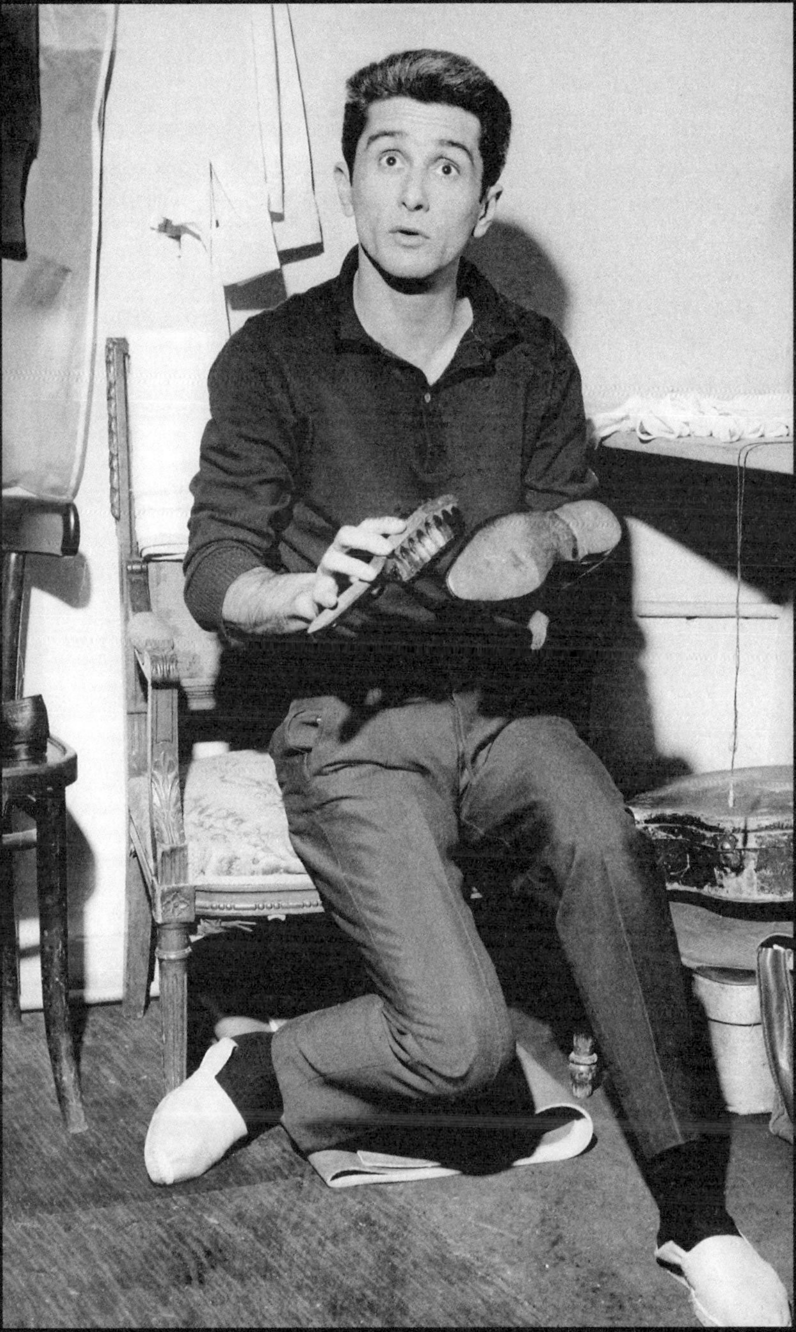

Pierre Branche.

J'adore cirer les pompes à qui le mérite.
Jusque-là, je n'ai trouvé que moâ-même…

Cher Wolfgang, c'est vrai que c'était l'ultime petit cran pour « tefenir une fraie fedette bobulaire ». Le proche avenir allait me le prouver.

Quant aux choristes, j'allais garder l'idée dans un coin de ma tête, le temps de me faire un nouveau répertoire adéquat. En fait, j'opterais pour des danseuses, un peu choristes à l'occasion ; mais n'allons pas plus vite que la musique…

Pour le Bobino suivant, j'ai pris en « vedette américaine » une… Israélienne, le (la) sergent Rika Zaraï, belle brune à la voix chaude, prix de piano de Jérusalem, que les circonstances de sa vie ont fait débarquer à Paris.

Elle y fera son chemin comme chacun sait.

En 1960, ce passage m'ayant confirmé vedette sans l'ombre d'un doute, je me fixai comme but – provisoirement ultime – de faire un récital en solo sur les traces de l'artiste que je continuais à mettre au-dessus de tous : Yves Montand.

Bobino 1960.

Au cours des années les choses ont considérablement changé à propos de *one man show*. Hormis Maurice Chevalier puis Montand qui avaient assuré la formule avec bonheur, tous les music-halls avaient, en attendant la vedette, une première partie plus ou moins traditionnelle : jongleurs, dresseurs, acrobates, magiciens, chanteurs.

Le récital devenant moins exceptionnel, certains, dans le métier, trouvaient à redire sur cette pratique, pensant, non sans raison, que c'était ôter le pain de la bouche des numéros visuels et priver les nouveaux d'une occasion de se faire connaître. Je n'oubliais pas que c'était mon cas, dans le sillage de Piaf, et cette critique me freinait dans mon élan.

Mais, d'autre part, dans un métier éminemment individualiste, pourquoi se priver, de temps à autre, de se prouver jusqu'où l'on peut reculer ses propres limites. En sport, on peut courir le Tour de France entouré d'une équipe, mais il n'est pas mal vu de rassembler des milliers de spectateurs dans un vélodrome pour tenter d'y battre, seul, évidemment, le record de l'heure.

Prétendre se lancer dans un one man show, au début des années 60, consistait à construire deux parties variées où il fallait alterner chansons-sketches drôles, originales, poétiques, pour ne pas lasser le public.

Je ne voudrais pas jouer les anciens combattants avec leurs sempiternels « de mon temps », mais depuis, on a vu trop souvent des artistes (parfois talentueux) venir matraquer les vingt-quatre chansons de leurs succès discophoniques à la queue leu leu, devant un public tellement acquis d'avance qu'il les savait par cœur.

Voilà donc le challenge auquel j'avais décidé de me préparer, tout en continuant à assurer des spectacles en vedette, en donnant, à mon tour, leur chance aux artistes de mes premières parties.

Claude Poirier.

Festival de sombreros !

« Elle est d'ailleurs »

(Jean-Pierre Lang / Pierre Bachelet)

L'Amour avec sa majuscule me revint en 1961.

Je partais pour Vienne en Autriche chanter mes chansons les plus connues et tenter de lancer – en vain, d'ailleurs – des bluettes allemandes du style : *Vergiß das nicht / Daß ich Dich / Daß ich Dich, liebe Dich* (« N'oublie pas que je t'aime »), des paroles d'une banalité à vraiment faire souffrir ce pauvre Werther.

À l'escale de Munich, une vision me coupe le souffle, pareille à celle que j'avais éprouvée quatre ans plus tôt quand B.B. descendait prendre son bain dans la Dordogne ; sauf que là, elles étaient deux, Alice et Ellen Kessler, les deux célèbres jumelles du Lido qui faisaient tourner la tête au Tout-Paris-surtout-masculin.

Elles venaient participer à la même émission que moi.

Je m'assois entre les deux dans l'avion ; j'opte presque tout de suite pour Alice, qui me semblait avoir les yeux plus doux que son clone ravissant. Durant le trajet, c'est probablement ma ceinture de sécurité qui m'a empêché de faire les pieds au mur, le triple salto arrière, tout en racontant les aventures de Sinbad le marin dans Schéhérazade à la façon de Till Eulenspiegel chez les Sélénites.

Toujours est-il que la merveilleuse aventure a duré près de sept ans.

Et puis la suite et la fin, c'est du Prévert :

« Mais la vie sépare ceux qui s'aiment, tout doucement, sans faire de bruit, et la mer efface sur le sable les pas des amants désunis. »

Je doute que la version allemande dise les choses avec plus de nostalgie…

« Le Monsieur qui volait »

(Claude Nougaro / Marcel Amont - Jacques Datin)

Rayon voyages il y avait eu les séjours habituels en Belgique, Wallonie et Flandres confondues. Au Québec également.

L'autre aventure de l'année 1961 fut ma découverte de l'aviation de tourisme.

Louison Bobet, pilote émérite, m'avait dit : *« Avec les kilomètres que tu avales tous les ans* [il n'y avait pas d'autoroutes] *tu vas te planter avec ton Alpine ; moi j'ai résolu le problème pour mes déplacements, surtout ces dizaines de critériums d'après Tour où nous gagnons le plus clair de notre argent : je pilote un petit zinc. »*

À mon grand étonnement, j'appris que la France, grâce à son prestigieux passé aéronautique, était l'un des pays au monde les mieux lotis pour l'aviation de tourisme et sportive, et qu'en 1936 les ouvriers pouvaient eux-mêmes fabriquer leur Pou-du-Ciel à moindres frais. Il me prouva, cartes en main, que l'Hexagone était truffé de petits terrains et que mon objection d'avoir à me poser à des distances impossibles de mes lieux de concerts ne tenait pas.

Convaincu, j'appris donc à piloter à l'aéro-club de Moisselles, où je croisais souvent Michel Piccoli. Enhardi après quelques dizaines d'heures en solo, j'achetai un petit avion biplace, un Super Émeraude. (On se figure toujours qu'un avion coûte la peau des fesses. Un bimoteur, oui ; un jet encore plus. Mais on pouvait avoir un petit zinc de toile et de bois pour moins cher qu'une voiture de sport de série).

Au début, je choisissais mes copilotes parmi les jeunes des aéro-clubs, ravis de l'aubaine. Au bout de deux cents heures aux commandes, je vendis ma trapanelle et je franchis l'étape suivante avec un Wassmer 40 dont la maison mère était à Issoire. Quatre places pouvant devenir cinq avec trois maigres derrière, les danseuses ou les musiciens à tour de rôle.

J'étais très organisé. Mon copilote prenait la météo tous les matins de bonne heure, alors que nous dormions. S'il faisait beau, ceux qui étaient « d'avion » pouvaient buller tranquilles ; ceux qui étaient « de route » partaient. Si le temps était douteux, c'est tout le monde qui montait en voiture, selon l'heure fixée la veille d'après la longueur de l'étape. Cette façon de voyager était si passionnante que deux de mes musiciens passèrent leur brevet.

D'autres artistes se mirent à l'aviation, surtout Jacques Brel qui nous surpassa tous (il décrocha même le brevet de pilote professionnel !).

C'est Jacques d'ailleurs qui me convainquit d'aller plus loin : *« C'est quand même rageant de se laisser bloquer parce que la nuit va tomber ou parce qu'un tout petit stratus te cloue au sol ; passe donc l'IFR [Instrument Flight Rules, vol aux instruments]. »*

Un de mes amis me donna le bon tuyau : tu vas à l'ACME School à Fort Worth, près de Dallas – trois cents jours de beau temps par an pour les vols en simulation en toute sécurité – tu paies ton voyage et ton séjour, mais si au bout d'un mois tu n'as pas ta licence IFR ils te remboursent. Or, dans quelque business que ce soit, les Américains n'aiment pas rembourser. Alors ils te prennent brut de décoffrage par un bout, ils te malaxent, te triturent, ne te laissent aucun répit ; tu enchaînes exercice sur exercice et quant tu ressors à l'autre bout, on peut te lâcher la nuit, dans les nuages, te faire atterrir par un temps de cochon, tu ne casseras pas de bois.

Intransigeants sur la pratique, les Ricains ; cools sur ces à-côtés qui nous rendent souvent si brillants et si peu réalistes aux yeux des cow-boys. Les premiers jours, comme je me réjouissais de voir la fameuse « mécanique du vol » réduite à deux feuillets dactylographiés au lieu des trois cents pages illustrées, couvertes d'équations chez nous, je me crois malin de demander :

– *Et si votre gyroscope tombe en panne en vol ?*

– Very simple, me répond le moniteur, *on fait comme vous là-bas au pays de La Fayette, on met le pilote automatique et on va sur l'aile pour le réparer.*

Et il s'enquiert, doucereux :

– You have no engineers in France ? [vous n'avez pas de mécanos chez vous ?]

Cette photo n'est pas un trucage.
Au moment précis où je descendais de mon Wassmer, la banderole passait.
Bravo pour le réflexe, ami photographe !

Seul, à bord de mon « Super Émeraude », avec un photographe pour passager.

Alain Auboiroux.

Henri Giraud et son élève Marcel Amont vont entrer, avec les cimes de l'Oisans dans "Les coulisses de l'exploit"

Il y a longtemps que Raymond Marcillac désirait magnifier la valeur du chef pilote de nos cimes, et principalement celles de l'Oisans : Henri Giraud.

Ce cascadeur des nues a de la gueule, du cran, une audace qui frise parfois la témérité, une connaissance rare des traquenards de l'altitude au-dessus des paysages tourmentés, et ses exploits sont innombrables.

Le personnage et le cadre fascinant dans lequel il évolue, les prouesses accomplies, constituent un sujet exaltant pour le producteur de ces « coulisses » où le thème sportif s'élève très haut.

Pourtant, il aura fallu le « on y va ?... » d'un élève de Giraud, pour que la T.V. lance enfin son équipe à l'altiport de l'Alpe d'Huez.

Et cet élève, c'est Marcel Amont le chanteur.

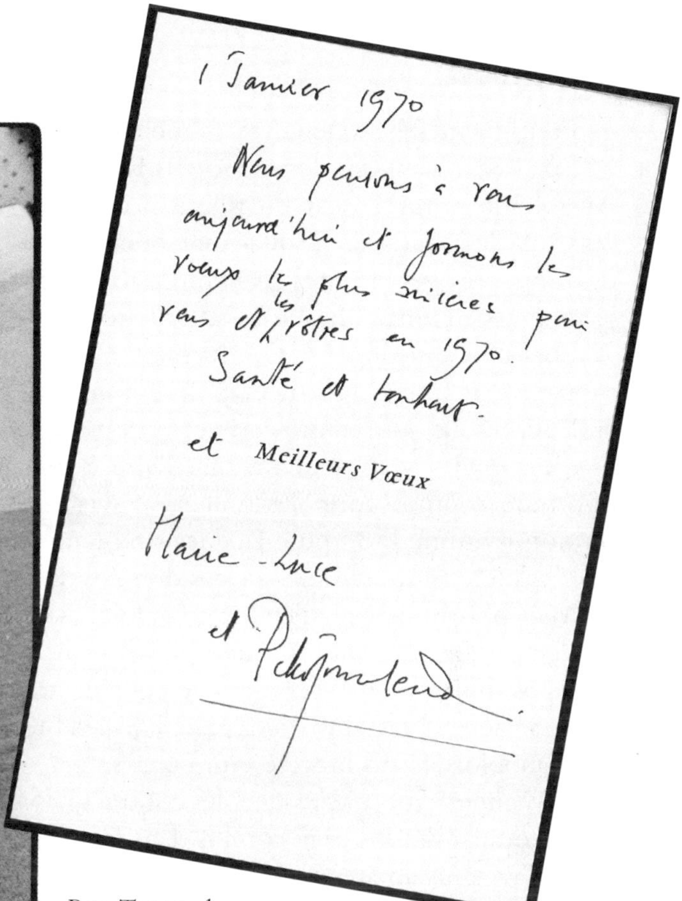

1 Janvier 1970

Nous pensons à vous aujourd'hui et formons les voeux les plus sincères pour vous et les vôtres en 1970.

Santé et bonheur.

et Meilleurs Vœux

Marie-Luce

et Peter Townsend

Peter Townsend,
un héros de la bataille d'Angleterre. Je ne suis pas peu fier d'avoir croisé sa route (je me suis bien gardé de l'emmener faire des loopings dans mon avion – j'ai le sens du ridicule.)

En Bretagne,
un Brassens discipliné qui se serre la ceinture.

Prends ça dans les gencives, Frenchie !

En 1973, dans les locaux de RTL, l'aviatrice Jacqueline Auriol me remit l'oscar du pilote privé, catégorie moins de 200 CV. Je n'irai pas jusqu'à dire que j'en fus aussi fier que de mon passage récent à l'Olympia mais, quand j'y repense, je ne peux m'empêcher de bomber le torse.

Lors de l'émission *Les Coulisses de l'Exploit,* on me vit faire mon entraînement sportif et poser mon zinc en pleine nuit au Bourget ; un journaliste écrivit : « On ne voit pas très bien où est l'exploit ! » Mais, pauvre folliculaire à œillères, ce n'est là que pure routine pour des milliers d'aviateurs, professionnels ou non (comme mon pote Jacques Brel), qui sillonnent les airs de la planète et atterrissent sur des dizaines de milliers de pistes.

Mais pour moi, oui, c'était un exploit !

J'étais tellement mordu que je faisais tout ce qui était dans mes possibilités pour accomplir le tour de toutes les joies du sport aérien. C'est ainsi que, grâce au célèbre Henri Giraud, le Grenoblois, je fus breveté « montagne ».

J'échangeai mon Wassmer 40 contre un Mousquetaire IV que j'équipai de skis et je connus dans les Alpes mes plus pures joies d'aviateur amateur.

Les histoires d'aviateurs, c'est comme les histoires de pêcheurs ; c'est à qui racontera ses exploits les plus épatants. Je n'ai qu'à piocher dans mes souvenirs : en plus de la France entière, la Belgique et la Suisse, des raids sur Séville, Rome ou Ouarzazate, des baptêmes de l'air à des tas de gamins émerveillés au cours de meetings de bienfaisance ; la séance de photos avec Brassens au-dessus de sa maison de vacances à Lézardrieux en Bretagne ; à l'époque où il y avait un petit terrain dans l'île de Ré, qui était encore une île, les nombreuses fois où j'allais retrouver mes parents et Katia qui campaient à proximité, avant de rejoindre le gala suivant par les raccourcis – ceux du ciel ; va-t-en faire ça en bagnole en plein été, même quand il ne s'agit pas d'une vraie île ; les fois où, décollant dans la purée de pois du Bourget, je déposais un plan de vol, l'abandonnais arrivé en ciel clair dans la vallée du Rhône et me posais, skis sortis, en tempête de ciel bleu à l'Alpe d'Huez…

Alain Dejean.

La grande aviatrice Jacqueline Auriol me remet le trophée du meilleur pilote de tourisme, en 1973.

Tous ces exploits n'étaient pas de vrais exploits comme l'aurait écrit mon journaleux de tout à l'heure, ce n'était pas Kersauson dans les quarantièmes rugissants mais, à ma mesure, c'était l'aventure.

En vingt ans, j'étais devenu un vieux briscard aux plus de deux mille heures de vol passées aux commandes quand je dus renoncer à ma passion. Pour une passion encore plus forte : Marlène. Sans aller jusqu'à me menacer d'avoir à choisir entre le Mousquetaire IV et sa personne, elle dit sans détour que, si nous partions ensemble pour le septième ciel, ce ne serait pas dans mon cher aéroplane.

Le comble, c'est qu'elle était la fille unique d'un colonel d'aviation. Éros est un petit dieu malin et imprévisible, il porte un carquois rempli de flèches, peut-être quelque autre accessoire que je n'aurai pas noté ; mais il n'a pas d'ailes ; ça, j'en suis sûr.

Après mon mariage, j'ai renouvelé quelques années encore ma licence ; puis j'ai renoncé à aller faire des loopings tout seul.

Avec le prix de l'avion, je me suis acheté une conduite et j'ai gardé – précieusement – mon épouse.

« Mon cinéma »

(Marcel Amont / Philippe Loffredo)

Début 1962, j'étais revenu au cinéma dans *Conduite à gauche*. Un succès d'estime…

J'en garde surtout le souvenir de ma partenaire, Dany Robin, qui était encore une vedette de l'écran ; elle avait la gentillesse et la classe de ne jamais le faire sentir, tout au contraire, à ce chanteur de music-hall qu'elle avait accepté à égalité sur l'affiche avec elle.

Merveilleuse Dany Robin ! Je garde d'elle un souvenir ému…

Et en version allemande !

Le vrai grand évènement de ma vie fut mon récital en octobre de la même année. Après deux passages en vedette dans un grand music-hall parisien, c'est à cette date que je concrétisai le rêve ambitieux pour lequel je me préparais depuis tant d'années. J'avais 33 ans, une forme olympique, du métier à revendre, un répertoire qui tenait la route.

Très vite, un énorme tube allait me tomber du haut des gratte-ciels.

L'époque où les yéyés écrémaient les quinze premières places des hit-parades américains battait son plein. Au retour de Montréal, je m'arrête comme d'habitude pour voir les shows à New-York. Dans le taxi qui m'emmène à Broadway, j'entends un truc qui fait « True true happiness », une chanson tarte dont je note les premières phrases et les premières notes, parce qu'elle éveille en moi une vague idée de parodie à cause de sa partie déclamée assez cucul the praline. Je me renseigne, personne ne connaît ; j'ai entendu là un ovni dont personne ne garde le moindre souvenir aux US, où ils en ont treize à la douzaine du même tonneau.

Je finis quand même par débusquer l'éditeur.

De retour à Paris, j'explique à Jean Dréjac ce que je veux en faire.

Deux jours plus tard il me rappelle : *« Je veux bien qu'on travaille sur ton idée de parodie, mais il y a un petit quelque chose en plus qui t'a échappé, je crois. J'ai écrit un embryon de texte orienté différemment, tu verras bien. »*

Toujours scénomaniaque, je n'avais même pas vu venir ce coup-là non plus ; fort heureusement, son instinct d'auteur

populaire lui avait fait deviner anguille sous roche : plus on avançait dans l'élaboration, plus la chanson platuche prenait formes et couleurs. Et c'est ainsi qu'une guimauve américaine entendue par le plus pur des hasards à cinq mille kilomètres de la Provence a donné naissance à « Bleu blanc blond. »

MA CONFESSION !

Voici ce que vous n'avez encore jamai[s]
"Paris Dimanche" et dans le "Courrier de l'[...]
Il était temps pour moi de faire ma C[...]
j'ai toujours dissimulé (voyez médaillon d[...]

Mais je veu[...]
d'un coup, le [...]
la calomnie, [...]
éclater la vér[...]
Tous ces pro[...]
qui me concernen[...]
qui vous tourn[...]
(mais si, mais si ![...]
Ainsi, je l'avo[...]
sais jouer du pi[...]
d'un seul doigt, et [...]
fume, ça n'est que [...]
cacher quelqu'un, mon
embarras, ou les deux ;
de même, je ne connais
que dix (dix) accords de
guitare (Bientôt onze).
Je n'ai pas d'ancêtre
mexicain.
Ni même espagnol.

Je pilote effectivement car j'ai le vertige sur une échelle et qu'il est exact que j'ai réellement

— ma confession (suite)

le mal de mer.
Enfin, si je suis obligé de rester seul ce soir devant vous, c'est parce que Georges Brassens a refusé de chanter en duo avec moi et que les Platters et Gina Lollobrigida, n'ont pas accepté non plus de monter avec moi un numéro de mains-à-mains.
Voilà.
Vous savez tout et c'est très normal que vous ayez été les 1ers informés ;

Tout ce que vous entendrez d'autre est faux....
Y compris ma voix, hélas, car je mue...

voilà relégués, et à perpétuité les on-dit, le french cancan et les commérages, au plus profond de leurs antipodes, comme aurait pu dire Mr Prudhomme.
Mais qui peut se croire à l'abri de la critique, comme ne dirait pas Max Favalelli ?
A tout de suite.
Bien sincèrement votre
Amont

CLAUDE ROMAT et sa Formation

11 bis, Avenue de Madrid
Neuilly s/ Seine

14-12-63

René Clair
de l'Académie Française

Cher Marcel Amont, merci de tout mon cœur pour ce beau disque que vous avez eu la bonté de m'envoyer. Je vais le savourer à loisir et, j'en suis certain, admirer une fois de plus les qualités qui font de vous ce que vous êtes pour notre joie.

Mille vœux et amitiés

R

J. FERRAT
ITA 29-30

le 19 Avril 62

Cher Marcel Amont

Vous avez dû recevoir de la part de mon éditeur Gérard Meys un disque d'une chanson italienne qui s'appelle "gaston" et pour laquelle je viens d'écrire une adaptation que je joins à cette lettre avec la partition. Vous verrez que j'ai bâti la chanson sur la coupe de la musique telle qu'elle est jouée par l'orchestre seul, et non sur la mélodie chantée – il y a d'ailleurs fort peu de différence mais cela m'a semblé meilleur. Considérez le texte que je vous envoie comme une première version. Si l'idée vous plaît, je pourrai changer certaines choses qui ne vous conviendraient pas.

Soyez gentil de me téléphoner dès votre retour et de me dire tout à fait librement votre pensée.

A bientôt, croyez en mon amitié

J. Ferrat

C'est l'époque où, avec Jean, nous n'étions pas encore à tu et à toi…

15, PLACE DAUPHINE. 1er

Ce Mardi 20 Nov

Mon cher Amont

Merci pour votre gentil télégramme.

Je me réjouis de voir que vous "marchez" magnifiquement.

La qualité paye c'est réconfortant – Bravo!..

Bon courage

Bien à vous

Y Montand

Après René Clair (page précédente), Jean Ferrat, Yves Montant, Marlène, rien que du très beau monde !

La dédicace tiendra lieu… de légende !

À Bobino, j'ai fait cent représentations bourrées à craquer.

Et si les Cent Jours finissent mal dans l'histoire de France, ceux-là furent un accomplissement dans ma vie.

Le soir de la centième et dernière, mes amis comédiens, sportifs, chanteurs (y compris la nouvelle vague – Eddie Mitchell en tête) vinrent me faire la fête et participer aux blagues traditionnelles des jours de dernière.

J'aurais pu continuer, comme m'en suppliait la direction, mais ces cent vingt minutes quotidiennes à plein régime pendant plus de trois mois m'avaient mis sur les rotules. Et, pour tout dire, sans vouloir l'avouer publiquement pour ne pas paraître prétentieux, je n'avais plus rien à prouver. À moi-même en tout cas.

« J'aime les chansons d'Italie »

(Didier Barbelivien / Gérard Stern)

Alice et Ellen Kessler étaient des stars en Italie. Leur côté grande blonde en deux exemplaires, aux mouvements synchronisés au millimètre, épatait les Italiens, peut-être encore plus que ce côté walkyrie pour lequel les Latins gardent toujours un faible prononcé.

Je me laisse convaincre avec enthousiasme de prendre la succession d'Henri Salvador comme *cantante francese* de service, dans la grande émission hebdomadaire *Studio Uno* dont la star des stars était Mina, malheureusement trop peu connue en France – une folle perdue (pas pour tout le monde) au talent phénoménal, idole de la jeunesse là-bas.

La tribu Miramon – mes parents, Katia, mon pianiste Claude Romat et sa femme – vint s'installer à Rome pour presque une année.

Je garde en moi le souvenir d'une époque merveilleuse quand il m'arrive de repenser à Rome ; ma gamine et mes vieux à deux pas de mon appartement, sur l'une des sept collines. Les conditions exceptionnelles de travail. L'amore…

Mina, la bomba italiana !

SPETTACOLI

Dicono a Parigi: « E' uno Chevalier rivisto e corretto da Peynet »

La lunga strada verso il successo di Marcel Amont

Marcel Amont

MARCEL AMONT? E' uscito, anche lui, dal *clan* di Edith Piaf, come Montand, come Aznavour, come tanti altri. Ed eccolo, in giro per il mondo, presentarsi alla Televisione italiana. « Non è stato facile », vi dirà. Ora ha conquistato il cuore di molti italiani. E' felice che sia andata bene, anche se non tutto il pubblico, ovviamente, può apprezzarlo nella giusta misura. Per i cantanti stranieri, c'è sempre una barriera con il pubblico più largo. Ma gli americani — ci dirà — i Presley, i Paul Anka, i Sedaka: perchè hanno tanto successo? Perchè — rispondiamo — nel loro caso è il « tum-tam-tam-tum », il ritmo, l'orchestrazione roking che conta. E poi, non sono proprio loro ad avere inciso ultimamente interi *long-play* in italiano?

Nel caso di Amont, invece, è soprattutto il testo delle canzoni, lo spirito, la sua mimica essenziale e intelligente che contano. E pur-

IL PAESE — Pag. 3

SI INIZIA LA RUBRICA «STUDIO NUMERO 1»

Marcel Amont sostituisce stasera Salvador alla TV

A colloquio con il fantasista francese poco noto in Italia - Un successo dovuto all'ostinazione - Il primo spettacolo accanto a Edith Piaf - Esaurito il lavoro a Roma l'attore girerà un film con Dany Robin - La parodia di Perry Mason alla televisione

Arrivederci Roma…

« Viva le donne » – gros succès (en Italie !!)

Les Italiens sont artistes dans l'âme, dans la fièvre créatrice et la bonne humeur, et pas seulement pour la peinture, la musique ou la poésie ; ils le sont dans tout ce qu'ils touchent. Jamais, en plus d'un demi-siècle, je ne me suis senti aussi à l'aise, aussi écouté, aussi aidé, que pendant ce séjour béni des Dieux.

Parfois, quand il m'arrive de chanter là-bas, je croise des cheveux gris qui viennent vers moi et me fredonnent l'une de ces chansons qui n'ont rien donné en France mais ont eu leur notoriété chez eux dans les années 60, « Viva le donne », « Alle bionde dico sempre sì », « Capita tutto a me », ou l'indicatif chanté et dansé par les Bluebell pendant que je descendais le grand escalier :

Début en italien « Parigi Città dalle stelle d'oro… »

Fin en français : *« Que je l'aime, que nous l'aimons / Mar-cel-A-moooont ! »*

Ciao ! Arrivederci Roma ! C'est quand vous voudrez de nouveau, les Ritals !

Martin Monestier.

« La Maison du bonheur »

(Francis Lalanne)

Après Rome nous avons quitté Villepinte, son cerisier, ses choux, ses tomates, son pavillon, sa quiétude, emportant Gnac, notre chien de berger, Bibi et Pépin, nos deux chats, vers Villennes-sur-Seine, au bout de la seule autoroute en service en 1963, celle de l'Ouest.

Des chiens, des chats, une chevrette blanche dont m'avait fait cadeau Jean Richard ; les poules et les lapins de papa, pour un autre usage.

Le verger, le grand jardin trois fois plus grand que celui de Villepinte.

Que de paradis perdus ! Je ne peux m'empêcher de me laisser envahir par la nostalgie quand je repense à cette courte décennie. Les bons souvenirs ne sont peut-être pas aussi douloureux à revivre que ne le disait Valéry, mais, comme pour le merveilleux séjour romain, je suis ému quand je revois en pensée mon père et ma mère à mes côtés, encore pleins de vigueur ; ma fille courant les champs pour aller à l'école voisine ; la femme que j'aimais…

Ô temps suspends ton vol…

Niac, le berger allemand de Marcel Amont, est le vigilant gardien de cette charmante ferme d'Ile-de-France, perchée au sommet d'un raidillon.

Derrière le bureau, une tapisserie de Philippe de Champaigne.

DÉCORATION-ACTUALITÉS

CHEZ MARCEL AMONT

Lorsque Marcel Amont revient de ses tournées en province ou à l'étranger, il ne fait qu'une brève escale dans son pied-à-terre parisien et s'empresse de rejoindre sa maison de campagne, au bout de l'autoroute du Sud. Au "Verger", ce célèbre chanteur fantaisiste est un homme heureux : heureux de retrouver ses parents qu'il a installés là il y a deux ans, heureux d'apprécier le calme de cette ferme d'Ile de France et son immense prairie, heureux de vivre dans un décor qu'il a entièrement créé, avec une préférence pour le style Louis XIII et les meubles rustiques espagnols, heureux enfin d'enrichir chaque pièce d'un tableau ou d'une tapisserie, car il s'est découvert la passion de la peinture et de l'art mural.

KATIA
Musique de
Alain LABACCI
50 01 17987
Paroles de
Marcel AMONT
Moderato
1. T'es jo - lie comme un cœur, Ca - the - rine, Lais - se - moi te re - gar - der
2. T'es jo - lie comme un cœur, Ca - the - rine, Tes yeux sont pleins de lu - mière
C'est fou ce que tu
Tu n'as ja - mais eu

« Sukiyaki »

(Frank Gérald / Hachidai Nakamura)

À peine installés, j'ai pris la route de Tokyo, non sans avoir bloqué tout un mois pour voyager par l'ancienne route du Sud – Iran, Indes, Thaïlande, Hong-Kong, Manille – au lieu d'aller au plus court en prenant le nouveau trajet par le pôle.

Il est surprenant de constater la vogue de la chanson européenne, française en particulier, dans ce pays si lointain, si méconnu, cher à Pierre Loti. Peu de nos compatriotes s'y étaient fait connaître, dans le sillage d'Yvette Giraud.

Découvrir le Japon est un choc ! On aime ou on n'aime pas. Certains d'entre nous s'y trouvent par trop dépaysés et n'y vont que le temps d'un contrat (les mauvaises langues insinuent que, quand on ne parle plus d'un chanteur, il prétend qu'il est au Japon !) Certains s'y plaisent et en redemandent ; je pense surtout à Salvatore Adamo qui est, depuis longtemps, une très grande vedette là-bas.

En ce qui me concerne, toujours peu de tubes à mon répertoire – sauf un peu « Bleu blanc blond », sans que le succès en soit comparable au « Tombe la neige » de Salvatore.

Jusque-là, quand un Français venait chanter, un austère spécialiste en chanson de chez nous – en général un universitaire – expliquait le contenu avant chaque titre. Ça devenait vite fastidieux, même pour un public habitué aux silences et à l'immobilité interminables du nô ou du kabuki.

J'avais mis au point une combine, que j'ai adaptée pour d'autres pays non francophones, quand je n'en baragouine pas un peu la langue : j'avais appris par cœur une trentaine de mots et de phrases que je plaçais au bon moment dans ce qui deviendrait alors un DIALOGUE de présentation.

Mon partenaire-présentateur était le jeune comédien Masumi Okada. Le contact avait été des plus sympathiques et des plus drôles, avec lui. À peine avait-il ouvert la bouche pour me souhaiter la bienvenue dans ma langue que son accent provençal, inattendu en ces lieux, me fit éclater de rire : son père, peintre de talent, avait épousé une Danoise et leurs enfants, nés à Nice, y avaient passé leur jeunesse.

Il faut croire que cette formule vivante a marché, puisque je suis revenu plusieurs fois au pays du Soleil levant. Lors de ma dernière visite, pour la Semaine française de Tokyo dont j'étais l'invité d'honneur à l'occasion du 14 Juillet, j'avais emmené Marlène et les enfants. Ce voyage au bout du monde avec papa-maman a été l'une de leurs plus belles vacances.

Après le Japon, j'enchaînai sur l'URSS.

Comme je l'ai laissé entendre, tout en s'aimant comme deux tourtereaux, mes parents n'étaient pas « politiquement » du même bord ! C'est-à-dire que, d'une façon très manichéenne, on ne pouvait qu'être anticlérical quand on était de gauche. (1)

Trois ans auparavant, j'avais fait le cadeau à maman de lui offrir ainsi qu'à sa sœur Catherine un voyage en Terre sainte et j'avais promis à papa que je lui offrirais, à lui aussi, le voyage de ses rêves ; Khrouchtchev avait déstalinisé et j'espérais que l'atmosphère serait moins pesante que la fois où j'étais venu faire une télé à Moscou avec Alexandre Tarta.

J'y avais vu la momie de Staline encore aux côtés de celle de Lénine dans le mausolée ; vers le milieu des années 60, la dépouille du « petit père des peuples » avait été envoyée au trou, comme tous ceux dont il avait ordonné le massacre.

Il n'a pas cessé de râler, papa ! Contre le flicage permanent dont nous étions l'objet, surtout celui des guides qui ne nous lâchaient pas d'une semelle ; des dames responsables d'étage qui épiaient chacune de nos allées et venues ; des ouvriers qui, comme par hasard, venaient changer une ampoule quand nous recevions quelqu'un (ou surtout quelqu'une) de l'extérieur dans notre chambre.

Je lui disais : *« Mais papa, on est au paradis ici ! »* Il était bien déçu, bien malheureux. Au retour, les voisins essayaient de lui tirer les vers du nez :

– *Alors, monsieur Miramon, comment c'était ?*

– *Formidable !* répondait-il…

Il ne faut pas désespérer Billancourt, n'est-ce pas !

(1) En souvenir de ces différences qui n'ont pas empêché papa et maman de ne pouvoir se passer l'un de l'autre pendant soixante ans, j'ai écrit une chanson qui commence ainsi :
« Papa était coco, maman était catho / Je suis né parmi les faucill' les marteaux Les crucifix et les madones / Mi Don Camillo mi Peppone. »

Foujita. J'eusse préféré un tableau de sa main. Mais j'ai une lettre : et c'est déjà beaucoup.

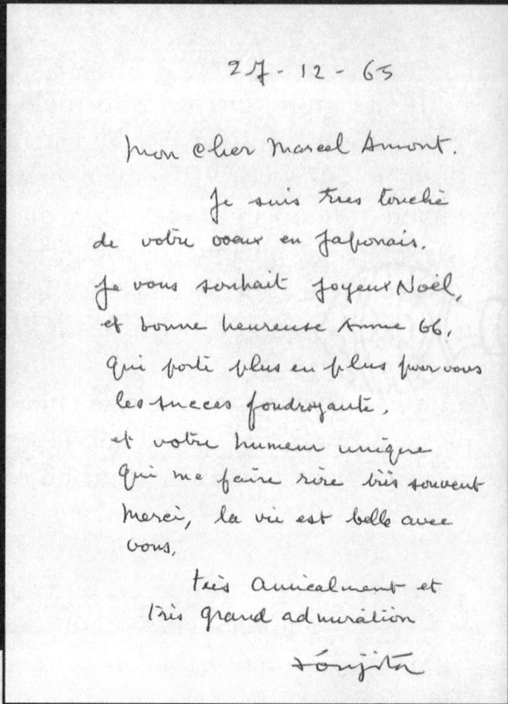

27-12-65

Mon cher Marcel Amont.

Je suis très touché
de votre voeux en Japonais.
Je vous souhait joyeux Noël,
et bonne heureuse Année 66,
qui porte plus en plus pour vous
les succes foudroyante,
et votre humeur unique
qui me faire rire très souvent
Merci, la vie est belle avec
vous,

très amicalment et
très grand admiration

Foujita

Recital de
MARCEL AMONT

マルセル・アモン リサイタル日程

[illegible]18日	東京サンケイホール	主催	石井音楽事務所	協賛	富士電機製造KK・日本グラモフォン
20日	群馬音楽センター	主催	石井音楽事務所	協賛	群馬音楽協会・高崎労音
21日	名古屋市公会堂	主催	東海TV事業KK	協賛	中部日本新聞・富士電機製造KK 東海TV放送・日本グラモフォン
22日	富山市公会堂	主催	富山シャンソン友の会	協賛	北日本新聞・北日本放送 富士電機製造KK・富山労音 富山県教委・富山市教委
25日	日比谷公会堂	主催	石井音楽事務所	協賛	富士電機製造KK・日本グラモフォン [illegible]シャンソン友の会
26日	秋田市民会館	主催	秋田労音		
28日	神戸国際会館	主催	神戸新聞会館	協賛	富士電機製造KK日本グラモフォン
29日	横浜文化体育館	主催	石井音楽事務所	協賛	富士電機製造KK・[illegible]電気KK 日本グラモフォン・神奈川富士電機会
30日	東京厚生年金ホール	主催	石井音楽事務所	協賛	富士電機製造KK・日本グラモフォン
31日	東京厚生年金ホール	主催	石井音楽事務所	協賛	富士電機製造KK・日本グラモフォン

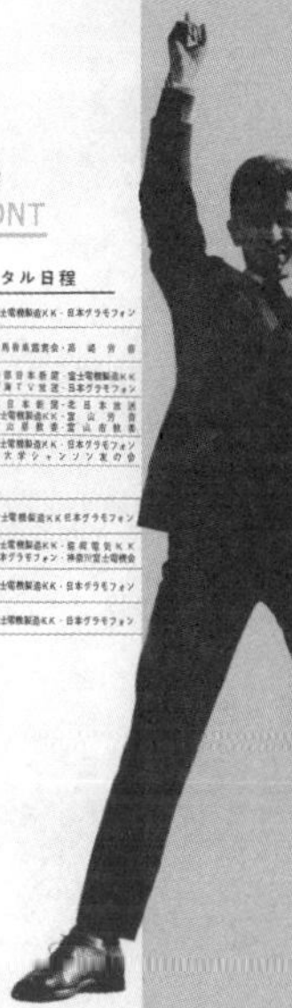

ISHII MUSIC PRODUCTION
石井音楽事務所
東京都中央区銀座西八の七 [illegible]ビル

マルセル・アモンの横顔

マルセル・アモンは1929年生れの34才、ブドウ酒で有名な南仏のボルドウに陽気でお喋り好きのベルレアン人の子供として生れました。子供の頃から作り話がうまく、高等学校に入っても友だちを笑わせるために、先生にいたずらをするといったわんぱく学生で、生れながらにして芸人の素質を持っていたようです。4月1日（エイプリル・フール）生れというのも、いんねんめいた面白さを感じさせます。

彼の父親は息子を公証人にしようと思っていましたが、アモンは芸人を志し、父の反対を押し切って大劇場のフットライトを浴びる日を夢みて、パリの芸能界に飛び込みました。それからのパリの生活は艱難辛苦の連続で、ある日アンドレ・パスドックに認められ、彼のキャバレーで歌うと共に、ラジオ・テレビにも進出しましたが生活は一向に楽になりませんでした。

しかし1954年、シャンソン歌手の登竜門、ドーヴイルのシャンソン・コンクールに出場した彼は、グランプリを獲得しました。そしてこれを機にようやく幸運の女神が彼に微笑み始め、彼はその後1956年待望のオランピア劇場に出演することができました。この時は久々にパリで歌うエディット・ピアフと一緒で、ピアフの人気と共にアモンも大喝采を博し、三週間の出演予定が、11週間に延び、アモンの人気も不動のものとなりました。
このオランピア劇場でアモンは一つの飛躍をとげたといえます。オランピア劇場でのアモンを見たダニー・ケイは「彼は私のフランス版だ」とアモンの才能に拍手を送りました。

1958年再び彼はオランピア劇場でリサイタルを開きましたが、その時の実況録音盤は1959年度のディスク大賞を受けました。

舞台せましと歌っておどって洒脱な笑いをふりまくファンタジスト、マルセル・アモンは、今ではパリで最も人気のあるシャンソン歌手です。

さて、1959年以後は他の一流歌手と同様にアモンも殆んどパリに留まることができず、カナダ、イタリー、ドイツ、スウェーデン、デンマークと休む暇なく飛びまわりました。

そして1960年10月になってようやくパリに帰ると、レコード吹込みや有名なミュージックホール"ボビノ"での長期契約が待ちかまえていました。

一方映画界でも、彼のやさしみとユーモアがカクテルされた新鮮な個性に注目し、ブリジット・バルドーやダニー・ロバンと共演し、すぐれたコメディアンとしての才能を発揮しました。

再びパリを留守に海外公演してまわり1962年ボビノに帰り、100日間の出演契約を果たしましたが、歌った曲3000曲、観客動員数実に20万人、パリ中を [illegible] 有名人が集って、彼に心からの、かっさいを送りました。

1963年フランス、ラジオ、テレビジョンからル・ブラゾン・ドール賞を贈られた彼は、いまやおしもおされもせぬシャンソン界のヌーベルバーグとされています。

MARCEL AMONT : on m'appelle
L'IDOLE DES «JAUNES»

« L'idole des "jaunes" ».
Ce n'est pas moi
qui aurais mis
cet en-tête !
(Après cela,
qu'on ne me reproche
plus mes calembours !!)

MARCEL AMONT, el más importante de los "Chansoniers" de Francia luego de Maurice Chevalier, será otro de los invitados de honor al Segundo Festival Internacional de la Canción, que se realizará en Bogotá. Quienes le han escuchado fueron enfáticos en afirmar: "Afortunadamente viene como invitado".

das del próximo cuatro de febrero, organizado por Proexpo. calle 74A #23-52 Bogotá. les, Bogotá.

Marcel Aumont, cantante francés, de gran popularidad en Europa, actuará en Bogotá como invitado de honor del II Festival Internacional de la Canción que está programado para el 12, 13 y 14 de marzo próximo. Aumont llegará a Bogotá el 9 de marzo.

QUAND UN BEARNAIS
RENCONTRE UN AUTRE BEARNAIS

Quand les Béarnais
se rencontrent... à Bogota !

Sur la photo on peut voir Marcel Amont, invité d'honneur au Festival de la Chanson à Bogota (Colombie) en compagnie des uniques Bearnais résidant à Bogota, la famille Labarthe.
(De gauche à droite : René Labarthe-« Benédet », Marcel Amont et Mlle Liliane Labarthe.

"LIBERATION". OLORON Basses Pyr.

Invité d'honneur au Festival international de la Chanson, à Bogota, Marcel Amont a eu l'heureuse surprise d'être accueilli par un Oloronais, M. René Labarthe-Bénédet, le sympathique marchand forain de la cité Pondeilh qui a quitté le Haut-Béarn voici quelques années pour prendre la direction d'un night-club dans la capitale colombienne.

Sur notre cliché, de gauche à droite : Mlle Liliane Labarthe, Marcel Amont, son impresario Philippe Boulet et M. René Labarthe-Bénédet, à l'aéroport de Bogota.

"LA REPUBLIQUE des Pyrenees" PAU.

Petit jeu pour les lecteurs : identifier, image par image,
les lieux où je me suis produit peu ou prou.
Bogota, Amsterdam,
Ostende, Moscou, Séoul, Le Caire, Munich, San Francisco…
les vainqueurs auront droit à toute ma considération.

THEATER CARRÉ

June Richmond

polydor

MARCEL
AMONT

20 717 — Escamillo (Roi Coulonges)
— Le Pigeon voyageur (Dominigue Nohain)
— Pour un dollar (Magenta Bonifay)
— N'allez jamais à la Havane (Bertola-Aznavour)

Armand Migiani et son orchestre

FRANS POLYDOR REPERTOIRE

Vraagt ook naar de voortreffelijke vertolkingen van beroemde Franse artisten:

Marcel Amont, Les Bass' Harmonistes, Georges Blanès, Paule Desjardins, Eveline Dorat, Jaques Fleury, Renée Gardet, Jil et Jan, Paul Durand et son orchestre.

Platen van deze kunstenaars zijn bij de gramofoonplatenhandelaar te verkrijgen op 45 resp. 78 t.

Marcel Amont

In dit programma treedt als bijzondere verrassing MARCEL AMONT op, een voor ons land tot nu toe onbekende artist, die echter door Dany Kay, nadat hij hem had zien werken werd gekarakteriseerd met de volgende woorden: *Marcel Amont, dat ben ik in het Frans*". Inderdaad bezit deze artist de dynamiek van zijn grote collega. Hij laat U sketches en 'gags' zien en zingt liedjes, die bij het publiek ware lachorkanen ontketenen. Zo grappig is hij, dat de opname van zijn eerste gramofoonplaat uitzonderlijk lang duurde omdat de leden van het hem begeleidend orkest van Armand Migiani zo moesten lachen, dat ze eenvoudig niet konden spelen. Nadat deze Franse jongeling uit Bordeaux in alle Parijse cabarets, zoals in "L'Echelle de Jacob", "Fontaine des Quatre Saisons", in de "Liberty", in de "Villa d'Este" en in de "Drap d'Or" furore had gemaakt en de mensen had doen schaterlachen door telkens nieuwe sketches en liedjes werd hij geëngageerd voor de grote Parijse music-halls: in de Alhambra en daarna de Olympia, waar hij eerst drie weken als „supplement de programme" stond aangekondigd. De journalisten schreven na zijn debuut: „Let op, er is een nieuwe grote vedette op komst". En zo onmiskenbaar groot was zijn succes, dat hij dadelijk daarop tegen een veel hogere gage werd geprolongeerd als "vedette americaine" in het programma met Edith Piaf. Zijn grootste succes is zijn "Escamillo", geschreven door Georges Coulonges, die evenals zijn pianist Claude Romat uit Bordeaux afkomstig is.
Zonder twijfel zal het Amsterdamse publiek even verrukt van hem zijn, als men dit in het verwende Parijs was. J. v. D.

Dany Ray

DANY RAY is een zeer knap illusionist, die met zijn nummer over de gehele wereld gereisd heeft. Hij "verkoopt" zijn nieuwe tricks met bijzonder veel humor en charme en verwerft dadelijk veel sympathie bij het publiek, omdat hij niet gewichtig doet. Hij doet alles met de lichte Franse toets en het is niet te verwonderen, dat de fakirs uit India vol enthousiasme zeggen: *„Er is maar één Dany Ray"*. J. v. D.

наши гости

МАРСЕЛЬ АМОН

За последние десять лет у нас побывало немало французских мастеров песни. Их имена всемирно известны: Шарль Трене, Ив Монтан, Колет Ренар, Франсис Лемарк, Шарль Азнавур, Жильбер Беко, Жаклин Франсуа, Жак Брель... Их исполнительская манера индивидуальна и ярка. Их песни полюбились советскому зрителю, запомнились. Их талант и мастерство по достоинству оценили переполненные концертные залы нашей страны. И вот новая встреча — с Марселем Амоном.

Что мы знали об этом певце до его приезда в Советский Союз? То, что сейчас он входит в пятерку лучших шансонье Франции. Необычайно сценичен. Пользуется огромным успехом у своих соотечественников. Французский биографический справочник «Кто есть кто во Франции?» немногословен: «Марсель Амон родился 1 апреля 1929 года в Бордо. Отец — железнодорожный служащий. Мать — сестра милосердия. Начал выступать в 1948 году. Признание пришло на сцене знаменитого парижского мюзик-холла «Олимпия» в 1956 году. Начиная с 1962 года выступает с сольными концертами. Снимается в кино и на телевидении. Увлекается авиационным спортом».

Марселя Амона нужно слушать. И видеть. Ибо песни, которые он поет, — это не только голос и чувство. Это поразительная пластичность артиста, полная гармония движения и звука, точно найденный жест, удивительно изящная простота поведения. И никакого заигрывания с залом. Сдержанность. Певец прекрасно владеет всеми тонкостями сложного искусства перевоплощения. Выразителен настолько, что его песни почти не требуют перевода. И москвичи горячо аплодировали выступлениям Марселя Амона на сцене столичного Театра эстрады.

О чем он поет? О любви. О простых людях Франции. О голубом небе Прованса. О полете в космос.

И в каждой песне Амона — удачная актерская находка, безукоризненное исполнение, интересное режиссерское решение. И каждая его песня — откровение. Вот почему, когда смолкают последние звуки маленького оркестра под руководством Клода Рома и на сцене опускается занавес, в сердце остается грусть от расставания.

Песня — это труд. Песня — это борьба. Она побеждает тогда, когда не только весела и бездумна, но когда за ней стоит человек, выросший вместе со своим народом, человек мыслящий. Радующийся и страдающий. Человек, у которого, несмотря ни на что, солнцем полна голова.

Эти слова, сказанные Сергеем Юткевичем без малого лет десять назад в адрес Ива Монтана, можно с полным основанием отнести сегодня к самобытному, интересному шансонье Марселю Амону, чьи песни распевает вся Франция.

Санда АГАЯНЦ.
Фото И. Нилина.

Марсель Амон.

5 VII 66
Culture Soviétique

ПОЁТ
МАРСЕЛЬ
АМОН

MARCEL AMONT : *le seul fait d'être Français est le meilleur passeport à Moscou*

A dazzling show by Marcel Amont

MARVELLOUS Marcel Amont, the most polished and versatile entertainer I've seen in many a moon, dazzled and delighted last night's audience at La Comédie Canadienne as he opened a week of shows which should have top priority on everyone's list of engagements not to be missed.

To say that his stage presence is completely unpretentious and relaxed yet polished and magnetic is to convey but a fraction of his charm and candor.

To say that he is incredibly supple as he leaps over chairs, does handsprings and dances (which he does superbly) is to give the impression that he is an acrobat which he isn't although he was once.

To say that his singing voice is remarkably flexible and pleasant is a sad understatement.

To say that his sense of rhythm is flawless, his sense of humor spontaneous and infectious, his wit and tenderness utterly without affectation, quite fails to render justice to his talents.

The man is extraordinarily vital but never frenetic, gentle without being limp, and very, very funny.

He likes Latin rhythms and a strong beat ("Un Mexicain," "Escamillo," "La carriole Espagnole," "Bleu Blanc Blond"), but he also sings ballads convincingly.

He is a fine mime and when he undertakes to demonstrate the reactions of a group of people listening to a very attractive girl playing the piano very badly or portray a young man trying to flirt with his neighbor during a performance of "The Barber of Seville" he is at his very considerable best.

High point of the evening came during one of his encores when, as "Escamillo," he became in quick succession a horribly nasal flamenco singer with a properly anguished expression, a Spanish dancer grinding troublesome mosquitos under his drumming heels while maintaining the correctly rigid back, a timid bullfighter and a gentle bull.

It all becomes pale in the telling but my sides still ache from laughing and my hands are tender from fervent applause.

Marcel Amont was accompanied by a four-man orchestra under the direction of Claude Roman at the piano and they were excellent during Amont's section of the program.

But they seemed to be having trouble with young Georges Chelon who opened the evening.

Chelon's songs (his own compositions) are put together in short phrases which he sings in an oddly choppy style. He seemed to be consistently half a beat ahead of his accompaniment, whether by accident or design I don't know, but I do know that I didn't like the result.

Some of Chelon's ballads are pretty, particularly one called "Avant" (it has another name but I can't read my writing), and several uptempo songs such as "Comme on dit" are effective.

Chelon is an attractive and engaging performer and it's possible that the aforementioned difficulties were simply opening-night gremlins.

The Alliance Française
de San Francisco presents

Marcel Amont

APRIL 5

Florence Gould Theater

California Palace of the Legion of Honor
Lincoln Park, 100 34th Avenue, San Francisco

(415) 777-7755

Sur les traces de mon ami Maxime…
San Francisco 2000.

Je conseille à ceux qui savent
l'anglais de lire ceci.
L'original est encadré dans mon
living-room (« salon » in french).

Marcel Amont
Keine ist so süß wie Susi
24 731
MARCEL AMONT
LA VIDA PASA FELIZMENTE
MI CABEZA SOBRE TU CORAZON
상송芸術의 極致
마르셀·아몽 招請公演
MARCEL AMONT AND CLAUDE ROMAT QUARTET
6月 8,9日 PM 7:30
시 민 회 관
서 울 신 문 사
VIGEVANO
비제바노靴店
الوطن العربي
الملكة جورجينا تتذكر...
يوغسلافيا: الروس قادمون بعد رحيل تيتو؟
PALACE HOTEL GSTAAD
GALA-ABEND DES SCHWEIZER SPORTES
Samstag, 17. März 1979, 19.30 Uhr
Im Star-Programm:
Marcel Amont
Julie Andrews
Curd Jürgens
Alberto Lysy
Roger Moore
Nana Mouskouri
David Niven
Gunter Sachs
Peter Sellers
030 41055
KURSAAL OSTENDE
NIGHT-CLUB
la Chamrpagne
Samedi 16 octobre en soirée à partir de 22 heures
Dimanche 17 octobre au thé à partir de 16 heures
MARCEL AMONT
fantaisiste
L'orchestre du Kursaal
COUCYDRE
avec
BABE BROKE
chanteuse
Consommations à partir de 5(
MARRAKECH
CASINO
TEL 20-53
Cabaret-Dancing-Attractions
DU VENDREDI 9 AU JEUDI 15 AVRIL 1954
MARCEL AMONT
LES BRUXELLOS
LE BALLET PANAMA
et LES GIGOLOS
AVEC L'ORCHESTRE
ALMEIDA CRUZ
Jeudi 15 Avril, à 21 heures, AU THEATRE
ARMONTEL
et NATHALIE NATTIER
dans une Comédie de JACQUES DEVAL
OMBRE CHERE
Places à partir de 600 Frs. — Location ouverte de 15 à 20 h.
Nos Artistes Voyagent
par AIR-FRANCE et par AIR-ATLAS MAROC
Chaque jour à partir de 17 heures
BOULE — ROULETTE — BACCARA

La belle Françoise (Hardy).
Et encore, là,
on ne voit pas ses yeux…

Bertrand Rindoff Petroff.

Johnny-y-y-y-y ! 40 ans après.

LES TEMPS CHANGENT (1)

« Le Twist du canotier »

(Noël Roux / Georges Garvarentz)

Il est grand temps de parler de ce tsunami qui s'étendit à la planète entière et dont les oscillographes politico-sociologiques enregistrèrent les effets, fût-ce de loin, jusque dans les pays d'au-delà du rideau – toujours – de fer.

C'est ce qu'on appela ici le « yéyé ». Voulant à tout prix se mettre à l'heure des US, décalage compris, nourris des chansons venus de l'Ouest, les jeunes avaient remarqué que, pour scander leurs rythmes, les teenagers d'outre-Atlantique les ponctuaient de YÈÈÈ(s) – faut-il traduire ? – comme les Espagnols le font avec des « ollé » ou les béret-baguette de pain-charentaises avec des « chauffe Marcel ».

Voilà ! « Yé » c'est « chauffe Marcel » et « yé yé », « chauffe, chauffe Marcel ! »

Je rappelle qu'Elvis Presley , un jeune homme de 19 ans, faisait pousser les hauts cris à l'Amérique puritaine par ses déhanchements suggestifs ; quelques années auparavant, le show-biz lui-même, Sinatra en tête, traitait ces jeunots de réchappés de Cro-Magnon, qui allaient disparaître très vite tellement ils étaient mauvais et outranciers.

Or la jeunesse, pleine d'une fureur de vivre à la James Dean, portait Elvis aux nues, vouant aux gémonies tout ce qui l'avait précédé ; c'est qu'elle se reconnaissait dans cette musique, ces rythmes, pour matraqueurs et primaires qu'ils fussent.

(1) MC Solaar / Zdar.

« Nouvelle vague »

(Jocelyn Cadet)

Richard Anthony, étudiant polyglotte, très branché US, et Frank Alamo, que son père avait envoyé en Angleterre pour un séjour linguistique, m'ont raconté tous deux le même scénario : ils savaient tous les grands succès américains par cœur et les jeunes faisaient cercle autour d'eux ; il a suffi que leurs routes croisent celle de producteurs avisés et les voilà hissés aux premières places, eux que leur milieu et leurs orientations ne destinaient absolument pas à une carrière enviable de chanteurs.

Incontestablement, il se passait là un phénomène qui échappait aux anciens et que le transistor, autre invention, propagera ensuite de plus belle. Vian et Salvador – musiciens accomplis, surtout Henri – croyaient si peu en cette musique de primates qu'ils en firent des parodies en forme de grosse farce comme « Rock and roll mops ».

Mois après mois le phénomène prenait de l'ampleur, envahissait tout.

À la fin des années 50, il avait gagné la France.

Au Golf Drouot, les rockers en herbe et leurs supporters se préparaient à la grande conquête. Claude Moine alias Eddy Mitchell et « les Five Rocks » étaient parmi les plus enthousiastes. Peu de temps après, ce vieux finaud de Maurice Chevalier, toujours sur la brèche, avait flairé lui aussi quelque chose, et avait enregistré avec eux « Le Twist du Canotier ».

Quant à moi, enfermé comme d'habitude dans mon répertoire scénique, je pensais – au début ! – que tout ce vacarme sympathique ne me concernait pas…

En 1962 – l'année de mon récital à Bobino – les yéyés étaient bel et bien en place.

Tout comme le Moyen Âge avait découvert l'Amour (courtois), les années 60 découvrirent la Jeunesse (triomphante) !

La Palice aurait eu raison de voir dans la jeunesse l'avenir de l'humanité ; les marchands de tous âges y virent aussi le leur. Ô combien Ô *how much* !!

Peu importe l'ordre chronologique, on vit s'installer en haut des hit-parades (un mot nouveau pour dire « classement ») comme chouchous de la semaine : Françoise Hardy (« Tous les garçons et les filles »), Sheila (« L'école est finie »), Dick Rivers, un jeune Niçois de 15 ans avec les Chats Sauvages (traduction des Wild Cats).

Il y eut pas mal de casse : Danny Boy, les Pirates, les Champions, les Rebelles, les Vautours, Ronnie Bird, Moustique, Long Chris, Vince Taylor, les Cyclones, Billy Bridge, Monty, Michel Page, les Loups-Garous, les Rapaces (avec leur chanteur Willy Balton – alias Robert Hue !!) ; j'en passe, la liste est longue. Constatation valable en toute saison : les meilleurs et/ou les plus chanceux sont restés.

« Trenet est un vieux con, Piaf chante faux, Luis Mariano est une tarlouze maniérée. Et Tino Rossi, c'est quoi ? Une marque d'apéritif ? » (J'ai entendu tout ça.)

Table rase ! Place aux jeunes !

Montand a pris le maquis, brillamment « réfugié » au cinéma – et avec quel succès ! Il ne jugera opportun de revenir à la chanson que pour ses 60 ans.

Seul peut-être Brassens avait trouvé grâce à leurs yeux, parce que Daniel Filipacchi avait dit et répété à *Salut les Copains* que c'était son chanteur préféré ; alors si Daniel l'a dit…

Il avait tout compris, ce Daniel. Fils d'un grand amateur et collectionneur de disques de jazz, il exerçait le métier de reporter et animait à la radio *Pour ceux qui aiment le jazz,* avec Franck Ténot, un Bordelais dont j'écoutais religieusement l'émission portant ce titre, après la Libération, dans ma ville natale. Leur amour commun pour le jazz et leur compétence en la matière les amenaient souvent aux USA où, parmi les premiers, ils avaient capté l'ampleur du raz-de-marée teenagers qui, immanquablement, allait submerger l'Europe.

Gardons-nous de caricaturer, il n'est pas juste de dire que Filipacchi est le « responsable » du faramineux triomphe du yéyé. Il ne l'a pas lancé au petit bonheur la chance, il l'a vu venir, il lui a fourni des bases de diffusion incomparables, au début par la radio (tous les jours sur Europe 1 à 17 heures, *SLC* fut la grand-messe radiophonique) puis par la presse. La télévision a suivi.

Dans ma jeunesse, il pouvait se faire qu'on reçoive une petite pièce pour un service rendu ou lors du passage d'un visiteur aimable, mais l'argent de poche pour les ados n'était pas une règle – en tout cas pas dans mon milieu.

Or, cet usage s'étant répandu, « jeune » put devenir matériellement une espèce de classe sociale qui pouvait prétendre orienter ses goûts à sa convenance – vêtements, lectures, musique –, l'essentiel étant de se démarquer des aînés dans le plus de domaines possible.

J'ai entendu le photographe Jean-Marie Périer confirmer chez Pivot qu'il avait ordre formel de ne pas faire de photos d'une certaine « liste noire » d'artistes connus, sous aucun prétexte (vous avez dit « ségrégation » mon cher cousin ?).

La guéguerre des générations n'est évidemment pas une nouveauté (les auteurs de l'Antiquité abordaient déjà le sujet) ; dans ma jeunesse, nous n'y échappions pas, c'est certain. Dans le répertoire contemporain, on trouvera dans moins de cinquante ans à s'émerveiller ; et à pouffer de rire. Comme toujours, comme partout…

D'ailleurs, il ne s'agissait pas tant d'âge exclusivement que de nouveauté : tout ce qu'aimait papa, aux orties ! C'est pourquoi deux gars nés en 1929 comme moi, Hugues Aufray et Claude Nougaro, furent admis et même aidés à *Salut les Copains*. Car, après en avoir pris acte, en homme d'affaires avisé, Filipacchi sut rester à l'écoute des « copains » et se donna les moyens de satisfaire leurs desiderata, pour son plus grand profit.

Daniel, au demeurant le meilleur fils du monde, m'avait dit un jour : *« Tu n'as pas de mouron à te faire ; tu n'es pas de ceux qui les énervent. »*

Certes, mais comme on le voit dans tous les changements importants dans la société, un tas de gens deviennent plus révolutionnaires que les révolutionnaires, par peur de se faire trancher le col. C'est à qui en rajoutera pour ne pas avoir l'air d'être largué par l'Histoire en marche.

C'est valable partout et toujours ; dans la chanson – « produit » périssable – plus qu'ailleurs. J'ai vu des programmateurs, des producteurs, des animateurs, se faire virer plus ou moins discrètement pour ne s'être pas convertis inconditionnellement à la nouvelle religion. J'ai vu des quinquagénaires jeunes, jeunes, jeunes, twister à s'en faire péter la prostate ; des chauves à catogan ne jurer que par leurs copains Johnny, Sylvie, Dick et Richard.

La fièvre juvénile avait même poussé des têtes de pont jusqu'à radio Luxembourg qui, à partir de son Grand Duché de la rue Bayard (à Paris), fleurait bon jusqu'alors la France profonde. Un Américain foufou parlant tout juste français y fut chargé un temps, en vain, le pauvre, de faire pièce à l'émission d'Europe à la même heure, tandis que la ménagère de plus de cinquante ans rasait les murs en se signant, ne sachant plus à quel saint chanteur se vouer à ces heures désormais interdites.

Un Nil de fric se mit à inonder et féconder le petit monde de la chanson, comme jamais on n'en avait vu, à aucun moment, dans le passé.

Dès ses débuts, le premier 45 tours de Johnny avait cartonné à 100 000. Les disques se vendirent mieux que des petits pains. Par dizaines de millions…

En général à moindres frais pour les maisons de disques.

En effet, au lieu d'effectuer le travail d'élaboration, de contacts et de diffusion de l'éditeur à l'ancienne, il suffisait d'acquérir les droits des premières chansons du hit-parade américain. Il suffisait également de recopier l'orchestration d'origine telle quelle, puisque c'est ainsi qu'elle avait marché à la « maison mère », aux United States of America. Certains allaient jusqu'à rechercher de jeunes interprètes dont la voix pouvait coller avec le play-back original.

Trois fois rien à débourser pour le sous-traitant bien de chez nous, supplément de bénéfices pour le Ricain qui avait déjà fait son beurre *at home*. L'opération main basse sur la goualante tournait à plein régime…

Il serait abusif de dire que tout se figea au profit de la nouvelle vague, comme on arrête les cyclistes, piétons et charrettes à bras, au passage de la colonne blindée; on continua à entendre Les Compagnons, Bécaud, Béart, Aznavour ainsi que des nouveaux venus comme Macias.

En ce qui me concerne, cher Daniel Filipacchi, je n'étais pas *« de ceux qui les énervent »* mais, avec quelques autres, nous leur étions indifférents.

Peu à peu, nous sommes devenus pour eux des inconnus.

Baby boom; néo-romantisme; pour des masses de jeunes, accès direct à une musicalité primaire par des rythmes simples, porteurs de violence et d'exubérance; communion de la génération montante imposant ses goûts en rupture avec ceux des vieux croûtons – les « croulants » –, tout cela me paraît d'une évidence indiscutable, même si, au début, je fus de ceux qui n'avaient pas senti le vent tourner à l'ouragan.

La fracture des générations était patente, même si, ici et là, elle comportait quelques exceptions. Elle n'irait qu'en s'élargissant, encouragée en permanence par la guerre économique on ne peut plus efficace menée par les US of America.

En 1948, Harry Truman mettait tout en œuvre pour que le cinéma US pénètre le monde entier; en effet, son exportation systématique créait un mode de vie et de comportements qui « soutiennent, prolongent la présence et la suprématie économique de l'Amérique ». Cinoche, chanson, même combat!

Pourtant, *« aucune fraction de l'humanité ne dispose de formules applicables à l'ensemble et une humanité confondue dans un genre de vie unique est inconcevable parce que ce serait une humanité ossifiée »* (Claude Lévi-Strauss).

Au début et à de rares exceptions près, les vrais bons auteurs firent fi de ces miettes. La plupart d'entre eux avaient ricané au début: *« Adapter un rock de Presley, c'est facile, il suffit de confier le boulot à un illettré »,* disait Boris Vian.

Les « illettrés » (!) en question profitèrent du vide qui s'ouvrait devant eux pour jouer les stakhanovistes de l'adaptation de tubes *made in USA*.

Et moi et moi et moi ? Peu à peu, les auteurs se firent plus rares autour de moi et des non-*teenagers*.

Conséquence d'autant plus fâcheuse que, je le redis, je n'avais pas joué la carte de l'auteur-interprète même si, à l'occasion, je sais écrire mon propre « matériel » pour mes tours de chant.

Mais rien ne me conduisait à mettre en veilleuse ma vocation d'interprète visuel. J'allais même jusqu'à refuser des chansons plus populaires – triple crétin ! –, toujours pour les mêmes sempiternelles raisons.

Encore quelques années et j'allais avoir des problèmes de répertoire – populaire en tout cas.

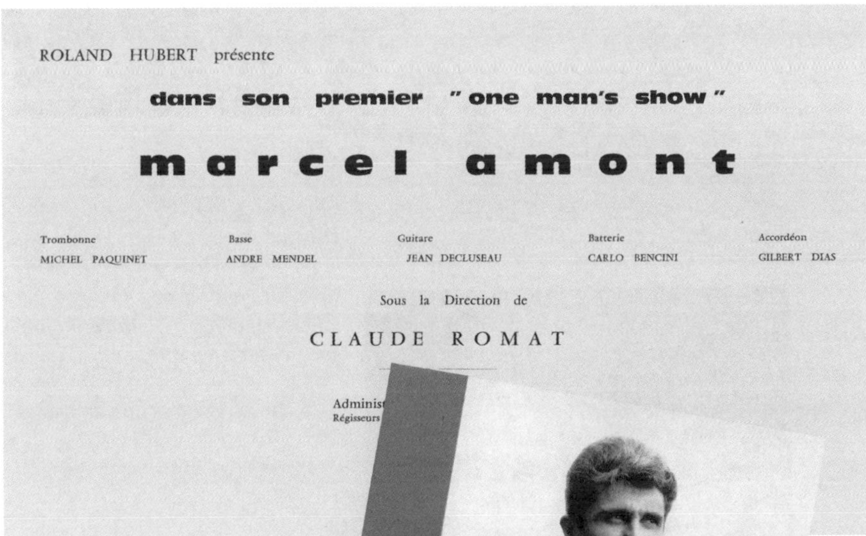

ROLAND HUBERT présente

dans son premier " one man's show "

marcel amont

Trombonne	Basse	Guitare	Batterie	Accordéon
MICHEL PAQUINET	ANDRE MENDEL	JEAN DECLUSEAU	CARLO BENCINI	GILBERT DIAS

Sous la Direction de

CLAUDE ROMAT

Adminis
Régisseurs

Le Gala des Étoiles de 1963.

Marcel Amont. La grâce innée. La gentillesse naturelle. La fantaisie ailée. Le talent à revendre. La voix charmante timbrée de cœur.
L'artiste liant les valeurs traditionnelles de la chanson à la frénésie anxieuse de renouveau des temps modernes. Pierrot interprétant les arlequinades éternelles de ceux qui ont choisi de sourire tendrement au miracle d'exister. Marcel Amont.

MARCEL AMONT ET SES "GIRLS"

Marcel Amont a fait sa grande rentrée sur la scène de l'Olympia, avec un tout nouveau repertoire pour un « One man show » minutieusement réglé avec six choristes qui sont aussi ses partenaires pour les sketchos et neuf musiciens. L'autre après-midi, sur la scène de l'Olympia, lors de la dernière répétition, Marcel Amont dansait en cadence avec quatre de ses choristes, quatre charmantes demoiselles qui chantent aussi bien qu'elles dansent... (Ph. Agip)

Olympia 1964.
Pour la première fois au music-hall, je m'entoure de danseuses-choristes. Quelques années plus tard, Claude François peaufinera la formule avec le succès qu'on connaît.

« La Belle Vie »

(Jean Broussolle /Jack Reardon - Sacha Distel)

Je ne vais pas infliger au lecteur le détail de mes activités professionnelles ; quand la fusée est sur orbite, elle tourne. Je suis donc parti en tournée à travers le vaste monde (j'ai enregistré des disques en sept langues), sans oublier, c'est évident, notre cher vieil hexagonal pays. J'ai retenu, parmi des mètres cubes d'archives perso, des documents dont certains m'amusent ou m'émeuvent ; ou me surprennent moi-même avec le recul. Et aussi quelques évènements de toutes sortes qui ont marqué ma mémoire.

1962. Jeff Kessel entre à l'Académie française ; mon ami Jean Frydman, à qui j'avais rendu service, étant un de ses proches et connaissant mon admiration pour Jeff l'aventurier et l'écrivain, organisa pour moi un repas au cours duquel nous avons parlé de l'Afghanistan où peu de gens étaient encore allés à l'époque, de la Résistance, d'aviation et de mille autres sujets. Heures inoubliables.

Parmi tant d'autres choses, un de ses propos m'a marqué : *« Toutes les histoires de religion et autres me laissent totalement indifférent, mais ne serait-ce que par respect pour tous ces braves types qu'on a persécutés jusque dans le passé le plus lointain, je me dirai toujours Juif, tranquillement. »*

1965. Un terrible drame.

L'été, c'est la grande tournée annuelle à travers la France.

La plupart du temps, je suis aux commandes de mon Super Émeraude biplace. Je ne peux donc emmener qu'un passager à tour de rôle, par beau temps.

Pour la troupe, les étapes sont souvent longues et pénibles car, je le redis, il n'y pas d'autoroutes, hormis un tout petit tronçon riquiqui en région parisienne.

Jean-Claude, le frère d'Enrico Macias, conducteur de fraîche date, était chargé de véhiculer Serge Lama, petit Chauvier devenu (presque) grand, qui obtenait un succès très prometteur dans ma première partie, accompagné de sa pianiste-fiancée.

Un soir, ils ne sont toujours pas arrivés quand j'entre en scène. Les embouteillages, une panne ?

À la fin de mon tour, les gendarmes viennent me prévenir que « des gens de ma troupe » ont eu un accident. La petite a été tuée sur le coup ; de la voiture, complètement écrabouillée contre un platane, on a retiré les deux gars mourants.

Je fonce à l'hôpital d'Aix-en-Provence.

J'ai vu là scène terrible que rien ne pourra jamais me faire oublier.

Durant mon enfance, quand j'allais chercher ma mère à l'hôpital, il m'arrivait d'apercevoir des visages livides déjà envahis par la mort. J'avais vu des cadavres – celui du vieux Pilate, exposé devant sa porte dans la ruelle d'Etsaut parmi les lamentations des pleureuses ; avec mes proches, j'avais veillé tonton Jean-Bernard à Bordeaux sous le bombardement de la base sous-marine, à la lueur blafarde des fusées éclairantes.

Là, c'étaient deux jeunes vies en train de lutter pour ne pas sombrer dans le néant. Des poulies, des bouteilles de sérums et de liquides de toutes sortes, des machines soufflant, pulsant leurs liquides, des tuyaux entrant et sortant de ces jeunes corps martyrisés, couverts de bandelettes comme de pauvres momies. Côte à côte, leurs corps étaient secoués de soubresauts, leurs plaintes se mêlaient au bruit sinistre de cette machinerie de la dernière chance.

Le frère d'Enrico n'a pas émergé du coma. Serge s'en est sorti, comme on sait, au bout de bien des souffrances et à force de volonté farouche. En 1975, on le verra bourrer l'Olympia, le Palais des Congrès, plusieurs années d'affilée. Superman !

En 2008, au cours d'une émission télé, il a déclaré devant des millions de téléspectateurs que c'est moi qui lui avais sauvé la voix en suppliant le docteur d'épargner ses cordes vocales, alors que, tentant le tout pour le tout pour le ramener à la vie, celui-ci envisageait une trachéotomie.

Je ne me serais jamais permis d'essayer de m'attirer l'estime du public en racontant cet épisode.

Mais cela m'a fait chaud au cœur qu'il l'ait dit.

1965. Jean Ferrat crée « Potemkine » sur des paroles de Georges Coulonges, le parrain de ma fille Katia ; il y a de la censure dans l'air (de la chanson) ; des programmateurs se tâtent pour la passer à l'antenne, comme si le fait de parler de la révolte des marins russes à l'aube de leur révolution avait quelque chose de subversif qui leur attirerait des ennuis venus « d'en haut ».

Jean nous a quittés, salué par la France entière, même celle qui ne partageait pas ses idées.

Depuis sa retraite en Ardèche, il arrivait que nos routes continuent à se croiser ; à l'instar de Brassens, ce poète qui disait en riant : *« Je ne sais pas quoi faire de mes bras »* ne prenait pas de haut le danseur sur corde que je suis. Il m'avait même confié une chanson – « Les Lavandes » – que j'ai pu enregistrer plus tard, lorsque j'ai retrouvé une maison de disques (Sélection du Reader's Digest – Musique 5312907).

Quelques années après la sortie de ma chanson « On ne guérit pas de son enfance », il avait apprécié mon texte et m'avait fait savoir qu'il souhaitait le traiter à sa façon.

D'autres se seraient servis sans vergogne, mais pas Ferrat ! Salut, Jean…

1966. Je chante à Québec et Montréal.

Sur le chemin du retour, c'est une habitude désormais bien ancrée, je vais me transformer en spectateur. Ma secrétaire (1) m'a réservé des places dans deux ou trois théâtres de Broadway.

(1) Jacqueline Tordjman resta ma collaboratrice plus de dix ans. Toujours sur la brèche, souriante, efficace. Plus tard, ses compétences lui ont valu de diriger une grosse boîte américaine de production pour la jeunesse. Maintenant c'est elle qui me donne des tuyaux !

Jacqueline m'apprend que mon ami Charles Aznavour, qui a décidé de pousser ses pions en avant sur le Nouveau Continent, comme il en rêve depuis toujours, se produit dans un petit cabaret non loin de là.

Coup de bol, Maurice Chevalier en tournée chante au prestigieux Waldorf Astoria.

Le lendemain, avec Charles et Manitas de Plata, qui vient de faire un tabac au Carnegie Hall, on se pointe pour voir notre Maurice.

Des hommes-sandwichs font les cent pas sur le trottoir : "*On strike!*" Merde ! Grève des musiciens ! Or, là-bas, quand le show-biz est en grève, il est en grève, depuis les machinos, l'ouvreuse, l'orchestre, jusqu'à Frank Sinatra, pas la peine d'essayer de se défiler.

Maurice a l'air plutôt guilleret dans sa loge : *« Écoutez, les enfants ! Depuis des années, je meurs d'envie de chanter, au moins une fois, seul à seul face à mon public. »*

Une annonce a été faite. Pas un seul spectateur ne s'est fait rembourser.

Et il l'a fait ! *He did it, ladies and gentlemen!*

Standing ovation à une époque où ce n'était pas systématique.

Le public, dix minutes debout à scander *« Mowriss, Mowriss, Mowriss »* !

Trois ans plus tard, nous pleurions notre Maurice.

Pour sa rentrée, lors de ses 80 ans, je lui avais bêtement demandé : *« Maurice, le monde entier vient en pèlerinage chez vous à Marnes ; pourquoi cette rentrée ? »* Il m'avait répondu tout naturellement, avec son bon sourire : *« Le métier d'artiste a occupé toute ma vie depuis l'enfance ; je ne vais pas attendre, maintenant que je suis un vieux monsieur, que la mort vienne me prendre, assis dans mon fauteuil. »*

J'ai 80 ans à mon tour, cher grand Maurice.

Aujourd'hui, je comprends de mieux en mieux !!

Maurice, le grand Maurice.
L'exemple inégalé et aussi
cette immense affection
envers ses successeurs
toutes générations confondues.
Affection bien réciproque,
cela va de soi.

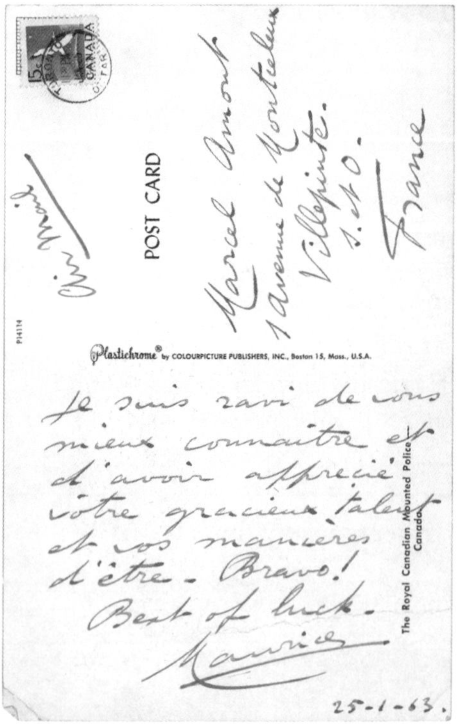

POST CARD

Marcel Amont
1 Avenue de Montceleux
Villepinte.
S. & O.
France

Plastichrome® by COLOURPICTURE PUBLISHERS, INC., Boston 15, Mass., U.S.A.

The Royal Canadian Mounted Police
Canada

Je suis ravi de vous
mieux connaître et
d'avoir apprécié
votre gracieux talent
et vos manières
d'être. Bravo!
Best of luck.
Maurice
25-1-63.

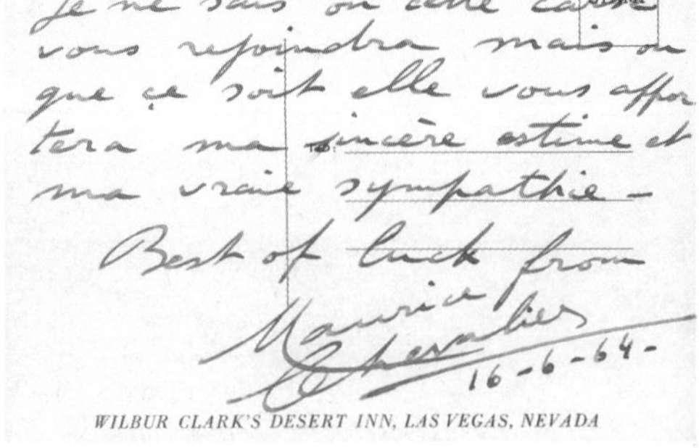

MESSAGE: Cher Marcel Amont.
Je ne sais où cette carte
vous rejoindra mais où
que ce soit elle vous appor-
tera ma sincère estime et
ma vraie sympathie.
Best of luck from
Maurice
Chevalier
16-6-64.

STAMP

WILBUR CLARK'S DESERT INN, LAS VEGAS, NEVADA

Enrico Macias, Françoise Hardy, Mireille Mathieu, Alain Barrière et Monty.

Octobre 1966, au Waldorf Astoria : Manitas de Plata, Alice et Ellen Kessler, Charles et Ulla Aznavour autour de Maurice Chevalier.

« Branchez la couleur »

(A.Simons - Sylvain Lebel - Dominique Pankratoff)

1967. Hors concours, succès formidable de l'émission *Amont cœur* pour l'inauguration de la télévision en couleur. Je me dois de ne pas trop me parer des plumes du paon. Ce triomphe fait par toutes les nations à notre émission est adressé surtout à ce fou furieux de Jean-Christophe Averty, dont l'art confine parfois au génie.

Françoise Dorléac, merveilleuse comédienne, héroïne avec sa sœur Catherine Deneuve des *Demoiselles de Rochefort* vient de mourir, brûlée vive dans sa voiture. Nous avions tourné quelques émissions de télé ensemble ; sa grâce, sa gentillesse pétillaient et chaque fois que je revois le clip de « Dis Marie » j'ai les larmes aux yeux. Tant de jeunesse, tant de talent partis en fumée…

« Les Cactus »

(Jacques Lanzmann / Jacques Dutronc)

1968. (Mai). C'est la « chienlit » dans Paris. Les candidats au pouvoir s'agitent.

Aux États-Unis, les stars ont coutume d'annoncer publiquement le candidat auquel elles apporteront leur vote. Sauf des cas particuliers, comme celui de Montand posant devant les affiches du PC, ces mœurs électorales n'ont que peu franchi l'Atlantique, et ce qui était jusque-là le secret des urnes ne s'étale pas en listes de soutien dans les journaux ; mais ça commence. On voit, à droite comme à gauche, des noms connus dévoilant leurs penchants. Un de mes bons copains, compagnon de route de Mitterrand depuis longtemps, me lance : *« Après quarante ans de pouvoir de droite, c'est quand même le moment où jamais de mettre tes actes en accord avec tes paroles ! »*

" HORS CONCOURS - COULEUR "

RTF

PRÉSENTE

"AMONT TOUR"

UN PORTRAIT MUSICAL EN COULEUR DE

MARCEL AMONT

MICHÈLE

1967, la couleur à la télé ! Quel honneur d'avoir été choisi par Jean-Christophe Averty pour représenter la France au festival de Montreux !

MARCEL AMONT

CHANTE ET DANSE

MOI J'AIMAIS LE SIRTAKI
QUAND T'AURAS VINGT ANS
MIREILLE
LE DUEL
DANS LA VIE FAUT PAS S'EN FAIRE
BLEU BLANC BLOND
LA LEÇON DE SOLFÈGE
PING PONG
LE LAPIN ET LES CHAMEAUX
VALENCIA
L'AMOUR EN MER
VIVE ELLA
LA SONATE POUR PIANO
MOI LE CLOWN
UN MEXICAIN
DES LARMES DE TENDRESSE
PIGALLE, PIGALLE

CHORÉGRAPHIE DE
JEAN GUELIS

"AMONT TOUR"

DURÉE : 50' 25''
FORMAT : 35 MM COMOPT EASTMAN COLOR
DATE DE PRODUCTION : AVRIL 1967

DIRECTEUR DE LA PHOTOGRAPHIE	JEAN CLAIR
DÉCORATEUR	BERNARD THOMASIN
COSTUMES	JOSETTE VERRIER
MONTAGE	ROGER IKHLEF
	ROLAND PRANDINI
ASSISTANTS RÉALISATEUR	TONY GANNAGÉ
	RENAUD SAINT-PIERRE
SCRIPT	FRANÇOISE BETTIOL
CHEF DE PRODUCTION	GEORGES COEFFIER

Un programme signé Maurice Uderzo,
l'un des papas d'Astérix,
c'est plus qu'un programme…

Pour garder la forme
à la fin des années 60, footing,
jogging pas encore à la mode.
On compensait avec fourching,
bêching, haching à Villennes
on the Seine.

J'ai horreur des étiquettes. Pourtant il en est une que je colle avec joie sur Marcel Amont, c'est celle qui désigne les grands vins de son pays natal, les crus d'origine. Ce qui ne signifie pas qu'il ait pris de la bouteille. Bien au contraire.
Clos Marcel Amont. Pétillant. Du bouquet à la boutonnière. Et un sacré petit goût de terroir.
Je ne suis pas chauvin. Mais je crois qu'il est temps, en matière de chanteurs et de chansons, de se montrer cocardier, et de prendre le parti de Château-Thierry contre Liverpool, de la rue Ronsard contre Carnaby Street, de d'Artagnan contre le duc de Buckingham.
D'ailleurs, Marcel Miramont nous montre le chemin de cette croisade. Il n'a point choisi de s'appeler Tom O'Loron ou Bob Haytso. Son pseudonyme, il l'a cueilli sur les pentes de la vallée d'Aspe où poussent les herbes sauvages en aval du gave : Marcel Amont.
Et ce chemin qui a conduit Marcel jusqu'à la capitale ce fut justement celui que suivirent autrefois les Trois Mousquetaires. Un jarret de coq et la prunelle en feu, il partit tout comme eux du Béarn, la fleurette au chapeau et un couplet aux lèvres. Dans le vent. Mais dans le vent qui souffle des Pyrénées. Halte à Bordeaux, après avoir traversé les terres du Seigneur Mauriac, et arrivée à Paris où, ayant ferraillé d'abord à l'Échelle de Jacob et à la Fontaine des Quatre Saisons, Marcel est oint et solennellement consacré par le Cardinal Coquatrix.
Il ne faudrait pas déduire de ce portrait à la Roybet que Marcel Amont est une sorte de paladin de la romance, surgi du fond des âges, un champion du folklore, un tenant obstiné de la valse, voire même du quadrille ! Matador de charme, Marcel possède toutes les armes dernier cri pour vous vaincre. Celles de l'esprit de la séduction, de l'humour.
Il met une fleur à son fusil. La fleur précieuse et fragile de la poésie.

MAX FAVALELLI

Guillaume Tell, Newton… Ce sont de vieilles histoires de pommes ; je préfère la plus ancienne de toutes, avec Eve (fut-elle de bronze).

Ma foi, c'est un peu vrai. Je sais de quel milieu je viens ; j'ai gardé le souvenir inoubliable de la joie de toute une rue, tout un quartier, tout un pays en liesse, en 36. J'ai battu le pavé, parfois la faim au ventre dans le Paris du début des années 50. J'ai failli y laisser la peau. Je sais donc, et pas seulement par ouï-dire, ce que vivent sans-grades et besogneux.

Et maintenant que je m'en suis sorti, que je compare la retraite de mes vieux au train de vie du roule-carrosse (petite carrosserie, toutefois...) que je suis devenu, il peut m'arriver de me sentir – comment dire – « coupable », en gardant les guillemets, parce que je n'ai braqué personne pour qu'on achète mes disques ou vienne à mes concerts ; je n'ai pas menacé les Italiens de les priver de mandoline, ni les Japonais de sukiyakis, ni les Helvètes de mettre le feu au lac s'ils ne m'applaudissaient pas.

Politiquement, il me semblait, en tant que citoyen, savoir où ne pas aller : pas à gauche-toute, vers cette gauche encore mal débarbouillée du stalinisme, encore moins vers la droite trop encline à rouler en gardant sa priorité de Droit divin.

Nous voilà donc partis, gratos évidemment (seuls les musiciens auront un cachet) à Château-Chinon, fief de François Mitterrand.

Étant donné que les militants et l'électorat fidèle savent très bien comment ils voteront, le principe de ce genre de meetings est d'attirer avec des vedettes le bon populo que l'on pourrait faire mordre à l'hameçon.

Première partie, les discours politiques devant toutes les huiles du parti, au grand complet. Entracte.

Pour la deuxième partie, les trois premiers rangs vides.

Vides, vides, entendez-vous ! Vides !

Ces messieurs-dames du staff n'ont pas jugé de la plus élémentaire bienséance de rester applaudir, ou même faire semblant, les artistes venus les soutenir, sous l'œil indifférent du monde des friqués en vue (souvent des artistes) qu'on appellera plus tard « bling bling ». J'étais fou de rage ; Catherine Sauvage pleurait.

Quoi ! Nous comptions si peu qu'on pouvait se comporter avec nous comme avec des quantités négligeables ?

Stéphane Korb.

Tonton… au premier plan, c'est normal !

Peut-être, l'heure étant grave, l'état-major était-il fiévreusement en train de s'organiser en Comité de salut public. Que nenni ! Cela nous fut confirmé : nos déserteurs papotaient, serraient des paluches et vidaient force bouteilles dans l'accueillant quartier général du *Vieux Morvan.*

Pourtant, les autres leaders politiques ne se comportaient pas de façon aussi grossière.

Par exemple, les communistes. C'était encore le temps où des répliques de la Fête de l'Huma couvraient tout le pays, attirant un public nombreux qui venait profiter de la grande kermesse, quelles que soient ses opinions. C'était très bien payé et, en plus des Montand, Ferrat, Gréco et autres compagnons de route, on pouvait assister aux tours de chant aussi bien de Nougaro, de Johnny, que de Charlebois, de Julien Clerc et *tutti quanti.*

Jamais je n'ai vu Jacques Duclos, Roland Leroy ou Georges Marchais nous faire l'injure de laisser leur chaise aux dirigeants absents.

Heureusement, ils ne sont pas tous comme ça, loin s'en faut. Je pense au jeune maire du 9e arrondissement, un certain Bertrand Delanoë, qui poussa même l'élégance jusqu'à me signer un contrat pour un nouveau concert – payant, celui-là. Pierre Mauroy, de même, ainsi que le tant regretté Pierre Bérégovoy à Nevers.

J'en avais gros sur la patate…

Toutes ces déconvenues avaient douché pour un temps mon enthousiasme.

Pas mes convictions.

Sans trouver d'excuses à la goujaterie ambiante, je m'étais dit que ce n'était quand même pas la règle, même si le mauvais exemple venait d'en haut ; que mon style n'était pas très culturel aux yeux des innombrables enseignants membres du parti ; que les états d'âmes d'un cabotin en mal de reconnaissance n'étaient pas grand-chose au regard de tout ce qu'il y avait à faire dans ce pays pour les défavorisés.

Tout ça, tout ça, tout ça…

Alors, j'ai repris ma modeste action, sans savoir que c'était un gros gourdin pour me faire matraquer une dizaine d'années plus tard.

★

1970. Après Félix Leclerc puis Robert Charlebois, nos cousins du Québec nous font un cadeau nommé Pauline Julien ; Daniel Lavoie et d'autres suivront.

Ainsi Gilles Vigneault, un poète, un vrai, qui chante la vie, l'amour, son pays. Gilles m'offrira une des chansons les plus poétiques de mon tour de chant : « Pour traverser la rivière ». Merci grand'ment, Gilles de Natashquan !

1971. « San Francisco » de Maxime Le Forestier, un petit gars que j'aime beaucoup et avec qui je garderai le contact tout au long de sa lente mais irrésistible ascension. En 1970, ils m'ont fait le cadeau, Julien Clerc et lui, d'un petit bijou : « La Galère ». Dernière heure (2011) : nous avons l'idée d'une chanson en commun. Chut !

Patrick Ullmann.

1974. Marcel Achard nous a quittés. J'ai eu la chance de connaître un peu cet épicurien, cordial avec les jeunes, talentueux homme de théâtre. Il voulait que je reprenne *Jean de la Lune,* mais je ne m'étais pas senti à la hauteur, pensant qu'il ne s'agissait ni plus ni moins que de succéder à Michel Simon.

Il ne m'en avait pas tenu rigueur.

La preuve : *« À notre époque, on ne croit plus à la féerie. Marcel Amont est le plus délicieux, le plus charmant et le plus imprévisible des lutins – ces facétieux esprits follets qui hantent les forêts et les campagnes. Car s'il y a de la blague, il y a aussi beaucoup de poésie en lui. Ce qui m'émerveille chaque fois c'est la rigueur et la perfection avec lesquelles chacune de ses chansons est mise en scène ; c'est un poète, mais s'il garde les traces de l'amateur, il s'impose aussi une discipline digne des classiques. Il y a en Marcel Amont un grand artiste, un clown et un sage et c'est peut-être sa sagesse profonde qui lui a prématurément blanchi les cheveux… »*

Un ange passe, nommé Marcel…

« J'ai un problème »
(nouvelle version !)

L'impact de mes cent représentations à guichet fermé à Bobino en 1962 n'allait pas alimenter mon moteur *ad vitam aeternam.* Avec les anciens – Brassens, Piaf, Ferré, Bécaud – il y avait les cousins, les petits frères et sœurs des yéyés – les Claude François, Frank Alamo, les Surfs – qui allaient leur chemin.

Et puis, au fil des années, une moisson de nouveaux venus qui montaient au créneau, dans les styles les plus divers ; pêle-mêle les Adamo, Christophe, puis Sardou, Vassiliu, Dutronc, Dassin, chacun apportant son lot de chansons, de timbres de voix, de visages nouveaux.

Pour moi, comme je l'ai expliqué, si l'on me reconnaissait une maîtrise de l'art scénique, les refrains populaires se faisaient rares ; les opérettes revisitées avaient eu un gentil succès sans plus, ainsi que certaines chansons comme « Maria et le pot au lait » ou « Samba d'été ». Mais on était loin des cartons de « Bleu blanc blond » et du « Mexicain ». Les gros tubes (même si l'on n'est jamais sûr de rien a priori) n'allaient plus vers des gens comme moi, mais bien vers des interprètes plus jeunes, donc plus vendeurs : Delpech (parfois auteur), Joe Dassin, Herbert Léonard, Patrick Juvet, Dave ; ou même des nouvelles têtes dans la chanson, malgré leur âge, comme Jeanne Moreau ou Zanini, en plus de Barbara et Serge Reggiani.

Outre mes incessantes tournées en France et dans les pays francophones, je faisais des incursions à l'étranger. Je me débrouillais convenablement en anglais, allemand, italien, un peu en espagnol ; et c'était si amusant, selon la méthode mise au point avec Masumi Okada au Japon, d'apprendre phonétiquement des répliques en russe, danois, hollandais – et même en slovène !

Rien d'étonnant à cela ! Avec Charles Aznavour pour chef de file incontesté, nous étions quelques-uns à représenter la chanson française telle qu'on l'appréciait dans une partie du monde, alors que, par ailleurs, chaque pays avait ses propres interprètes de la déferlante américaine.

Je faisais mon merveilleux métier de représentant en refrains bien-de-chez-nous et ma petite Katia a souvent vu un courant d'air nommé « papa », la valise à la main (par bonheur papy et mamy étaient là qui veillaient).

Je globe-trottais donc allègrement, mais, côté disques, ça ne s'emballait guère, et j'en concevais quelque crainte – non pour des raisons de profit, puisque je gagnais très confortablement ma vie – mais parce que quelque chose me disait qu'il y avait là une menace à venir ; que l'ombre d'une épée de Damoclès planait.

De temps à autre, je m'imaginais avoir tiré le bon numéro ; mais non, ça retombait comme un soufflé, faute de programmation radio. Les réponses variaient peu ; *« ce n'est pas la couleur de notre antenne »* était la plus courante.

Point de tube, point de radio. Point de radio, point de tube. Ça se mord la queue.

Je peux très bien admettre que les gens de radio n'aient aucun intérêt professionnel pour ce qui ne s'adresse pas prioritairement à l'oreille. C'est vrai que « Moi le clown », où je fais mon cirque, « L'Amour en mer », où le tangage me rend malade, « Le Coureur de Marathon », où je cours, ne donnent rien si on ne les voit pas.

Mais cet aspect des choses est subsidiaire.

La raison principale, on l'a vu, c'est que les programmateurs se devaient d'être dans l'air du temps ; dans leur trouille bleue de paraître vieux jeu, ils se mirent, comme par hasard, à tous avoir les mêmes goûts !

En ces années 70, je faisais donc partie de ceux qui passaient de moins en moins à la radio. Serge Gainsbourg confirmera la situation à sa façon : *« Un chanteur qu'on n'entend pas sur les ondes est, à brève échéance, un chanteur mort. »*

Question de survie artistique : il fallait que je frappe un grand coup !

C'est Coquatrix qui en fut le déclencheur.

Il vint me voir chez moi. Il avait perdu de sa superbe et avec une sincérité qui me désarma et me toucha il m'expliqua sans détours qu'il était aux abois, que son cher Olympia – qui avait vu mon triomphe quinze ans auparavant, n'est-ce pas, mon très cher Marcel – allait devoir mettre la clef sous la porte, croulant sous les dettes.

Il avait vu mon show à Marseille et à Montréal, le Sauveur, c'était moi !

Il était d'accord pour prendre des danseuses, des choristes, l'orchestre au grand complet. On ferait faire des costumes grâce à sa femme Paulette et ce tour de chant-revue allait ressusciter Lazare.

Je me mis à l'ouvrage.

Le jour J, à l'heure H, j'étais fin prêt. Pendant cinq semaines, je mis mon expérience et mon énergie sur la scène du boulevard des Capucines, tellement à fond qu'à chaque séance je perdais un kilo et demi (que je récupérais, seulement en partie, chaque jour). Je sortis de cette merveilleuse aventure rayonnant et affûté comme un vainqueur du Tour de France sur le podium.

J'avais sélectionné le meilleur des sketches et idées que je rassemble depuis toujours dans des cahiers ; après les avoir longuement fignolés en répétition, je les avais expérimentés dans mes galas, un par un, entre mes chansons les plus affirmées.

Tout était bien rodé, bien au point.

Le finale en apothéose réunissait non seulement choristes, danseuses et musiciens, mais également techniciens et machinistes comme figurants complices.

Tout au long des deux heures de spectacle, il y avait eu des ballets ; des sketches chantés : « Le Duel », « Le Coureur de Marathon », où, pendant huit minutes, je courais (facile) en chantant (difficile), « Le Marionnettiste », où je dialoguais avec une marionnette mue sur fond noir. Et aussi ce sketch où j'entrais et sortais d'un film que j'avais tourné avec des cascadeurs, et qui avait estomaqué public et journalistes.

D'ailleurs, cette fois-ci, je laisserai la parole aux journaux, ce qui est une façon hypocrite, j'en conviens, de manier l'auto-encensoir.

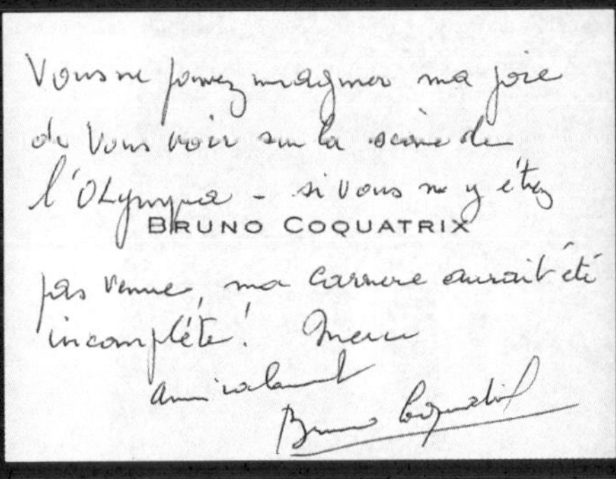

Vous ne pouvez imaginer ma joie de vous voir sur la scène de l'Olympia - si vous n'y étiez

BRUNO COQUATRIX

pas venu, ma carrière aurait été incomplète ! Merci

Amicalement

Bruno Coquatrix

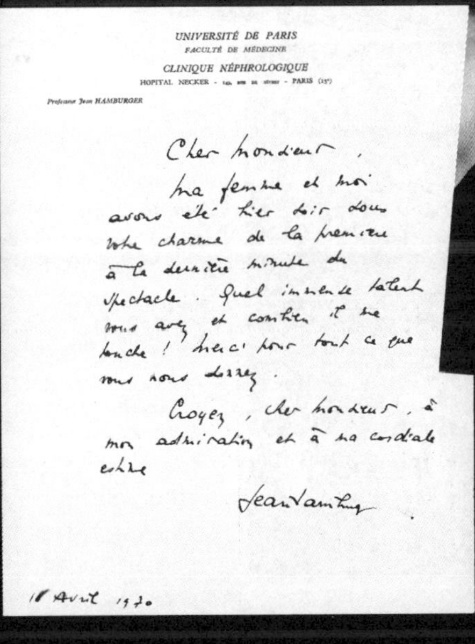

UNIVERSITÉ DE PARIS
FACULTÉ DE MÉDECINE
CLINIQUE NÉPHROLOGIQUE
HOPITAL NECKER - 149, rue de Sèvres - PARIS (15e)

Professeur Jean HAMBURGER

Cher Monsieur,

Ma femme et moi avons été hier soir sous votre charme de la première à la dernière minute du spectacle. Quel immense talent vous avez et combien il me touche ! Merci pour tout ce que vous nous donnez.

Croyez, cher Monsieur, à mon admiration et à ma cordiale estime

Jean Hamburger

18 Avril 1970

Programme de l'Olympia 1970.

Hommage au professeur Hamburger (oui, le papa de Michel Berger). On comprendra que je conserve pieusement ce genre de lettre.

*Inoubliable
Olympia…
Pour en parler,
autant laisser
la parole
aux folliculaires.*

LE TOUT-PARIS SOUS LES CONFETTI DE MARCEL AMONT

Marcel Amont a bien été remercié par son public de l'Olympia de la générosité qu'il lui avait témoignée.

On peut reconnaître, noyé dans les confettis, Jacqueline Salvador, Marcel Achard, Serge Lama, Paul Guth et tant d'autres…

● OLYMPIA

MUSIC-HALL

par Jean MACABIES

Marcel Amont : la chanson a perdu un charmeur et gagné un amuseur

MARCEL AMONT est comme ces bons élèves que l'on retrouve sans surprise à la fin de chaque année scolaire les bras chargés de prix. On sait tellement qu'ils ont toutes les qualités du fort en thème qu'on ne s'étonne plus de les voir couverts de lauriers.

Le petit Marcel, tout le monde sait depuis longtemps que c'est lui le fort en tout de la chanson : en charme, en rengaine, en musicalité, en bon goût, en bagout. Impossible de le prendre en défaut : les leçons sont toujours sues.

Mais hier, à la distribution des prix de l'Olympia, le petit Marcel a renoncé au numéro de l'élève-doué-toujours-premier-de-sa-classe pour se lancer dans quelque chose de bien plus difficile, et qui exige autre chose que des devoirs sagement faits. Vous avez jusqu'au 3 mai pour le voir passer son examen. Hier soir, le public de la première lui a accordé la mention « très bien ». Et c'est justice

Il y a beaucoup d'invention, de trouvailles dans son récital. Un jaillissement d'idées drôles, toujours très difficiles à réaliser techniquement et qui réclament la minutie d'un numéro de cirque. Par exemple, cet extraordinaire sketche où il se mélange aux personnages d'un film burlesque, ou ce « Sous-préfet aux champs » de Daudet transformé en un dialogue avec une bande sonore de chants d'oiseaux.

Et la chanson ? direz-vous. Elle ne sert plus que de prétexte à une mise en scène, des ballets (huit comédiennes-chanteuses-danseuses belles à couper le souffle). Amont coiffe d'une casquette les musiciens de l'Olympia pour leur faire chanter « C'est si bon » à la manière des chœurs de l'Armée Rouge. Puis cette même chanson se transforme en comédie musicale à la « West Side Story ». Le tout sur un rythme sans bavures soutenu d'un bout à l'autre de la soirée.

La chanson a perdu hier soir un délicat charmeur. Elle y a gagné un amuseur. Vous ne perdez pas au change.

« amont-tour »

« il faut tout savoir faire au music-hall »

MARCEL AMONT FAIT SA RENTRÉE A PARIS

Le show : Un marathon Un défi contre soi-même

Journal du Dimanche 5.4.70.

NCHE

LES SPECTACLES DE PARIS

Marcel AMONT va « se payer mercredi *la trouille du siècle »*

---

les variétés PAR CLAUDE SARRAUTE

Marcel Amont à l'Olympia

Ce devait être une sorte de show à l'américaine, et puis, chemin faisant, on s'est aperçu que les moyens manquaient — les temps sont durs au music-hall. Il a donc fallu faire avec ce qu'on avait : le matériel, le personnel maison renforcés par une demi-douzaine de jolies filles et autant de violons. Au bout du compte, c'est bien assez.

> **DU MUSIC-HALL À L'OPÉRETTE**
>
> *L'Olympia, qui affiche son dernier spectacle de la saison avec le « show » Marcel Amont, pourrait ne plus rouvrir ses portes en tant que music-hall. Son directeur, Bruno Coquatrix, a, en effet, déclaré que toutes ses démarches auprès des pouvoirs publics en vue d'alléger la fiscalité qui pèse sur le music-hall sont restées vaines.*
>
> *Aussi, comme nous l'annoncions dans* le Monde *du 15-16 mars, envisage-t-il de présenter à la rentrée une comédie musicale ou une opérette dont les taxes — relevant du spectacle de théâtre privé — sont beaucoup moins importantes.*

Marcel Amont se suffit parfaitement à lui-même : il emprunte des boutures de sketches ou des chansons à quelques voisins choisis, les repique dans le jardin d'une fantaisie débridée et ordonnée, les cultive, les arrose, les taille, les émonde et les porte, tous les deux ou trois ans, au marché du refrain « saucisson » et de la limonade en couplets. Il a sa clientèle, des gens appartenant à toutes les classes d'âge et de revenus, que distingue un goût commun, ancré profond, pour l'article de qualité, présenté avec chic et sans chiqué, un certain besoin de panache aussi, la nostalgie d'une époque où le coq gaulois était symbole de courage et d'agressivité.

C'est à d'Artagnan que fait penser ce mousquetaire du micro, cet enfant du Béarn tôt blanchi sous le harnais ; il a, dit Paul Guth, la joue sèche et le jarret de montagne, il a la sûreté et la dureté du fleuret et le cliquetis de ses mots répond à celui de ses gestes. C'est de l'eau vive et du vif-argent, c'est un alliage léger de rires, de sourires et de soupirs.

Son histoire de marionnettiste amoureux vous met la larme à l'œil. Le ramage de son sous-préfet au champ, dialoguant avec les merles et les pinsons des environs, vous met le cœur en fête, et sa façon d'entrer et de sortir, sous le pseudonyme de Marcel Valentino, d'un film sautillant projeté sur grand écran, met la salle en joie.

Ce représentant de l'article de Paris en pays de langue française (il n'arrête pas de tourner) comptait, dit-on, sur son passage à l'Olympia pour pouvoir relancer ses affaires et ses succès parmi nous. Il a joué cela à quitte ou double. Il a gagné.

★ **Olympia, 21 heures.**

« Le Coureur de marathon »
a été très importante
pour l'histoire de mon système
cardio-pulmonaire :
chanter huit minutes, facile !
courir huit minutes, facile !
mais chanter (juste) en courant,
essayez...

Sandrrulas.

« Quel amer amou-ou-our
que l'amour en me-e-er ».
J'ai vendu le brevet de trucage
à Michael Jackson trente ans plus tard.
D'où mon immense fortune !

Richard Claisen.

Le premier qui dit que je suis un chanteur
statique aura mon pied au derrière.
Et croyez-moi, avec ce genre de tatane,
ça peut faire mal.

« Et maintenant » que vais-je faire ?

(nouvelle version)

(Pierre Delanoë / Gilbert Bécaud)

Claude Sarraute avait terminé ainsi ses éloges dans *Le Monde* : *« Ce représentant de l'article de Paris en pays de langue française (il n'arrête pas de tourner) comptait, dit-on, sur son passage à l'Olympia pour pouvoir relancer ses affaires et ses succès parmi nous. Il a joué cela à quitte ou double. IL A GAGNÉ. »*

Erreur, chère Claude !

La loi darwinienne s'applique même aux chanteurs ! Ce n'est pas le supposé plus doué en telle ou telle discipline qui survit et domine, c'est bel et bien celui qui s'adapte le mieux aux aléas de l'évolution.

Après Newton et Darwin – rien que ça ! – je ferai appel à M. Prudhomme pour affirmer que, pour moi, le Capitole portait en lui les germes de la Roche Tarpéienne !

Comme en météo, où l'on est toujours rigoureux concernant le temps qu'il faisait hier, il est toujours facile d'analyser après la bataille et je me suis rendu compte trop tard que j'avais mobilisé toute mon énergie et mon inventivité pour une formule qui n'était pas viable : trop démesurée par rapport à ce qu'il faut appeler par son nom, c'est-à-dire le marché. Saleté de marché !!

Non seulement dans les pays lointains qui coûtent cher en voyages, qui donc en France, Belgique, Suisse, pouvait déplacer, payer, loger, nourrir, musiciens, choristes, danseuses, sans boire le bouillon, alors qu'il n'existait encore aucun Zénith, aucune salle géante susceptibles d'équilibrer les frais ?

Les artistes font, en général, de fort mauvais comptables ; la preuve…

Avais-je donc dépensé tant d'énergie pour pas grand-chose ?

N'avais-je pas, tout compte fait, remporté une éclatante victoire à la Pyrrhus ?

Non, car j'avais réussi mon challenge : puisque le disque, de plus en plus incontournable, me boudait, j'avais pu faire

Étouffons les rumeurs dans l'œuf : il s'agit ici d'un rôle de chiromancienne pour les besoins d'un scénario de mon vieil ami Pierre Tchernia et non d'une idylle entre nous deux.

à l'Olympia la démonstration la plus éclatante possible qu'il restait encore d'autres voies pour garder le haut de l'affiche. J'en ressortais avec un moral d'acier, même si la suite des évènements n'allait pas tarder à tempérer mon enthousiasme.

Ensuite, il y eut, c'est évident, d'autres aspects positifs ; outre les galas chez nous et dans les pays francophones, les télés étrangères me réclamèrent – seul, ou avec une troupe restreinte – un peu plus souvent qu'auparavant ; en plus des Alliances françaises, je revins à Londres, à Tokyo, Madrid et Barcelone ; sans oublier, o sole mio, Rome !

Et aussi, expérience nouvelle pour moi, un film-télé en Allemagne, *Symphonie pour piéton et orchestre,* une fantaisie à travers Paris, pour laquelle j'avais obtenu la collaboration de mon complice Pierre Tchernia, ainsi que de l'excellent compositeur André Popp (voir « Auteurs » à la fin de l'ouvrage.)

Ce film eut un certain succès, mais seulement dans les pays de langue allemande.

Traversée du désert. Mes chameaux sont cachés derrière le buisson.

QUAND T'ES DANS LE DÉSERT [1]

« La Galère »

(Maxime Le Forestier / Julien Clerc)

Une carrière arrivée tout en haut ne tombe pas au trente-sixième dessous comme un fer à repasser, une poire blette ou une bouse de vache.

Ça tiendrait plutôt du planeur, avec parfois une inattendue ascendance, comme on dit en aérologie. Ainsi ce tube qui m'est tombé du ciel en 1971, « L'amour ça fait passer le temps. » Merci à ses paroliers Franck Thomas, Jean-Michel Rivat et à son compositeur Roland Vincent.

La musique, volontairement zim boum boum (trois accords !), me rappelait celles des automates humains qui fascinaient les gamins dans les vitrines du Bordeaux d'avant-guerre ; ce procédé avait inspiré beaucoup de numéros – les Frères Jacques entre autres – mais je l'avais combiné avec cette démarche glissante que j'avais vue pratiquée par les danseurs caucasiens des ballets Moïsseïev.

Un carton ! Un vrai ! Un million de disques.

Sursis, car rien de vraiment costaud n'enchaîna à la suite.

Même « Le Chapeau de Mireille », pourtant cadeau exceptionnel de Brassens, ne mit pas fin au lent vol plané vers les

(1) Jean-Patrick Capdevielle.

pâquerettes. À la radio, Brassens ou pas Brassens, pratiquement pas de passages de ce petit chef-d'œuvre (c'est lassant de le répéter !). Si on l'a quelque peu entendu, c'est parce que je l'ai chanté à la télé, où on m'a vu jusque vers 1978 régulièrement.

« Mes emmerdes »

(Charles Aznavour)

J'avais renoncé à la velléité de partir aux United States of America, *terra incognita,* et, spectacle coûteux et inadapté, mon « chef-d'œuvre » de l'Olympia était en panne, comme l'albatros de Baudelaire.

Refaire un tour de chant avec de nouvelles idées, moins lourdes à mettre en scène, comme avant ? Ouais... N'était-ce pas revenir en arrière ?

Avec les compositeurs Roland Vincent et Jacques Revaux – qui avait aussi la casquette de co-patron de la firme Trema – ainsi que d'autres membres de mon entourage –, nous tombâmes d'accord pour que, changeant carrément d'objectif, je revienne en partie à mes premières amours de comédien-qui-chante.

Ce fut la trop brève aventure de *Pourquoi tu chanterais pas* sur un sujet tout à fait original que mon ami Henri Garcin avait dans ses cartons.

Robert Beauvais écrivit la pièce, Revaux-Vincent la musique, moi les lyrics.

Pour bien signifier qu'une page se tournait, au moins provisoirement, j'avais décidé de jouer, à contre-emploi, le rôle d'un leader de troupe théâtrale pur et dur saisi par l'opulence et les regrets ; Ginette Garcin et Gérard Hernandez devaient s'en donner à cœur joie, elle comme ancienne du music-hall, lui comme imprésario arriviste et sans-gêne.

Les compositeurs et la production avaient vu grand – trop, probablement : alors que la pièce, au moins au début, se joue dans un décor volontairement miteux, au sein d'une petite compagnie qui rame pour s'en sortir, on avait l'impression d'entendre *La Bohême* de Puccini, ce qui sied parfaitement à l'Opéra, mais pas en ces lieux ; de plus, surtout pas avec des chanteurs de variétés remplis de bonne volonté mais aux moyens vocaux tout de même limités.

Le public, un peu désorienté pour commencer, s'habitua vite à me voir jouer sérieusement ce Hamlet de tréteaux, alors que j'avais délibérément laissé la part comique à l'excellent Gérard Hernandez.

La presse salua ce surprenant nouvel essai transformé. Jean-Jacques Gautier, le critique théâtral si redouté, s'était déplacé, il avait beaucoup aimé le spectacle et, au passage, me couvrait de fleurs dans *Le Figaro*, dans un article de vingt-sept centimètres sur dix (j'ai mesuré !).

Le bouche à oreille jouant, nous nous voyions tous embarqués pour une belle aventure au long cours, redonnant au public le goût de la comédie musicale, en perte de vitesse depuis quelques années. (Il fallut l'immense succès de *Starmania* pour réellement remettre au goût du jour ce genre de spectacle.)

Hélas ! Au bout de trente jours, pas un de plus, nous fûmes contraints de mettre la clef sous la porte.

Nous voilà donc abattus en plein vol avec ma troupe.

Dix-sept personnes au chômage (c'était moins grave pour moi).

D'où venait le coup ? D'une cabale visant le producteur – également patron du Marigny et de Bobino ? D'une lutte pour la suprématie entre organismes représentant les musiciens ?

C'est un arbitrage provisoire qui nous autorisa à jouer pendant un mois.

Pas un jour de plus.

Contre toute attente, ce sont les ultras qui avaient eu le dernier mot ; des délégués, gênés, nous faisaient savoir qu'ils étaient de tout cœur avec nous mais ne pouvaient rien faire. D'autres détournaient le regard vers des horizons plus sereins.

Bisounours, Bisounours, tournons cette page pleine de vilaines taches.

Autant j'étais reparti la fleur au fusil après l'Olympia 70, autant j'accusai ce sale coup. Sisyphe en ressentait comme un coup de mou (provisoire)…

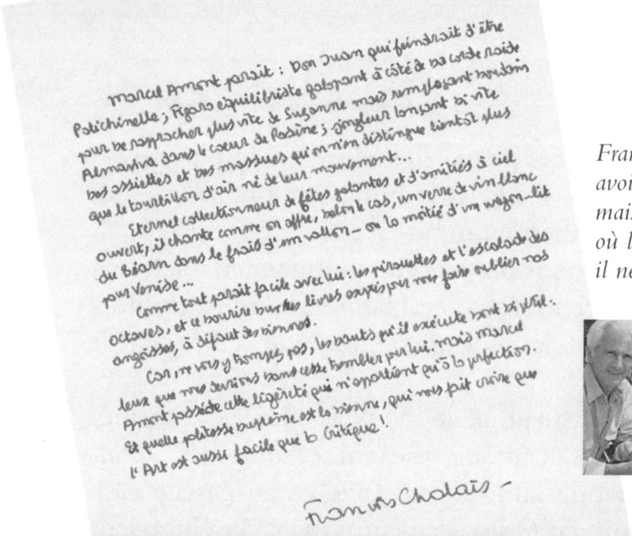

Marcel Amont paraît : Don Juan qui feindrait d'être Polichinelle ; Figaro équilibriste galopant à côté de sa corde raide pour se rapprocher plus vite de Suzanne mais remplaçant soudain Almaviva dans le cœur de Rosine ; jongleur lançant si vite ses assiettes et ses massues qu'on n'en distingue bientôt plus que le tourbillon d'air né de leur mouvement...

Eternel collectionneur de fêtes galantes et d'amitiés à ciel ouvert, il chante comme on offre, selon le cas, un verre de vin blanc du Béarn dans le frais d'un vallon – ou la moitié d'un wagon-lit pour Venise...

Comme tout paraît facile avec lui : les pirouettes et l'escalade des octaves, et ce sourire sur les lèvres exprès pour nous faire oublier nos angoisses, à défaut des siennes.

Car, ne vous y trompez pas, les sauts qu'il exécute sont si périlleux que nous devrions sans cesse trembler pour lui. Mais Marcel Amont possède cette légèreté qui n'appartient qu'à la perfection.

Et quelle politesse suprême est la sienne, qui nous fait croire que l'Art est aussi facile que la Critique !

François Chalais –

François Chalais pouvait avoir la dent dure mais quand il aimait les gens, où les spectacles, il ne l'envoyait pas dire.

François Darras.

Où la question reste posée…

« I'm a loser »

(Graham)

Je ne le sentais pas, ce passage à Bobino.

L'échec de ma comédie musicale m'avait miné, déboussolé, cette fois-ci « pour de vrai » comme disent les enfants. Mon compte en banque en avait pris un méchant coup ; quelle idée aussi de casser sa tirelire sous le prétexte idiot qu'un projet difficile vous tient à cœur… L'orgueil ? La gnaque ?

Ça m'avait secoué. Bien plus encore que je ne l'imaginais.

D'un côté, ce besoin d'aller redorer mon blason dans le tour de chant ; de l'autre cette angoisse diffuse qui allait s'amplifiant, bouffait mon énergie, m'embrumait les méninges comme une maladie non identifiée qui vous anémie.

Or, on ne repart à la conquête du titre qu'en pleine forme, avec la foi du charbonnier ; les miroirs ne doivent vous renvoyer que le visage d'un vainqueur et l'idée du doute ne doit même pas vous effleurer. Sinon, il faut rester chez soi et attendre que le punch vous revienne. D'autres l'ont fait souvent : je ne suis pas prêt, excusez-moi, je n'irai pas au casse-pipe. Pas eu ce culot.

Et ce qui devait arriver arriva.

Les piliers du Tout-Paris vinrent voir, la plupart avec sympathie, ce que donnait, six ans après, le retour d'un chevronné à Bobino, ce haut lieu du music-hall.

L'heure de vérité se rapprochait inexorablement.

Coûte que coûte je devais me ressaisir, recouvrer mes esprits, ne pas succomber à l'affolement, juguler la panique qui, au sens exact du terme, s'emparait de moi, me taraudant les tripes, me retournant l'estomac.

À force de me répéter, désespérément, comme toujours en pareille situation, « courage, courage, bats-toi », le rideau s'est rouvert, non sur un aimable baladin mais sur un gladiateur prêt à en découdre avec les lions, devant une assemblée de Romains le pouce déjà baissé.

Max Favalelli avait écrit en d'autres circonstances que j'étais un « *farfadet [...] aux jambes prestes, à l'œil pétillant de gaieté, mêlant l'humour au charme, la tendresse à la moquerie* ». Ce soir-là, le farfadet avait pris son masque de guerre et attaquait (!) sa chanson d'entrée avec toutes les apparences d'une sûreté de soi, gênante à la limite, alors que, les mains moites, la voix blanche, ses jambes tremblaient sous lui ; ce qu'on voulait bien appeler d'habitude sa « légèreté aérienne » avait ramassé des tonnes de givre sur les ailes, ne laissait plus apparaître qu'une mécanique sans âme.

Je pensais me ressaisir au fil des chansons. En réalité, ce soir-là, un type s'est noyé devant moi qui ne pouvait rien faire pour lui. Et ce type, c'était moi.

L'abattoir. Les résultats ne pouvaient qu'être catastrophiques.

Quelques critiques qui m'estiment, comme la douce Jacqueline Cartier, écrivaient : *« Il se ressaisira, ce n'est qu'un passage à vide. »*

D'autres furent immondes.

L'un d'eux mettait ma tête au bout de sa plume acérée et la montrait complaisamment au peuple.

Oui, j'avais été très mauvais, c'est certain, mais de là à me condamner à mort sans circonstances atténuantes...

Il m'est arrivé plus souvent qu'à mon tour de recevoir des flèches empoisonnées – souvent méritées ; c'est le fond de commerce des critiques et des humoristes, leur rôle – souvent positif quand il s'agit de dégonfler des baudruches.

Mais on tira ce soir de première sur une ambulance et je me souviendrai toujours qu'à Bobino en 1976 mon blindage était en carton bouilli...

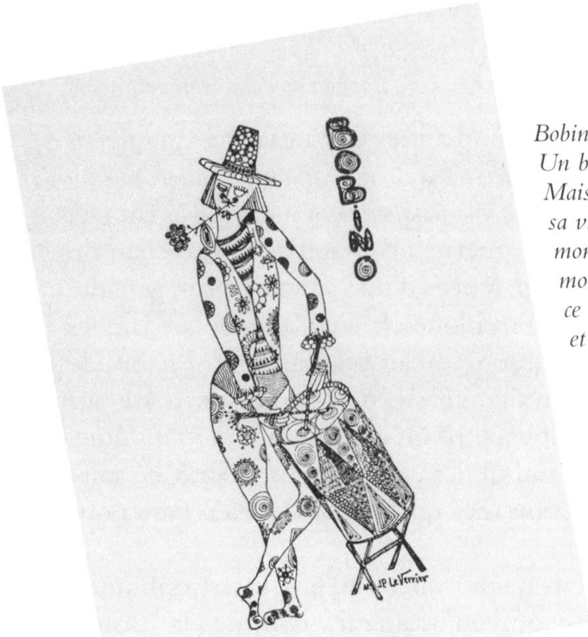

Bobino 1976.
Un bien cruel souvenir.
Mais, tant qu'à raconter (un peu) sa vie, parler aussi des mauvais moments, ne serait-ce que pour montrer aux jeunes combien ce métier n'est pas que paillettes et confettis.

LA RENTRÉE A BOBINO DE

MARCEL
AMONT

en compagnie de

PATRICK SEBASTIEN

et

PIERRE et MARC JOLIVET

avec

MARIE PAULE BELLE

JEAN-CLAUDE DAUZONNE, vous remercie de bien vouloir honorer de votre présence la "Générale de Presse" de ce nouveau Spectacle qui aura lieu le Jeudi 4 Mars 1976, à 20 h. 45 précises.

En cas d'empêchement NOUS VOUS PRIONS INSTAMMENT de nous en avertir en téléphonant à 326 58-79 de 10 h. à 19 h.
Cette invitation étant nominative et strictement personnelle elle ne pourra en aucun cas être utilisée par une tierce personne.

2 FAUTEUILS : loge 16

Après 20 h. 30, nous nous excusons de ne pouvoir vous réserver vos places.

J.-J. Descamps.

Avec Patrick Sébastien.

Dans les coulisses avec mes parents et Katia.

« Des bleus au cœur »

(Jean-Michel Jarre / Patrick Juvet)

J'ai eu du mal à me remettre moralement du bide en ce sinistre soir de première. Quarante ans ont passé et la cicatrice est encore parfois douloureuse, car elle réveille en moi le spectre de l'échec, toujours à l'affût.

J'avais beau refaire mille fois l'inventaire de cette somme d'évènements contraires qui avaient transformé « l'espiègle gambilleur » en laborieux comicaillon de noces et banquets ; j'avais beau me trouver des excuses : je manquais de scène, comme un boxeur manque de ring.

Pendant deux semaines j'ai rasé les murs.

Il m'arrive de croiser aujourd'hui l'un ou l'autre de ceux qui me descendirent en flammes sans sommation, en particulier mon gros Fouquier-Tinville.

Je ne me signe plus sur leur passage et j'ai même parfois l'impression qu'ils m'ont pardonné les offenses qu'ils m'ont faites.

« Mon père, ce héros »

(Guillaume Aldebert)

Dans la famille, le malheur nous avait frôlés de très près une première fois.

Papa était souvent pris de vertiges et l'été, dans notre maison des Pyrénées, en se penchant trop pour fermer un volet, il avait basculé dans le vide. Tout cassé de partout, tirant la patte, il s'était surtout mal remis de sa méchante fracture du crâne. Il avait pas mal traîné, malgré sa phénoménale énergie qui lui faisait encore arracher en ahanant des arbustes pour planter des groseilliers dans les trous.

L'opération s'était mal passée. Il était entré dans le coma.

Où que je sois je téléphonais dix fois par jour à Chaville. Le vieux briscard, le ronchon au cœur d'or, mon papa à la main calleuse dont j'avais senti le poids plus souvent qu'à mon tour au temps de mon enfance turbulente ; le dur à cuire à la marche rectiligne parmi les compromissions et les lâchetés ambiantes, papa, dont nous faisions chaque jour le deuil, nous a fait, lui, le coup de Lazare au bout de cinq semaines.

Maman avait passé chaque jour au chevet de son homme à l'hôpital Foch. Un soir, elle revient radieuse. Elle me tombe dans les bras, sanglotant de bonheur : *« Il m'a engueulée ! »* Mon Dieu, mon Dieu, merci ; il l'avait engueulée, le sacré macho !

Papa ressuscité, c'est à elle que je trouvais mauvaise mine. Peut-être ces semaines d'insomnie dans l'attente de la mauvaise nouvelle…

« Allô maman bobo »

(Alain Souchon / Laurent Voulzy)

L'été suivant, à Toussus-le-Noble, j'embarque mes parents à destination du petit terrain d'aviation d'Oloron-Sainte-Marie, tout proche de la vallée. Je me pose à Blois pour casser la croûte au petit restaurant où font escale les pilotes du coin.

Papa, qui s'est extirpé avec peine du cockpit, arrive à pas menus, appuyé sur le bras costaud de maman, comme on le voit dans les dessins de Dubout.

Deux mois plus tard je repasse par là.

– *Comment ça va, monsieur Amont ?*

– *Mal.*

– *Ah ! Le papa, n'est-ce-pas…*

– *Non ! La maman.*

Dans le même escalier que lui, maman elle aussi avait perdu l'équilibre, avait roulé jusqu'en bas, où elle gisait, le cuir chevelu ouvert, dans une mare de sang.

La petite paysanne devenue aide-soignante puis infirmière diplômée avait passé les vingt dernières années de sa carrière dans le service de neuropsychiatrie ; quand le professeur Delmas Marsalet, allant de patient en patient, donnait son cours, elle mettait les bouchées doubles pour être à jour de ses tâches et allait l'écouter religieusement, planquée derrière les blouses blanches des étudiants.

Il faut croire que tout ne lui avait pas échappé puisque, après avoir très précisément énuméré les symptômes de ce qui la tracassait depuis pas mal de temps, elle avait confié au docteur Lernout, ami de la famille, dans l'ambulance vers Pau : *« Je dois avoir une tumeur au cerveau. Pourvu que… »*

Elle avait laissé sa phrase en suspens.

Je ne vais pas raconter le déclin et la fin de ma mère.

La plus grande partie de sa vie, de tout son cœur elle avait fait de son gagne-pain une mission ; elle avait entouré de tant d'amour – oui, d'amour – tous ceux à qui elle avait pieusement fermé les yeux !

Ne serait-ce que pour mes futurs petits-enfants, j'aurais peut-être dû, il y a trente ans, trouver à chaud les mots pour témoigner de son courage et de sa dignité durant son propre calvaire.

Aujourdhui, je n'ai pas eu ce cran et je ne suis pas sûr que j'aurais maîtrisé avec la pudeur qui convient la mince différence entre les pleurs et le larmoiement.

Certains moments de ma vie, heureux ou dramatiques, m'ont paru incommunicables. « Le cœur se serre à ces moments lointainement redoutés, promesses noires de la vie qui les tient un jour ou l'autre », m'écrivit quelqu'un dont on connaît la fine plume ; mais ce ne sont pas de ces phrases bien tournées qui adouciront mon chagrin.

Quant à les écrire moi-même…

« Aqueras montanhas » (traditionnel)
« Dans mon pays » (Jacques Plante / Charles Aznavour)

En revanche, il se passa un phénomène que je continue de trouver tout à fait incompréhensible. J'ai raconté que papa et maman ne s'exprimaient entre eux qu'en béarnais, s'adressant à moi exclusivement en français. Sous le choc, je me mis à parler leur langue avec papa qui me regardait de ses pauvres yeux incrédules.

Peu de temps après, j'écrivis un poème que je mis en musique, chose qui me serait absolument impossible en français sur un thème aussi profondément intime. Je l'ai mis en exergue à la fin de ce livre.

Ma maman repose dans le pré où elle gardait les brebis dans son enfance, tout en haut du hameau d'Aubisa. Chaque fois que nous sommes revenus là-haut, papa, pensif, jetait interminablement des cailloux dans la pente comme on l'interdit aux petits garçons malfaisants qui risquent de blesser des gens en contrebas.

Il l'a rejointe en haut du pré cinq ans plus tard.

Et là non plus, je n'ai pas envie de « faire des phrases ».

À la rigueur des poèmes.

En béarnais.

Je suis né à Bordeaux et j'y ai vécu vingt ans ; jamais en Béarn, sauf pour les grandes vacances. Mon domicile fixe fut la planète des décennies durant, et ma vie est bien évidemment ailleurs qu'en vallée d'Aspe.

Je n'avais eu jusque-là qu'un rapport affectif, somme toute assez superficiel, avec la langue ancestrale ; je me mis alors à en approfondir l'étude, en apprenant la graphie normalisée ; j'étudiai les poètes dont j'ignorais jusqu'au nom et les mis en musique.

En 1981, j'écrivis les deux heures d'un spectacle intitulé *La Hesta* (la fête), avec chorale, clubs de gym, danseurs amateurs et professionnels, devant des milliers de personnes pendant deux jours à Pau ; un film fut tiré par FR3 de cette superproduction et retransmis en Suisse et jusqu'en… Chine.

Retour aux sources (ce n'est pas ce qui manque en vallée d'Aspe).

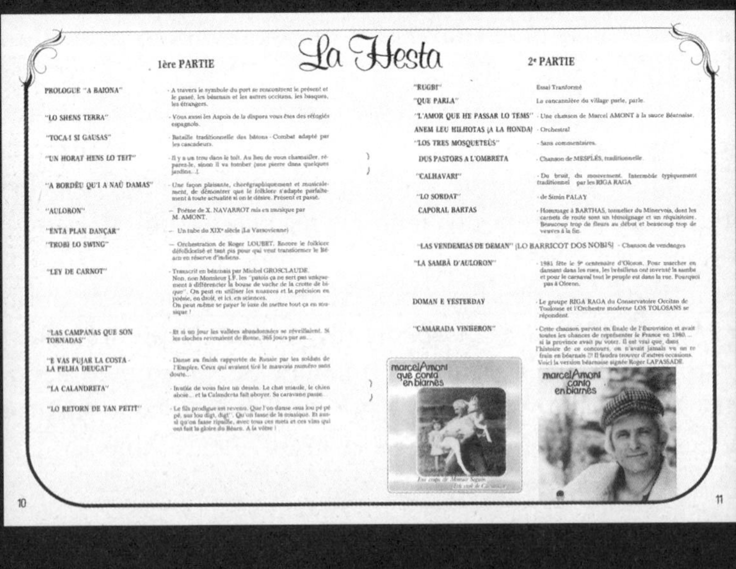

La Hesta

1ère PARTIE

PROLOGUE "A BAIONA"	- A travers le symbole du port se rencontrent le présent et le passé, les béarnais et les autres occitans, les basques, les étrangers.
"LO SHENS TERRA"	- Vous aussi les Aspois de la dispora vous êtes des réfugiés espagnols.
"TOCA-I SI GAUSAS"	- Bataille traditionnelle des bâtons - Combat adapté par les cascadeurs.
"UN HORAT HENS LO TEIT"	- Il y a un trou dans le toit. Au lieu de vous chamailler, réparez-le, sinon il va tomber (une pierre dans quelques jardins...).
"A BORDÈU QU'I A NAÛ DAMAS"	- Une façon plaisante, chorégraphiquement et musicalement, de démontrer que le folklore s'adapte parfaitement à toute actualité si on le désire. Présent et passé.
"AULORON"	– Poème de X. NAVARROT mis en musique par M. AMONT.
"ENTA PLAN DANÇAR"	– Un tube du XIXe siècle (La Varsovienne)
"TROBI LO SWING"	– Orchestration de Roger LOUBET. Encore le folklore défolklorisé et tant pis pour qui veut transformer le Béarn en réserve d'indiens.
"LEY DE CARNOT"	- Transcrit en béarnais par Michel GROSCLAUDE. Non, non Monsieur J.F. les "patois ça ne sert pas uniquement à différencier la bouse de vache de la crotte de bique". On peut en utiliser les nuances et la précision en poésie, en droit, et ici, en sciences. On peut même se payer le luxe de mettre tout ça en musique !
"LAS CAMPANAS QUE SON TORNADAS"	- Et si un jour les vallées abandonnées se réveillaient. Si les cloches revenaient de Rome, 365 jours par an...
"E VAS PUJAR LA COSTA - LA PELHA DEUGAT"	- Danse au finish rapportée de Russie par les soldats de l'Empire. Ceux qui avaient tiré le mauvais numéro sans doute...
"LA CALANDRETA"	- Inutile de vous faire un dessin. Le chat miaule, le chien aboie... et la Calandreta fait aboyer. Sa caravane passe...
"LO RETORN DE YAN PETIT"	- Le fils prodigue est revenu. Que l'on danse «sus lou pé pé pé, sus lou digt, digt". Qu'on fasse de la musique. Et aussi qu'on fasse ripaille, avec tous ces mets et ces vins qui ont fait la gloire du Béarn. A la vôtre !

2e PARTIE

"RUGBI"	Essai Tranformé
"QUE PARLA"	La cancannière du village parle, parle.
"L'AMOR QUE HE PASSAR LO TEMS"	- Une chanson de Marcel AMONT à la sauce Béarnaise.
ANEM LEU HILHOTAS (A LA HONDA)	- Orchestral
"LOS TRES MOSQUETEÛS"	- Sans commentaires.
DUS PASTORS A L'OMBRETA	- Chanson de MESPLÈS, traditionnelle.
"CALHAVARI"	- Du bruit, du mouvement. Intermède typiquement traditionnel par les RIGA RAGA
"LO SORDAT"	- de Simin PALAY
CAPORAL BARTAS	- Hommage à BARTHAS, tonnelier du Minervois, dont les carnets de route sont un témoignage et un réquisitoire. Beaucoup trop de fleurs au début et beaucoup trop de veuves à la fin.
"LAS VENDEMIAS DE DEMAN" (LO BARRICOT DOS NOBIS)	- Chanson de vendanges
"LA SAMBÀ D'AULORON"	- 1981 fête le 9e centenaire d'Oloron. Pour marcher en dansant dans les rues, les brésiliens ont inventé la samba et pour le carnaval tout le peuple est dans la rue. Pourquoi pas à Oloron.
DOMAN E YESTERDAY	- Le groupe RIGA RAGA du Conservatoire Occitan de Toulouse et l'Orchestre moderne LOS TOLOSANS se répondent.
"CAMARADA VINHERON"	- Cette chanson parvint en finale de l'Eurovision et avait toutes les chances de représenter la France en 1980... si la province avait pu voter. Il est vrai que, dans l'histoire de ce concours, on n'avait jamais vu un refrain en béarnais !!! Il faudra trouver d'autres occasions. Voici la version béarnaise signée Roger LAPASSADE.

marcel Amont que conta en biarnès

marcel Amont canto en biarnès

10

11

LA "HESTA" BEARNAISE DE MARCEL AMONT

Diffusion par FR 3 le 6 août dans toute la France

Après plusieurs mois de préparation et une semaine intensive de répétitions à Pau, les feux de la rampe se sont enfin allumés vendredi à 20 h 45, pour « la Hesta » (ou la Heste) le spectacle béarnais monté pour la télévision par l'enfant du pays : Marcel Amont.

Pour le héros de la fête, les dernières heures avaient été assombries par une nouvelle douloureuse. Son père, vieux Béarnais de Borce-en-Aspe, s'éteignait à Paris où il était soigné. Vendredi soir, la répétition générale fut donc supprimée. Marcel n'eut que le temps de se rendre dans la capitale, entre deux avions. M. Miramont est décédé dans la [illegible] retour à Pau pour reprendre en mains les 70 acteurs de la troupe de la Heste, selon la tradition du métier qui veut que, quoi qu'il arrive, « le spectacle continue.. ».

Bien des spectateurs n'en auront rien su, tandis que commençait cette grande fresque musicale chantée en béarnais. La partie de rugby :

« Cour, cour, cour,
« Ast bist pasà lou balou ?
« Biste-biste gahe-lou »

chantée en béarnais par le Ceû de Pau, arbitrée par Marcel Amont armé d'un sifflet, mimée par une équipe de danseurs contre une équipe de danseuses, et accompagnée de bruitages très authentiques, était certainement un des clous de la soirée. Mais il y eut bien d'autres bons moments, sur lesquels nous reviendrons lundi. Notamment la ravissante « calendreta » des petits Mandragots.

M. Lambert, adjoint au maire, préfaça en quelques mots (et en français) le spectacle à l'intention d'un public chaleureux quoiqu'un peu restreint : c'est ce soir samedi que la fou[illegible] attendue. Et Marcel Amont enchaîna par un « Ceû de Pau » traditionnel, suivi des airs endiablés de son cru.

En fin d'après-midi, FR3 avait convié les principaux organisateurs à un apéritif d'honneur à la Foire-Exposition. On notait la présence de Mme Thérèse Lizée, responsable des programmes à FR3 Bordeaux, Mlle Marie-Danièle Bussières, responsable des relations publiques et M. Mullé, directeur de Radio-Pau-Béarn.

Mme Lizée remercia la ville de Pau et tous ceux qui ont aidé à cette réalisation. Elle annonça que la « Hesta » sera diffusée le 6 août en soirée par FR3 sur l'ensemble de la France.

Et que sur la lancée, un second spectacle de 52 minutes parlé et chanté en occitan : « A... mont ostal de la colina » (A... moun oustàu de la coulino) sera tourné la semaine qui vient à Pau et Bosdarros, en décor naturel, avec notamment Mady Mesplé et Claude Nougaro. Ce sera une émission différente, programmée pour l'hiver prochain, un vendredi soir.

L. L.-B.

(Photo D Rosé)

Ce soir : seconde représentation

Je trouve la ressemblance assez frappante. Le Vert-Galant serait-il venu faire un petit tour dans la vallée vers les années 1600 ?

Ma langue est le français et je suis un chanteur francophone sans l'ombre d'un doute. Pourtant cette culture, cette langue, cordons ombilicaux évidents, me tiennent de plus en plus à cœur.

En 2006 j'ai eu l'immense joie de voir publié *Les Plus Belles Chansons de Gascogne* (Éd. Sud Ouest). Après cinq ans de recherches assidues, quoiqu'à temps « perdu », j'ai rassemblé des chansons que j'ai classées par thèmes ; j'ai assuré leur traduction ; je me suis fait aider de quelques profs amis pour des commentaires politiques, économiques, historiques, et du musicologue Jean-Jacques Castéret. Avec des illustrations recueillies dans les bibliothèques et musées de Toulouse, Auch, Bordeaux et surtout Pau (merci cher André Labarrère).

Hommage à mes parents, à mes aïeux, ma fierté, ce livre !

Fin décembre 2008, l'Institut occitan m'attribua le prix « Cap e Tot » pour mon action en faveur de ce chef-d'œuvre en péril qu'est ma langue maternelle.

En décembre 2011, c'est « Gascons Toujours » qui me décerne à Paris son grand prix « Panache ». Je ne prends pas ces distinctions-là par-dessus la jambe.

Causa coneguda sie (qu'on se le dise). Elles m'honorent.

Le triomphe national de la jeune Nolwenn Leroy en langue bretonne prouve que parmi les gens du show-biz j'étais juste un tout petit peu (trop ?) en avance dans la défense salutaire des langues, dialectes, patois, appelez cela comme vous voudrez, l'important étant leur survie.

On peut très bien ne pas laisser tomber dans l'oubli des cultures qui ont eu cours pendant des siècles, pour de nombreuses populations, sans verser dans les cocoricos régionaux, sans chercher à faire imploser notre chère République.

« Quand l'amour se lève »

(Marcel Amont / Jacques Revaux - Roland Vincent)

Un malheur, dit-on, n'arrive jamais seul.

Il peut se faire en effet qu'il soit suivi d'un grand bonheur.

J'étais en tournée – pour ne pas changer !

Le soir où le professeur de Bordeaux m'avait prévenu que les analyses avaient révélé la malignité de la tumeur – glioblastomes polymorphes, je ne suis pas près d'oublier les deux noms barbares du malheur – *« Vous êtes un garçon courageux, m'avait-il dit, soyez fort, dans sept mois votre mère ne sera plus là »* – j'étais à La Baule pour le gala du Congrès de l'Union nationale de la maçonnerie.

L'éditrice de la revue technique, Mlle Laborde, en avait accepté l'organisation.

J'étais là pour apporter de la distraction à une salle bondée d'invités et je ferais tout pour mettre entre parenthèses pendant deux heures les vagues noires dont il n'était pas question, cette fois-ci, qu'elles me submergent.

Le naturel revenant au triple galop, j'en avais profité pour faire une cour débridée à la resplendissante demoiselle-organisatrice qui veillait avec une autorité bienveillante à ce que tout aille bien ; la vedette – moi – en particulier.

Là non plus je ne raconterai pas les épisodes qui devaient mener la craquante, intelligente, douce, du Casino de La Baule à la mairie du 15e où nous nous sommes mariés un an et demi plus tard (oui, c'était la première fois – la bonne – que je ressortais d'une liaison la bague au doigt).

Un peu plus tard, j'en étais à me demander ce qui avait conduit si loin à mes côtés l'élégante femme de 30 ans, pas tombée de la dernière pluie, cadre apprécié dans son entreprise. Pas le genre groupie, la nana ! Cause toujours mon gars, tu m'intéresses ! Oui, bravo l'artiste pour le tour de chant ; très drôle, le baratin en coulisses ; le petit tour d'avion pour le lendemain, il paraît que vous pilotez très bien, mais je n'ai pas le temps ; se revoir à Paris ? Ouais… Bof… Euh…

« Tu m'amusais beaucoup. Je te trouvais plutôt cultivé, avec une certaine simplicité sans rapport avec la grosso-céphalie de quelques-uns de tes confrères et sœurs qu'il avait pu m'arriver de croiser ; quant à ton aéroplane, ce n'était quand même pas après quelques loopings, tonneaux et autres galipettes aériennes, que tu allais m'emmener au septième ciel.

Je ne connaissais pas, évidemment, l'atroce nouvelle que tu venais d'apprendre, mais, entre deux blagues, deux ronds de jambes, tu avais l'air si triste, si triste… »

Ça, c'est tout Marlène !

« Dans le cœur de ma blonde »

(Jean Dréjac / Norman Petty)

Pour le paragraphe – capital – que voici et qui s'étend sur près de trente-six ans, il faudrait mettre en exergue les titres de toutes les plus belles chansons d'amour du monde, auxquelles il faut ajouter, pour la première fois, « La Noce » et, merveille des merveilles « Fais-moi une famille ».

Romélie est née en 1979. Mathias en 1982.

Le refuge, le havre, le nid, la corne d'abondance, l'inépuisable tonneau des Danaïdes, fut et reste mes tout-proches : Marlène, nos deux enfants.

J'ai évité au maximum de leur faire endurer un papa épisodique, comme je le fus pour ma Katia et pour Alexis. Pour ne jamais trop m'éloigner d'eux, j'ai refusé des dizaines de contrats au loin – toujours trop loin si c'était loin d'eux.

Je n'ai jamais été très mondain ; même au temps de ma « gloire », je ne fréquentais guère les lieux où il est de bon ton de se montrer. Or, quand on n'a pas une actualité qui vous porte (film, pièce, disque, livre), faire parler de soi à travers potins et chroniques aide à vous garder présent dans l'esprit du public. C'est ce que les Américains appellent être *in the news*.

De plus, il est notoire que les rencontres avec « les décideurs » ne peuvent avoir lieu qu'à des endroits stratégiques – restaus, bars dans le vent, cocktails, réunions mondaines et sportives, etc.

On y voit rarement des pères de famille. C'est un choix…

Mais que de bonheur, de bonheurs, durant ces belles années : la famille réunie autour de la table, moments privilégiés à commenter les nouvelles du jour – les nôtres (l'école, les profs, les copains, les voisins) ; pas celles de la télé – impérativement fermée aux repas de midi et du soir.

Privilège entre les privilèges, ces croisières que je n'acceptais que durant les vacances scolaires et qui nous ont menés dans tous les coins de la Méditerranée touristique, dans l'océan Indien et les Caraïbes, dans les fjords, au pied des pyramides des Incas ou au sommet des Twin Towers (bien avant la catastrophe). À l'occasion de la semaine française de Tokyo, dont j'étais l'invité français, le voyage qui, par Pékin à l'aller, Hong-Kong, Bangkok et le Népal au retour, nous a menés au pied de la Grande Muraille de Chine ; dans l'allée des 18 000 arbres tricentenaires plantés en l'honneur du shogun Tokugawa, le Fuji Yama émergeant des cerisiers en fleurs ; à Katmandou, au milieu d'un troupeau de vaches sacrées, dans le stupa de Swayambhunath, sous les yeux peints du Bouddha-Qui-Voit-Tout – c'est fou ce que ces noms étranges rendent lyrique !

Et plus tard San Francisco. Et Le Caire… On n'a pas rapporté un centime, un shilling, un kopeck, un dinar ou un yen, mais tellement plus ! Ensemble !

Nos petits sont devenus grands et vivent aujourd'hui leur vie.

Après Katia, j'espère qu'à leur tour ils me rendront grand-père un de ces quatre matins et que je vivrai assez pour voir pousser leurs gamins.

Comme mon vieux Georges auquel je pense si souvent, je préfère, et de loin, les fleurs et les messages « anthumes », qu'on trouve écrits au crayon sur les chapeaux en papier, à ceux qu'on voit gravés pour l'éternité dans le marbre des tombeaux ; mais si je n'ai pas le bonheur de vous le dire de vive voix, petits enfants à venir, sachez qu'aucune Odyssée en cinq mille alexandrins et deux cent soixante dix-sept chapitres, aucun poème d'amour au monde, n'auront autant fait vibrer mon cœur que les simples prénoms de ceux et celles avec qui nous nous aimons.

J'en ai déjà dit beaucoup et n'en dirai pas plus.

Mairie du 15e,
juin 1978.
– Oui.
– Oui.

Nous voilà tout recueillis
pour nos vingt ans de mariage.

Jean-Claude Roca.

Quant à Marlène, comme le chante Julio, « Non, tu n'as pas changé ».
Comme Henri IV ! Le poids des jeunes enfants est bien léger au dos des montures paternelles (proverbe pseudo-béarnais).

« Mais alors ce n'est pas un livre de souvenirs ? »

Si ! Parfois aussi, à l'occasion, une tribune, un bureau des pleurs, un courrier du cœur, une bouteille à la mer, un inventaire. Mais assurément pas un confessionnal.

« Ma plus belle histoire d'amour »

(Barbara)

Flash-back. Charles Trenet avait coutume de dire : *« Quand ma mère est partie, les feux de la rampe se sont éteints. »* Il y eut beaucoup de cela chez moi.

La différence fondamentale avec l'ancien « fou chantant », c'est qu'au vieux gamin devenu orphelin il ne restait plus désormais que le souvenir de son enfance morte et enterrée ; alors que si personne ne pouvait remplacer ma mère disparue, Marlène portait en elle l'espoir d'une nouvelle vie ; je le ressentais très fort, elle allait mettre la paix dans mon cœur et de l'ordre dans mes idées.

La tante Marie, la sœur aînée de ma mère, était venue de Bordeaux à son chevet et l'avait assistée jusqu'à son dernier souffle à l'hôpital de Bligny dans l'Essonne. Elle avait observé celle qui maintenant vivait sous mon toit et, sans la moindre solennité, comme si cela coulait de source, elle m'avait dit : *« Cette petite, c'est le bon Dieu qui te l'envoie. »*

En effet.

« À quoi je sers »

(Mylène Farmer / Laurent Boutonnat)

Après de tels bouleversements, je me mis plus encore qu'auparavant à réfléchir sur ce qu'était ma vie. Je veux parler de ce qu'était devenu l'homme, avec la réussite.

Pour poser le problème avec un certain simplisme : quelle était mon utilité pour ces frères humains dont le sort préoccupait tant papa – il l'avait prouvé à sa manière – et auxquels maman donnait tant de compassion et de soins à l'hôpital ?

En d'autres termes, est-ce qu'un citoyen, chanteur de métier, et contrairement aux plombiers, marins, vignerons ou standardistes, se doit de faire passer ses convictions intimes dans l'exercice de sa profession ?

Quand, avec Ariane Mnouchkine pour l'A.I.D.A. – Association internationale de défense des artistes – nous allions à la conciergerie des ambassades remettre poliment, en petite délégation d'artistes du spectacle (théâtre, cinéma, chanson), une lettre en faveur de Vaclav Havel, Alba Gonzalez Souza, Ene Rammeld, Wei Jingsheng ou des dissidents soviétiques, on ne me demandait pas de chanter…

Que Picasso ait peint un pur chef-d'œuvre militant avec son *Guernica*, n'interdit pas d'éprouver du bien-être, des émotions, à admirer les pommes de Cézanne ou les nymphéas de Monet.

La chansonnette de distraction est un art mineur, mais un art quand même.

Pas si facile qu'il y paraît de trouver des idées originales et drôles sans vulgarité, astucieuses, voire avec un zeste de poésie. Mon ami Sempé ne dit pas autre chose dans son domaine : *« Ce n'est pas grand-chose, le dessin humoristique […] ; c'est dur d'être léger* (c'est moi qui souligne) […] *si je me laisse submerger par les infos des journaux, je suis fichu. »*

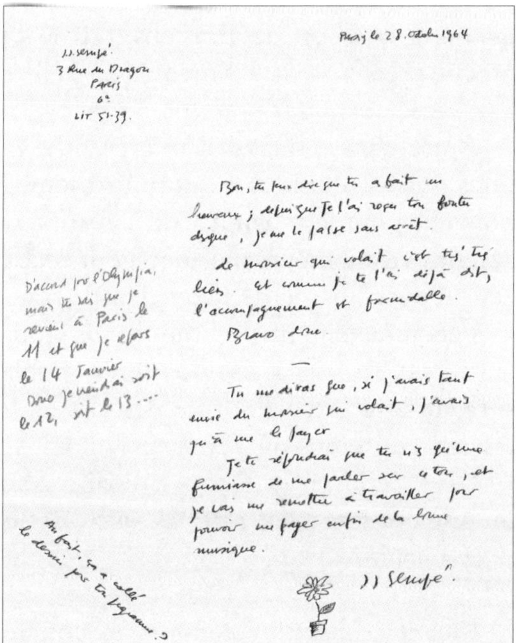

Paris le 28. Octobre 1964

J.J. Sempé
3 Rue du Dragon
Paris
6e
LIT 51-39.

Bon, tu peux dire que tu a fait un heureux ; depuis que je l'ai reçu ton fameux disque, je me le passe sans arrêt.

Le monsieur qui volait c'est très très bien. Et comme je te l'ai déjà dit, l'accompagnement est formidable.

Bravo donc.

—

Tu me diras que, si j'avais tant envie du monsieur qui volait, j'aurais pu te me le payer

Je te répondrai que tu n'as qu'à me fournir de me parler sur ce ton, et je vais me remettre à travailler pour pouvoir me payer enfin de la bonne musique.

J.J. Sempé.

D'accord pour l'Olympia, mais tu sais que je reviens à Paris le 11 et que je repars le 14 Janvier donc je viendrai soit le 12, soit le 13….

Au fait, ça a collé le dessin pour ton programme ?

Jean-Jacques et moi, nous sommes plus que probablement croisés au Collège moderne de Bordeaux.
C'est ce que nous avons découvert bien plus tard… à Paris !

Sans vouloir comparer nos talents je suis de ceux, comme lui, qui ont choisi de *« divertir les gens sans les abaisser »* (François Mauriac). Peut-être même parfois en les élevant, avec un peu de chance – pourquoi pas…

Pendant les sept mois de déclin de ma mère, je n'avais plus la tête et le cœur à chercher des idées de gags et des situations divertissantes, j'ai écrit des choses comme : « On ne guérit pas de son enfance » (deux ans avant mes confrères chanteurs, soit redit en passant) ou encore le très triste « C'est arrivé à d'autres ». Quand il m'arrive de les réécouter, je les trouve sincèrement touchantes ; pourtant mon public était consterné : ce n'est pas ce qu'il espérait trouver auprès de moi !

Je le dis sans persifler, je ne me sens pas capable de faire passer des messages.

Je dois ajouter que les bonnes intentions, chez qui que ce soit, ne tiennent pas lieu de ce talent, extrêmement exigeant quand, à la façon de Brassens, on ne veut tomber ni dans le prêchi-prêcha ni dans l'invective.

Autre chose : quand il m'arrivait d'être présent à des meetings ou des réunions ayant pour thème l'avènement d'une ère nouvelle pour les « damnés de la terre », certains regards en biais, certains ricanements me mettaient mal à l'aise quand l'orateur était réputé lui-même péter dans la soie.

Personnellement, je me serais toujours senti gêné aux entournures si j'avais dû tenir publiquement des propos vengeurs sur la vieille lutte des classes, les deux pieds dans ma piscine (au temps où j'en avais une).

Guy Bedos, à sa façon lapidaire, aborde le problème sous un angle voisin : *« À partir de quels revenus faut-il impérativement voter à droite ? »*

Quant à aller directement au concret pour porter secours aux démunis, aux malchanceux, de façon efficace, c'est-à-dire en les aidant, fût-ce passagèrement, à sortir de leur mouise, c'est une autre paire de manches. Sans même parler de ceux qui étalent leur télégénique générosité, gagner son paradis avec des B.A., même discrètes, ne suffit pas. Pour être en mesure de réaliser l'œuvre admirable d'un Coluche, s'il faut, évidemment, en avoir le cœur et le cran, il faut nécessairement être porté par une immense popularité qui fait s'ouvrir devant vous les portes fermées à double tour, comme la mer Rouge s'ouvrit devant Moïse.

Ce n'était plus mon cas depuis belle lurette !

« Faut rigoler »

(Boris Vian / Henri Salvador)

Il m'a fallu quelque temps pour me « déculpabiliser » de gagner mon caviar quotidien en amusant la galerie.

Ferrat interprétant Aragon chantait *« Je ne chante pas pour passer le temps »*. Moi non plus. Non seulement je le fais pour gagner ma vie (confortablement depuis quelques années, après en avoir bien bavé). Mais aussi pour aider mes semblables, à ma façon, en ouvrant pour eux une parenthèse de sourire au milieu de leurs emmerdes.

Je ne voudrais pas en rajouter dans le côté SAMU de l'amuseur-poète-gagman, sur le poncif de la fonction sociale du gugusse, mais je conserve pieusement des lettres de gens désespérés me remerciant de « les avoir aidés » en assistant à mon spectacle.

Ce ne sont pas là pièces à conviction (pour convaincre qui ?) mais des témoignages précieux pour le repos de ma fierté – et de ma conscience. Amen.

De plus, je viens de m'en expliquer, j'avais fini par me convaincre que, même sans avoir le don d'en parler utilement en chansons, je pouvais, en chantant, rendre service à quelques causes qui me tenaient à cœur.

Malgré la baffe de Château-Chinon, je continuai donc à cheminer d'un pas à peine ralenti aux côtés de ceux qui promettaient des lendemains qui chantent plus juste.

« Je t'aime moi non plus »

(Serge Gainsbourg)

Hélas, les choses s'annoncèrent pour moi au plus mal dès le départ : le jour de gloire arrivé, le 14 juillet 1981, je n'ai pas été invité à la garden-party à l'Élysée.

Tempête de bouderie dans la tasse de thé d'un cabotin désaimé ? Pas seulement !

Qui, au singulier ou au pluriel, m'avait « oublié » ou effacé sur une liste où mon « modeste » nom s'imposait (oui, oui, oui) parmi les gens du spectacle ?

Parenthèse utile : quand on se lance dans une action sociale ou politique, on ne doit pas en attendre des faveurs ou des récompenses. Agir citoyennement, selon son cœur et ses convictions, doit être désintéressé. Sinon, c'est du calcul, de l'opportunisme ; c'est somme toute assez minable.

Or, en 68, la gauche, sans en être à des années-lumière, était très loin dans la conquête du pouvoir, et peu parmi les artistes osaient se montrer à visage découvert à ses côtés.

Plus d'une décennie plus tard, pour les présidentielles de 1981, entre les deux tours, nous n'étions qu'une poignée à lever nos verres et trinquer à la réussite du candidat François Mitterrand.

Soutenir les socialos fut pendant longtemps un investissement à fonds perdus, dont les dividendes promettaient d'être payés en coups de pied au cul.

D'où venait la sanction ?

Dire qu'« on » me punissait d'avoir montré mes préférences pour tel courant serait me donner une importance que je n'ai pas ; de plus, ce serait d'une petitesse à laquelle je me refuse de croire.

Alors qui ? quoi ?

J'ai de solides présomptions mais pas de certitudes absolues.

Restons-en là, lecteur…

En tout cas, j'ai mis du temps à séparer la rose de ses épines.

Mais je crois bien que le pire, c'est quand il arrivait à certains de me dire sans malice : *« Hé hé ! seriez-vous de ceux qui ont commis le péché de mal voter pour être excommunié ? On ne vous voit plus à la télé !! Rassurez-vous, notre heure reviendra. »*

Dur, dur, quand tu célèbres la victoire de ton champion, de te retrouver parmi les endommagés collatéraux.

« Tout fout l' camp »

(Marcel Mouloudji / Cris Carol)

Quand le vent s'était mis à tourner, bien des gens en place à des postes névralgiques de la radio et de la télé s'étaient pris d'une trouille intense.

Il m'arrivait assez souvent de recevoir des marques de sympathie incongrûment inattendues.

Et puis, comme visiblement je continuais à être en quarantaine à la téloche, que je n'étais pas de ceux qui ont leur rond de serviette à la table de l'Élysée (tonton nous y a invités en petit comité, ma femme et moi en… 1986 - voir plus loin !), on pensa que l'influence occulte que d'aucuns me prêtaient était bidon.

Alors « on » se vengea d'avoir eu si peur d'un tigre de papier.

Ma situation sur les médias s'en trouva pire que quand Guy Lux et les Carpentier, estimables sympathisants de droite, me boycottaient peu ou prou parce que décidément trop voyant sur leurs plateaux à faire signer des pétitions pour le candidat de la gauche.

Que faire ? Donner libre cours à ma légitime colère ?

À la façon de papa retour d'URSS, allais-je alors sartriennement fermer ma grande gueule pour ne pas être de ceux qui désespèrent Solférino ?

Donc, pas question pour moi de me mettre à hurler avec la meute décimée des loups que le grand vainqueur avait renvoyés dans le bois.

Au demeurant, il est vrai que personne ne m'avait obligé à croire au père Noël.

Comme beaucoup d'idéalistes et sans aller jusqu'à entonner le couplet ridicule d'un *« passage des ténèbres à la pleine lumière »*, je m'étais attendu, peut-être avec trop de naïveté, à l'avènement en France d'une société plus fraternelle.

« L'Enfer »

(Benjamin Biolay)

Je ressentais de plus en plus tout cela comme une descente aux enfers.

Je finis par me dire que je ne laisserais rien de ma dignité en demandant une audience au président, avec qui j'avais si souvent bavardé dans les coulisses des meetings quand il était encore loin du trône de Tonton 1er.

Je m'attendais à devoir lanterner un bon bout de temps mais je fus reçu dans les jours qui suivirent.

Jacques Attali m'introduisit dans le grand bureau dont je serais bien en peine de faire la moindre description tant j'étais dans mes petits souliers.

Tonton – non ! Monsieur le Président de la République française – est là, visage hiératique aux traits tirés, sous une légère couche de fond de teint – mon œil d'habitué des théâtres et des télés ne me trompe pas ; j'ignore évidemment tout de son cancer.

Il se lève pour me serrer la main – papa, maman, regardez le président de la République française qui se lève pour serrer la main de votre fils à l'Élysée !

– *« Alors monsieur Amont, que devenez-vous ? »* À toute allure je lui raconte que j'ai refait ma vie ; que, en plus de mes deux aînés, j'ai deux enfants avec une délicieuse jeune femme plus jeune que moi de dix-sept ans.

– *« Bien, bien, monsieur Amont »* me fait-il avec un sourire d'une grande gentillesse – j'ignore évidemment qu'il y a Mazarine sous roche.

Quand l'ange est passé, je vide mon sac.

– *« Je note avec beaucoup d'intérêt ce que vous êtes en train de me dire sur ce que vous appelez "les ascenseurs en panne" et tout le reste, qui ne m'étonne guère »,* me dit-il sur un ton de bienveillance et de simplicité irrésistibles.

Quelle séduction ! Quelle classe ! Quelle – mais oui ! – sympathie ! Oubliées les rumeurs persistantes sur sa francisque ; sur l'affaire de l'Observatoire ; sur certaines de ses positions lors de ses divers ministères ; sur sa famille et sa jeunesse si peu socialistes, sur le cuisant souvenir du concert à Château-Chinon.

Je fonds sous le charme. (1)

Il se lève de nouveau : *« Je pars dans trois jours pour la Chine. Appelez-moi au retour. Nous organiserons quelques rencontres utiles. »* (Qu'on ne vienne donc pas me raconter à moi, que le président n'avait aucun pouvoir – aussi efficace qu'indirect – sur les programmes à la télé.)

Je me retenais de ne pas danser de joie sur le fameux perron, sous les yeux des gardes. J'allais reprendre mon métier dans des conditions redevenues normales.

Comme il me tardait de revoir ces faux-culs qui m'avaient laissé mettre en quarantaine sans le moindre état d'âme.

Mais dès le lendemain, les voix de la raison et de l'orgueil (nous y voilà !) se sont mises à bourdonner de plus en plus fort à mes oreilles : voilà un chef d'État face aux terroristes qui posent leurs bombes dans Paris, face à la reprise du chômage ; qui part vers la Chine lointaine représenter la France. Et moi je viens pleurer dans son gilet que gnagnagna les lâches, gnagnagna les renégats, gnagnagna les opportunistes, gnagnagna les revanchards déguisés en valets provisoires, gnagnagna les ingrats… Et puis si les « rencontres utiles » sous l'aile du président ont un indéniable poids, il faut en assumer les conséquences sournoises. Je le savais. J'allais donc être tenu à un minimum de reconnaissance ; la moindre des choses serait que je joigne ma voix de ténorino au chœur des thuriféraires tontomaniaques.

(1) Voici ce qu'en dit Jacques Séguéla à propos de leurs premières rencontres : *« Pour quelques minutes, je me crus son centre d'intérêt exclusif (…) Le spectacle du Mitterrand intime était une leçon de pudeur, de charme et d'affection, si loin de la rigueur présidentielle. »*

À moi les ampoules aux pieds dans l'ascension de Solutré par la face nord, à jouer des coudes entre Lang et Sevran pour être sur la photo.

Je ne l'ai pas rappelé à son retour de Chine.

Ce n'était évidemment pas le rôle du président de rappeler cet étrange plaignant qui avait, en fait, retiré sa plainte. Lorsqu'il nous invita, ma femme et moi, en petit comité, je fus de nouveau sensible à sa disponibilité, sa simplicité, sa chaleur humaine, lui qu'on accusa tant de dérive monarchique.

Quand il est mort, ses proches m'ont autorisé à venir m'incliner devant son corps, en compagnie de quelques fidèles.

Oui, je pouvais me targuer dans mon for intérieur d'être, à ma façon, un fidèle, puisque ce n'était pas la reconnaissance qui me conduisait à venir faire à Tonton « d'affectueuses révérences » en cette dernière étape avant Jarnac.

Du plus profond de ma disgrâce, je racontais un jour tout cela chez des amis.

L'un des convives, socialiste de base, me dit en me serrant la main avec effusion : « *Toi au moins, tu peux te regarder dans la glace.* »

Je me suis regardé dans la glace.

J'ai vu un con. Un con.

« Cool papa cool »

(Francis Cabrel)

Peut-être est-ce l'héritage de mes parents – papa coco maman catho – mais ça discute beaucoup dans la maison Miramon, les âges s'échelonnant des quatre-vingt-huit automnes de Paule, mon adorable belle-mère (hommage furtif), aux vingt printemps d'Helyès, mon petit-fils.

On compte dans cette remuante assemblée des nostalgiques de Jospin, de VGE, de Georges Marchais ; des partisans de Mélenchon, d'Eva Joly, de Sarko, de Hollande ; de Bayrou, le Quinctius Cincinnatus béarnais, sur son tracteur.

La liste reste ouverte, ça change tous les jours…

Ça conteste, ça argumente ; ça s'engueule.

Vive la démocratie !

Pater familias pour de vrai quoique pour de rire, il peut arriver que je me fasse chahuter par une partie de l'auditoire ; c'est infiniment plus marrant et ça entraîne moins de conséquences que si c'était à l'Olympia.

Ce qui fait plaisir dans cette chère garde rapprochée, c'est que je n'y vois que des citoyens responsables et généreux. Je ne sais dans quelle mesure j'ai pu contribuer à leur bonne « éducation », mais aucun d'eux ne veut tirer la couverture à lui, aucun n'imagine l'humanité à sa botte ; tous voudraient refaire un monde meilleur, plus fraternel.

Comment ? *That is the question.*

« Marche à l'ombre »

(Renaud)

La fameuse traversée du désert.

Même s'il est vaste et mal « pavé », c'est une épreuve dont on peut réchapper avec le minimum à boire et beaucoup de détermination ; encore ne faut-il pas se retrouver avec un rebelle armé jusqu'aux dents derrière chaque dune, des scorpions plein les chaussettes, des oasis où les points d'eau sont empoisonnés et des chameaux qui mordent et ruent à votre passage.

La (bien plus) jeune (que moi) Caroline Loeb, dans son livre (*Has been,* Flammarion) aborde le sujet et, sous l'humour, on sent poindre un vrai chagrin : *« Je n'avais plus la bonne carte. […] J'avais celle qui vous exclut du monde des vivants ; la carte des has been. Has been, c'est comme les castes aux Indes. »*

Mon désert à moi, parsemé de quelques oasis, s'étendit sur vingt-trois ans…

Les invitations aux générales, cocktails, inaugurations, qui se raréfient, puis disparaissent de votre boîte aux lettres, je connais ; les grands rassemblements professionnels où on ne vous offre même pas un strapontin de spectateur, je connais ;

ces regards, pas forcément hostiles, où vous lisez votre déclin, je connais.

Passons, passons…

Il y a aussi la participation à ce qu'on appela longtemps « les bonnes œuvres » et que les Anglo-Saxons appellent sans complexes le *charity business,* chez nous – Téléthon, Sidaction, Restos du cœur, etc. – parmi bien d'autres associations caritatives.

Outre l'évidente satisfaction d'accomplir une bonne action, ces entreprises philanthropiques sont, pour ceux qu'on voit y participer, une publicité de très bon aloi, ne nous voilons pas la face.

Ceux qu'on évince peuvent en souffrir à ce double titre ; mais également pour le sentiment d'être rejetés par la communauté artistique du moment.

Passons, passons…

« Le chanteur abandonné » (Michel Berger)

(Refrain pleurnichard aux accents répétitifs)

Malgré un répertoire sans cesse renouvelé qui tenait magnifiquement la route lors de mes concerts tant en France qu'à l'étranger, je n'avais pas de nouveau vrai tube.

Il en résultait que mes passages à la radio étaient un souvenir antédiluvien.

À la télé, mon image avait disparu des petits écrans comme un avion disparaît sur ceux des radars dans le triangle des Bermudes.

On ne m'entrevit plus guère sinon chez Pascal Sevran, ce qui longtemps fut considéré comme aggravant sur mon blase les stigmates de la déjà dite ringardise.

Il est juste de signaler que quelques (rares) producteurs et animateurs se souvenaient du temps où je les accueillais comme un grand frère, alors qu'ils étaient encore de jeunes talents qui cherchaient leur place au soleil ; parmi eux Patrick Sébastien et surtout Michel Drucker eurent l'élégance de me faire de temps à autre une petite place. (1)

Michel Drucker :
un débutant qui fera son chemin,
c'est le moins qu'on puisse dire.

(1) En ces années 2000 je me réjouis de voir Laurent Ruquier et sa joyeuse équipe m'accueillir à bras ouverts ; de même que les deux irrésistibles rigolos Omar et Fred, avec leur producteur Bertrand Delaire. Sans flagornerie aucune, cela méritait bien ce petit coup de chapeau.

Mais les portes se fermaient de plus en plus, on ne se cachait même plus pour me laisser entendre le bruit grinçant des verrous qu'on tirait devant moi.

S'il a pu m'arriver de déposer quelque projet intéressant, on me faisait comprendre qu'il fallait renoncer à prétendre le présenter moi-même.

« Le vieux fossile »
(Georges Brassens)

« Démodé »
(Marcel Amont / Philippe Loffredo)

Cassandre n'aurait pu prévoir pire et quand je comptais mes amis dans le métier, comme dans la chanson de Dréjac, *« Y en avait pas beaucoup, pas beaucoup, pas beaucoup. »*

Les courbes de mes ventes de disques descendant schuss vers le niveau du golfe de Gascogne à marée basse, ma maison de disques ne renouvela pas mon contrat. En 1970, j'étais son leader, le front ceint des lauriers olympiens…

Le pire, dans cette usure lente comme la marche inexorable des glaciers, c'est que j'ai fini par me laisser persuader moi-même que c'est eux qui avaient raison ; eux (presque) tous : je n'avais plus de talent.

Un homme à la mer !

Cormoran en-mazouté, je ne pourrais plus bientôt que battre de l'aile sans voler.

1 rue Bonaparte

le 15. 1. 68

Merci, cher Marcel Amont (peut-on vous appeler autrement ?) merci pour vos précieux encouragements... Il faudra encore beaucoup de travail avant que l'Écriture universelle puisse jouer le rôle précieux que vous entrevoyez si bien... Dix merci, des témoignages comme le vôtre, donnent du cœur au ventre...

Je suis heureux de cette occasion de vous dire mon admiration

Jean Effel

Tortue déboussolée, je devais m'attendre à faire n'importe quoi, puisque je ne savais plus où était le nord, aux abords de cet océan devenu mer Morte (tiens, c'est joli ça ; je le recaserai, à l'occasion).

Peu à peu je redevenais un inconnu, sauf pour les fidèles. C'est le cas de la plupart des gens, sauf que les saltimbanques ne gagnent qu'à être connus, justement !

« Qui dois-je annoncer ? » me demandaient de plus en plus souvent, sans malice, les jeunes standardistes ou réceptionnistes, quand j'avais un rendez-vous professionnel. Au début ça me faisait marrer (à peine jaune quand même) – cette gamine ne peut pas savoir qui je suis.

« Mademoiselle, veuillez annoncer le vicomte Adalbert Craignos de la Bourdinière de la Tour Penchée », ou Sa Sainteté le Dalaï Lama, ou la reine des majorettes de La Garenne-Bezons.

Et puis il a bien fallu que je m'habitue…

« Les deux tiers de ma vie sont écoulés. Pourquoi tant m'inquiéter sur ce qui m'en reste. La plus brillante fortune ne mérite point ni les tourments que je me donne, ni les petitesses où je me surprends, ni les humiliations, ni les hontes que j'essuie ; trente années détruiront ces colosses de puissance qu'on ne voyait bien qu'à force de lever la tête. »

Jean de la Bruyère

T'as raison, Jeannot, je leur donne rendez-vous dans trente ans !

Mais regarde un peu la belle jambe que ça me fait ici et maintenant.

Se venger ? De qui précisément ?

Et puis, ce n'est pas me vanter que de répéter combien l'esprit de vengeance m'est foncièrement étranger, malgré mon côté soupe-au-lait.

« La haine est un carcan, mais c'est une auréole », clamait Cyrano. Non seulement je n'ai pas sa rogne, mais j'espère bien continuer à y voir plus loin que le bout de mon grand nez, ne pas céder à toutes mes impulsions.

Enfin, même si j'en avais vraiment l'envie et les moyens, je n'en ai plus le temps !

À y réfléchir de plus près, *« pardonnez-nous nos offenses comme nous pardonnons à ceux qui nous ont offensés »* est le plus beau slogan publicitaire inventé par le fils d'un charpentier de Nazareth et propagé par une douzaine de ses copains ; ça fait gagner du temps et ça évite de gaspiller inutilement de l'énergie.

D'autre part, qu'on se rassure, je n'ai pas attendu pendant trente ans pour me soigner !

Mes thérapies n'ont rien de bien original et, pas plus que pour mes recettes de bonne forme – provisoire – je n'ai rien que de très évident à communiquer.

Il y a la famille proche, je l'ai dit avec le plus de pudeur possible et il me plaît de décliner l'art d'être grand-père, père, mari…

Je n'ose pas écrire que c'est mon meilleur rôle. Ce serait me vanter.

Ce sujet m'a toujours semblé délicat.

Non que j'aie des grands secrets à cacher mais, comme annoncé, je n'ai pas voulu faire de ce livre de souvenirs « la confession d'un enfant du siècle » version perso.

En un peu plus d'un demi-siècle il m'est certes arrivé, comme tous les personnages publics, d'entrouvrir les coulisses de ma vie sentimentale ou familiale.

Il m'est arrivé d'accepter des photos avec mes parents ainsi qu'avec des femmes qui ont compté dans ma vie.

Parfois aussi avec mes enfants. Mais là, le sujet devient plus délicat.

Car s'il peut se faire que les mômes trouvent amusant de se faire tirer le portrait aux côtés de papa et maman, il peut arriver aussi que ça complique leur droit à la tranquillité.

Ma fille Katia explique très bien ses réticences rétrospectives : *« Au lycée, ce qui m'embêtait le plus, ce n'était pas qu'on puisse me faire éventuellement des réflexions désagréables sur toi, c'est qu'on ne me regarde pas comme les autres. »*

J'ai retenu la leçon et voilà donc ce que je m'autorise à dire sur ma progéniture :

J'ai quatre enfants.

Par ordre d'entrée en scène Katia et, 15 ans plus tard Alexis, qui vivent leur vie depuis longtemps, sans avoir jamais perdu le contact avec leur paternel, même quand la géographie nous sépare. Dieu merci !

Je me suis marié en 1978 avec Marlène.

Nous avons eu deux enfants : Romélie et, deux ans après, Mathias.

Ces deux petits derniers ont eu la chance d'avoir une maman présente et un papa plus disponible que pour leurs deux aînés. J'ai raconté les moments merveilleux que nous avons vécus ensemble durant leur enfance.

Ils volent eux aussi aujourd'hui de leurs propres ailes, ce qui ne nous empêche pas de rester toujours aussi proches, proches, proches.

Katia, par deux fois, m'a fait grand-père depuis un bon bout de temps, puisque Soraya est née en 1986 ; elle tient de son Touareg de papa de grands yeux noirs de princesse des sables et s'intéresse à toutes les formes de spectacle, y compris la danse et la mise en scène – la relève bientôt assurée ?

Hélyès, né en 1991, la bosse du commerce et une bonne tête de plus que moi. Il m'initie aux particularités et aux subtilités du rap ; je lui ai donné la curiosité, sinon le goût des chanteurs qui peuplent mon panthéon portatif (Brassens en tête, on s'en doute).

Jeanne et Georges Hugo sont passés à la postérité par le génie de leur grand-père qui faisait de toute chose un art. Hélyès et Soraya se soucient de passer à la postérité comme du tambour de colin-tampon. Ça tombe bien, je n'ai pas de génie.

J'ai mieux à leur service : ils savent qu'ils peuvent compter sur moi.

Je sais qu'ils apprécient de me voir discret, également à leur sujet.

Il y a mon agitation tous azimuts, que j'essaie de canaliser, comme les éoliennes domestiquent les courants d'air.

Depuis ma naissance, je suis de ceux qui incarnent le mouvement perpétuel, paraît-il. À me voir parler et déplacer de l'air, Brassens me disait souvent affectueusement : « *Arrête un peu, tu me fous le tournis.* »

Il peut m'arriver d'être contemplatif – quinze minutes trente-sept secondes et huit dizièmes – mais je ne trouve mon équilibre que dans la bougeotte ; si bien que, pendant ces interminables années de purgatoire, j'ai non seulement voyagé en travaillant, mais j'ai aussi couru, sauté, nagé, parlé, crié. J'en passe.

J'use aussi d'une suractivité plumitive. Pour calmer ce noble prurit, il ne se passe pas un jour sans que je noircisse, bleuisse et rougisse du papier.

Outre une espèce de livre de bord où ma folle du logis court dans tous les sens, je dois bien avoir deux mètres cubes de scénarios, de départs de chansons, de poèmes ; des pièces de théâtre injouables, des comédies musicales injouées ; des nouvelles, deux romans. Ouf !

Et aussi, après le premier livre du Seuil, trois publications : un pamphlet, *Comment peut-on être Gascon* ; *Ça se dit, ça s'écrit, ça se chante* (éd. Christian Pirot) ; et mon préféré, *Les Plus Belles Chansons de Gascogne,* dont j'ai parlé à propos du Béarn.

Il y a la lecture. Et ce n'est pas la moindre parmi mes thérapies. Particulièrement celle des journaux ; la plus salutaire de toutes.

Alors que la comparaison de notre insignifiance face aux immensités pascaliennes ne nous prend que le temps d'une nuit étoilée, comment oser se plaindre de nos petits soucis et même de nos gros chagrins si on les compare aux grands malheurs, aux catastrophes qui secouent ce bas monde, comme nous le lisons dans nos quotidiens, quotidiennement.

Ça remet bien des choses à leur juste place.

« La Ballade des Cimetières »

(Georges Brassens)

« La vie est le seul raccourci d'un néant l'autre.
On glisse lentement dans le flot des sursitaires de la mort. » Patrice Delbourg

La mort... Surtout en parler sans larmoyer (la tradition des pleureuses « professionnelles » est révolue, même en vallée d'Aspe), rester poli en ne tirant pas trop à soi le linceul. Sans tomber dans l'hypocondrie ou le prêchi-prêcha (n'est pas Bossuet qui veut), ne jamais perdre de vue le cimetière – c'est le plus commun des lieux communs.

D'une façon générale, ne pas perdre non plus de vue la devise des hommes, *« mieux vaut souffrir que mourir »,* (La Fontaine) et quand Sylvain Lebel faisait chanter à Serge Reggiani *« Vivre, c'est ma dernière volonté »,* il ne disait pas autre chose que le bûcheron de la fable.

On connaît la blague : quand tu te fais vieux et qu'un beau jour tu te réveilles sans avoir mal nulle part, c'est que tu es mort.

La mort... L'œil pétillant de malice, quoique voilé de nostalgie, voici ce qu'en dit l'ami Jean Rochefort : *« Je pense que la mort est dans la salle d'attente, mais la vie la fait patienter, le temps qu'on ait rangé les plumiers. »*

Quant au merveilleux Alexandre Vialatte, il en parlait également sur le ton qui me convient : *« Ceux qui nous étaient chers et qui ne sont plus se promènent fraternellement dans une espèce de grand jardin. »* Après avoir rangé ses plumiers, il avait fait à son tour son entrée dans le « grand jardin » en 1971.

Peut-être y côtoie-t-il tous ceux dont l'image se brouille dans ma mémoire ou, au contraire, ont laissé leur place toute chaude, comme celle de Panisse, dans la partie de cartes de Pagnol : tous ceux de ma famille qui ont levé l'ancre les uns après les autres et, hélas, pas toujours par ordre chronologique ; derniers en date : ma tante Marie qui avait tout quitté pour venir tenir la main de maman jusqu'au bout ; elle avait décidé – pour la venger ? – de vivre cent ans et s'est arrêtée en chemin, tout près du but ; tante Catherine, ma marraine ; René, à qui on

Annie Girardot.

Sacha Distel.

Jules Ladoumègue.

Paul Guth.

Ces chers disparus…

Myriam Makeba.

Claude Delorme-Philips.

Le général de Gaulle.

Je montre toujours avec fierté cette photo où l'on me voit serrer la main du général de Gaulle en 1958 ; voici une occasion de rétablir une vérité qui n'a rien, mais alors rien d'historique : il fut longtemps d'usage que les artistes les plus en vue – c'était mon cas depuis peu – donnent en quelque sorte l'aubade au chef de l'État au cours du « Bal de la Chancellerie ». Il avait un petit mot différent pour chacun ; il m'a dit : « Monsieur, vous avez très bien chanté et je vous félicite » ; seules les mauvaises langues prétendront que ce n'était pas là une parole historique.
Ce n'est pas pour autant que je peux me vanter d'avoir fait des réussites avec le Général à Colombey le premier jeudi de chaque mois et que j'aidais tante Yvonne à éplucher les oignons pour les « plats canailles » qu'il affectionnait.

Ces chers disparus…

Le cher Pierre Bérégovoy.

Louis de Funès.

Agence Bernand.

Paul Misraki.

Jacqueline Joubert.

Jean-Claude Brialy, en compagnie de la merveilleuse Shirley McLaine.

Gilbert Bécaud.

Michel Serrault.

Robert Cohen.

Jean-Pierre Cassel, ici avec Caterina Valente.

Alain Bashung.

Dalida.

Ces chers disparus…

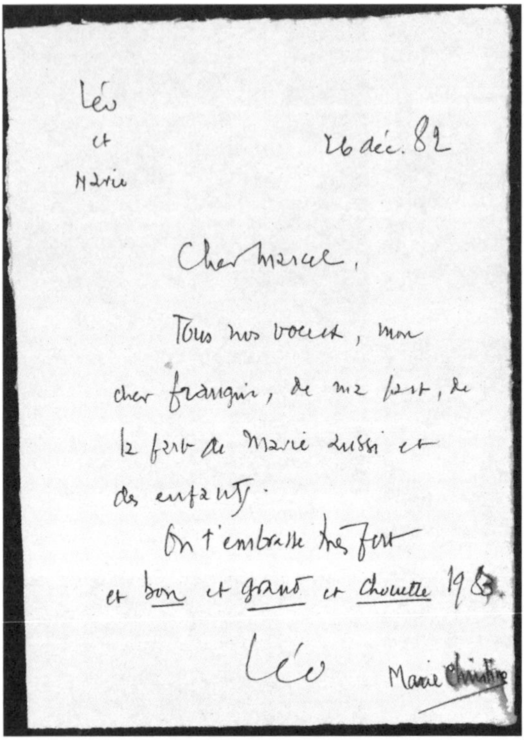
Léo
et
Marie

26 déc. 82

Cher Marcel,

Tous nos voeux, mon cher frangin, de ma part, de la part de Marie aussi et des enfants.

On t'embrasse très fort et bon et grand et chouette 1983.

Léo

Marie Christine

Léo Ferré.

Paul Meurisse.

Maurice Druon.

Ces chers disparus…

avait fini par donner la Légion d'honneur un demi-siècle après qu'il l'eut gagnée pour la libération du pays – encore une médaille qui rouille dans un cercueil. René, mon frangin, le héros de mes 16 ans...

Et puis, si lointains dans le temps et dans l'espace, ceux que j'ai tant admirés sans les connaître et qu'on croyait disparus depuis longtemps, alors que les journaux nous apprennent qu'ils viennent de partir, souvent sur la pointe des pieds...

Je disais en préambule que ma route a croisé bien des gens, célèbres à un titre ou à un autre ; trop souvent depuis quelques années, elle me conduit à suivre des corbillards ; de plus en plus il m'est donné, hélas, d'effeuiller le chrysanthème *« qui est la marguerite des morts »* (comme disait le cher spécialiste ci-dessus !) en pensant à tous ces disparus que j'aimais, un peu, beaucoup...

C'est un sujet auquel on n'échappe pas quand on parvient à l'âge où les souvenirs se ramassent à la pelle et qu'on joue peu ou prou les prolongations.

Que d'ombres dans nos rétroviseurs !

Tous ceux dont j'ai déjà parlé, et aussi : Bourvil, Lino Ventura, Yves Montand et sa Simone, Pierre Bérégovoy, Francis Blanche, Louison Bobet, Françoise Dorléac, Lyne Chardonnet, Pierre Desproges, Félix Leclerc, Georges de Caunes, Jacqueline Joubert, Jacques Martin, François Chalais, Philippe Noiret, Jacqueline Maillan, Marlène Dietrich, Paul Misraki, Louis Nucéra... Dernièrement, Jean Amadou, Robert Lamoureux...

Et Fernand Raynaud qui m'avait si talentueusement remplacé aux côtés de Jean Nohain ; et Reiser, ce petit génie du dessin qui avait trouvé moyen de rendre populaire ses gros dégueulasses et avec qui nous parlions à perte de vue éoliennes et énergies propres, quand je rendais visite à mes copains, les plus que fréquentables voyous de *Charlie Hebdo*, Wolinski, Gébé, le doux Cabu et surtout mon vieux rital morvandiau de Cavanna que je harcelais pour qu'il m'écrive une chanson (« Paris Rombière »)...

Et Jacques Prévert, son éternel mégot à la lippe, qui venait nous saluer à La Fontaine des Quatre-Saisons ; ou aux Trois Baudets quand il venait y encourager son voisin Boris Vian...

Et Coluche, chez qui il m'arrivait d'aller, rue Gazan ; la dernière fois, hélas, c'était pour sa veillée funèbre.

Et Edgar Faure, si intelligent, si passionnant, quand il nous zozotait des histoires de coulisses politiques ou nous expliquait aussi bien comment mûrit sur des claies le raisin de sa circonscription dans le Jura que les différences fondamentales entre la cour des Ming et celle des Yuan ; sur le tard, il s'était découvert une âme d'auteur-compositeur et un jour il m'avait envoyé spécialement un coursier, porteur d'une chanson « tout à fait pour moi », c'est-à-dire inchantable.

« Je suis venu te dire que je m'en vais », chantait Gainsbourg ; avec lui et tous les chanteurs qui nous ont quittés les uns après les autres, morts au chant d'honneur, quelle chorale au paradis !

Par ordre alphabétique, mesdames et messieurs, voici : Barbara, Bashung, François Béranger, Michel Berger, Jean-Pierre Cassel (oui il chantait, il dansait, et comment !), Joe Dassin, Léo Ferré, Nino Ferrer, Claude François, Jacqueline François, Francis Lemarque, Pierre Louki, Yves Montand, Mouloudji, Tino Rossi, Jean Sablon, Charles Trenet, Cora Vocaire…

Bien sûr que j'en oublie, il y en a trop, hélas.

« Et moi et moi et moi »

(Jacques Lanzmann / Jacques Dutronc)

Quand ? C'est la surprise du chef.

« Est-il encore debout le chêne ou le sapin de mon cercueil ? » (encore et encore Brassens – je ne m'en lasse pas !).

Moi j'aimerais tellement qu'à mes obsèques mes arrière-petits-enfants aient des cheveux blancs – farceur, va !

En tout cas, parce que « C'est bon pour le moral » (1), je veux terminer ce réjouissant chapitre par une bonne nouvelle qui est « LA bonne nouvelle » (2) du charpentier déjà cité :

« NOUS IRONS TOUS AU PARADIS » (3)

Sacré charpentier, va !

(1) Jean Kluger / Daniel Vangarde (2) Marcel Amont / Claude Mainguy.
(3) Jean-Loup Dabadie / Michel Polnareff.

1989. La Bastille étant prise depuis déjà deux siècles, j'ai investi l'Olympia.

PROGRAMME

L'OLYMPIA BRUNO COQUATRIX présente

A partir du 10 Janvier 1989

MARCEL AMONT

accompagné par

Orchestration et Direction Orchestre - Guy MATTEONI

Bernard LEVITTE au Synthétiseur
Gérard LEVAVASSEUR à la Basse

Christian ROSHEM à la Guitare
Lionel LECREUX à la Batterie

Marcel AMONT enregistre aux Studios BEL AIR (Claude MAINGUY)

Le travail maquettes des chansons fut réalisé avec la collaboration d'Yves SULTAN

Participation Chorégraphique : Michèle HUART avec son école de danse
Danseuses : Maryline DELPEIX - Carole LAGASSE - Céline

Sonorisation Salle : Gilles MAIGNAN assisté de Pascal BOMY
Retours : Jean-Jacques PECHARROMAN
Régie Plateau : Stéphane RAILLOT
Eclairages : Xavier DABONNEVILLE assisté de Michel

La "Machine à bonheur" a été créée par Jean-Paul

Relations Presse : Gill PAQUET Organisation

A L'ENTR'ACTE : BARS-FUMOIRS

Direction technique Lucien MONNIER - Direction de la salle
Attachée de presse Michèle SCHNEEBERG

Olympia 1989.

Serge Lama, Sophie Darel, le fidèle Michel Drucker et Jacques Séguéla.

Je représente la France à la « Semaine française de Tokyo ».

L'ÉTÉ INDIEN (1)

« Le Grand Retour » (Jacques Duvall / Alain Chamfort)
« Back dans les bacs » (Kool Shen / Joey Starr)

Tout a (re)commencé, de façon indirecte, par l'incroyable retour d'Henri Salvador qu'aucun des big chiefs-décideurs de haut vol, dans leurs tours climatisées, n'avait vu venir.

C'est Frédéric Brun, le fils de mon cher Jean Dréjac, devenu auteur de chansons, écrivain et éditeur, qui m'a décidé à rentrer dans la danse après avoir si longtemps fait tapisserie.

Je n'irai pas jusqu'à dire qu'il m'a arraché mon accord aux forceps, puisque quelque chose au fond de moi me poussait encore à livrer ce combat d'arrière-garde, même si les carottes avaient l'air bien cuites, et même si j'avais ma carte senior depuis bientôt vingt ans. *« Regarde Henri Salvador »,* me répétait-il ; c'était devenu l'argument massue – il est vrai qu'on aurait pu difficilement en trouver de plus convaincant.

Allez, chiche ! On le fait ce disque de la dernière chance !

On s'est vite mis d'accord avec le guitariste de jazz et compositeur Nicolas Richard, qui, jusque-là, avait surtout travaillé pour des jeunots, argument déterminant à mes yeux. Il a revisité certaines de mes chansons, m'a présenté des compositeurs de sa génération – surtout Philippe Loffredo (avec lui nous avons écrit « Mon cinéma », « Démodé » « Toi et moi », « So long », « La valse du temps perdu ».

(1) Pierre Delanoë, Claude Lemesle — Salvatore Cutugno)

Des artistes de grand talent m'ont prêté main forte, de façon parfois inattendue ; ainsi Agnès Jaoui, qui a tous les dons : actrice, scénariste, dialoguiste, réalisatrice, elle chante comme une vraie chanteuse et elle accepta sans le moindre chichi de me donner une brillante et subtile réplique pour « Décalage horaire » qui devint le titre du CD ; adorable Agnecita…

Suivirent comme un seul homme Gérard Darmon, Bireli Lagrène, Didier Lockwood. Pas un seul refus ! Ça remonte le moral !

J'étais d'autant plus sur un petit nuage que ma fille Romélie fit un duo avec moi, alors que, sans ignorer, bien sûr, qu'elle chantait juste et en place, je ne pouvais deviner qu'elle aurait l'envie et le cran d'être, le temps d'une chanson, la partenaire de son papa.

J'ai cassé ma tirelire et nous sommes entrés pour des semaines en studio.

Résultat : soixante ans après avoir remisé mon saxo à la cave, écœuré par le talent des (vrais) musiciens, grâce à quelques amis sans œillères qui laissent volontiers traîner un œil amical du côté de la variétoche, me voilà entrant par la grande porte chez Francis Dreyfus dont la réussite dans le monde du jazz est à l'échelon – au moins – européen.

Le Mexicain basané, aux joues rosies de plaisir dans une maison de swingueurs !

Ce ne fut certes pas un retour pareil à celui de Salvador, ni *the come-back of* Polnareff *in* Paris, mais j'ai eu plus de promo en deux mois que dans les vingt ans qui précédaient !

Dans la foulée, passage à l'Olympia. Suis-je éveillé ou dors-je…

2008-2009 : tournée *« Âge tendre et Tête de Bois »*.

« Tête de Bois », je veux bien, mais « Âge tendre », moi ! À 80 balais (révolus) !

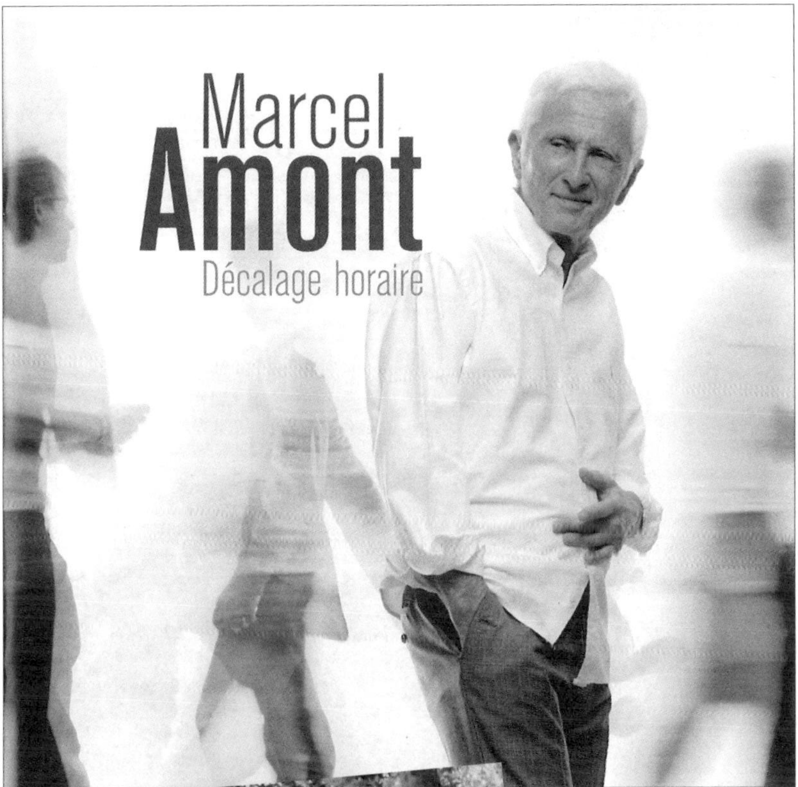

Le célèbre violoniste Didier Lockwood a participé à mon dernier disque (ce n'est pas à ce titre qu'on lui a décerné cette médaille !).
À nos côtés, notre cher Marcel Azzola (qui a inspiré à Brel le fameux « chauffe, Marcel » – encouragement historique).

Edmond Sadaka.

N'en rajoutons pas trop mais le lecteur devine sans peine la joie et l'émotion que je ressens quand, de temps en temps, mon fils Mathias vient me prêter main forte en scène. (N.B. Ils ont réalisé, Emma Daumas et lui, le livre-disque Les Larmes de crocodile et autres fables *(papa était de la fête avec quelques autres invités).*

Ma fille Romélie fuit les flashes sauf quand elle me donne la réplique sur la scène de l'Olympia.

OLYMPIA
BRUNO COQUATRIX
MUSIC - HALL
BLEU CITRON PRESENTE
MARCEL
AMONT
LOCATION : 0 89268 3368 (0,34€/MN)
www.olympiahall.com

J.-C. Plaute.

Maxime, tu reviens
m'accompagner
à la guitare
quand tu veux.

J.-C. Plaute.

Maxime Leforestier,
Agnès Jaoui,
Plilippe Clay,
Romélie
et Pierre Bénichou.

J.-C. Plaute.

Romélie et Mathias
s'assurant que leur père
ne porte toujours pas
de moumoute.

Gérard Darmon.

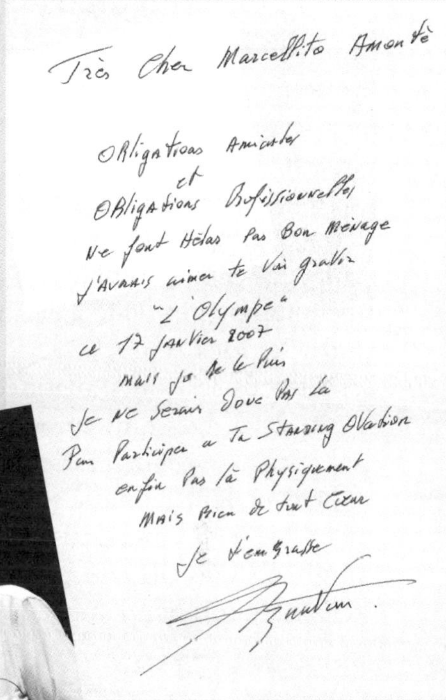

Très Cher Marcellito Amonté

Obligations Amicales
et
Obligations Professionnelles
ne font Hélas pas Bon ménage
j'aurais aimer te voir graver
"L'Olympe"
ce 17 janvier 2007
mais je ne le puis
je ne serai donc pas là
pour participer à ta standing ovation
enfin pas là physiquement
mais bien de tout cœur
je t'embrasse

Charles Aznavour.

J.-C. Plaute.

Agnès Jaoui.

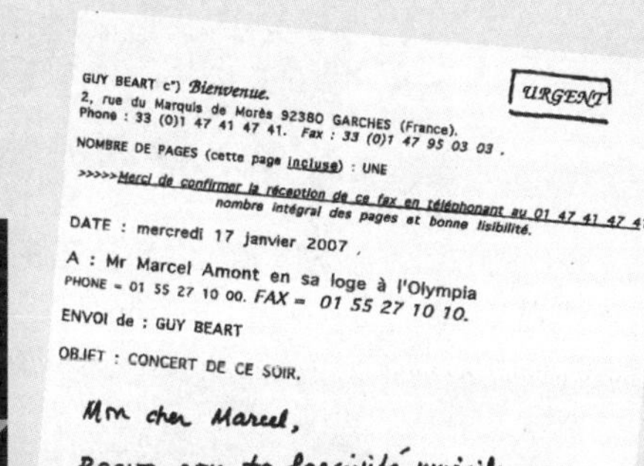

GUY BEART c°) *Bienvenue.* URGENT
2, rue du Marquis de Morès 92380 GARCHES (France).
Phone : 33 (0)1 47 41 47 41. Fax : 33 (0)1 47 95 03 03.

NOMBRE DE PAGES (cette page incluse) : UNE

>>>>>Merci de confirmer la réception de ce fax en téléphonant au 01 47 41 47 41
nombre intégral des pages et bonne lisibilité.

DATE : mercredi 17 janvier 2007.

A : Mr Marcel Amont en sa loge à l'Olympia
PHONE = 01 55 27 10 00. FAX = 01 55 27 10 10.

ENVOI de : GUY BEART

OBJET : CONCERT DE CE SOIR.

Mon cher Marcel,

Bravo pour ta longévité juvénile,
rayonnante et chantante.
et les cinq lettres de ton nom
pour le concert de ce soir !

L'ami
Guy Béart

>>>>>Merci de confirmer la réception de ce fax en téléphonant au 01 47 41 47 41
nombre intégral des pages et bonne lisibilité.

Guy Béart.

Les Béarnais Jean Lassalle et Jean Touyarot soufflent les paroles de «Aqueras montanhas» à Maxime Leforestier et Annie Cordy. Les Gascons de Paris Pierre Bonnier, Françoise Laborde et Régine Magné hors photo dirigent cette vaillante chorale improvisée.

Dans ses nombreuses tournées, le producteur Michel Algay avait observé que toute une tranche d'âge avait été négligée, voire méprisée – oubliée en tout cas.

Ce fut, et c'est toujours la revanche d'un public laissé pour compte…

Il faut dire qu'en ce qui concerne les moyens il n'a pas lésiné : le big band de douze musiciens et choristes triés sur le volet par mon complice d'antan Guy Matteoni, des moyens techniques (son, vidéo, éclairages) comme seules peuvent s'en offrir les rock stars.

Et tous les jours, matinée plus soirée, dix mille personnes entre deux âges qui reprennent à tue-tête pendant trois heures les refrains de leurs vertes années ; comme une Belle au Bois Dormant, leur jeunesse se voit réveillée d'un coup de baguette magique par vingt artistes portés disparus, qui ont eu leurs moments de célébrité ; et en retour, c'est ce public qui les fait renaître quotidiennement de leurs cendres.

Théâtre de la Grande Comédie à Paris avec mes quatre musiciens : Fabrice Ragot, Fabien Meissonnier, Éric Leroy, sous la direction de Leandro Aconcha. Régie : Claude Saadi. Lumières : Félix Bussy. Son : Robert di Carlo.

Alain Delorme, Pascal Danel, Annie Cordy, Danyel Gérard, Catherine Lara et Frank Alamo.

Pour l'Alhambra, novembre 2012. C'est-à-dire tout de suite !

« Tu vivras tant qu'on t'aimera »

(Pierre Delanoë)

« Il vaut mieux être un has been *qu'un* has never been*»,* disait Charles Trenet…

Le diable a plus d'un tour dans son sac à malice.

Moi qui, depuis tant de décennies, poursuivais ma course en solitaire parmi vents et marées, j'ai apprécié d'être mêlé quelque temps à un spectacle collectif.

Si je suis revenu seul à mes amours de toujours, c'est pour réaliser quelques projets inespérés, prendre encore quelques risques, au lieu de me contenter d'un répertoire ne consistant qu'à toucher les dividendes de soixante ans de bons et loyaux services, finir de presser ce qu'il reste de citron…

Dans cette tournée, entre deux représentations, nous nous sommes retrouvés, ma copine Annie Cordy et moi, avec de charmants compagnons, vedettes des fameuses sixties (et des années suivantes).

Les deux générations fraternellement confondues, on se rejoignait tous à table au « catering » – on ne dit plus « salle à manger » ou « réfectoire » – ou bien on se rendait visite dans nos loges.

Il nous arrivait souvent de nous rappeler le bon vieux temps, en épinglant gentiment au passage ces petits cons d'aujourd'hui qui, vus de loin, nous croient tous – tous, tous, tous – de la même génération ! Ah ! jeunesse ignorante…

Mais, au fait, à part Annie, quel âge ont donc ces nouveaux anciens qui envoient des flèche(tte)s empoisonnées aux jeunots qui débarquent ?

– *Environ 60 ans !*

– *Vous avez dit 60, mon cher cousin ?*

– *Ouiiii SOIXANTE ! Branchez votre sonotone !*

Avant de tirer ma révérence, continuant le petit jeu des titres de chansons, je peux, en guise, en guise, en guise de conclusion proposer les suivantes au lecteur :

- « Arrête la pendule » (Marcel Amont / Claude Mainguy)
- « Avec le temps » (Léo Ferré)
- « Au suivant » (Jacques Brel)
- « La Folle Espérance » (Jacques Demarny / Jean Claudric, Enrico Macias)
- « J' me tire du zoo » (Sylvain Lebel / Thierry Geoffroy, Christian Loigerot/répert. Marcel Amont)
- « Je n'aurai pas le temps » (Pierre Delanoë / Michel Fugain)
- « Merci madame la vie » (Charles Aznavour / Georges Garvarentz)
- « Moi le clown » (Jacques Mareuil / Charles Aznavour /répert. Marcel Amont)
- « Quand je serai K.-O ». (Alain Souchon)
- « Valse du temps perdu » (Marcel Amont / Philippe Loffredo)
- « La vie est bien trop courte » (Michel Jourdan / Jerry Red Hubbard/répert. Marcel Amont)
- « Yesterday » (John Lennon)

Il y en a des centaines d'autres, aussi adéquates.

En effet, voilà un sacré bout de temps que bien des poètes (de l'Académie ou des faubourgs) et des musiciens (de génie ou de pacotille), ont fait des chansons qui touchent le cœur des braves gens, depuis le conducteur de la RATP jusqu'au président de la République, en passant par le pompier, le facteur, l'instituteur, le laboureur et ses enfants, l'enfant de chœur et ses curés, l'adjudant-chef et sa troupe et même – on l'a vu au début de ce livre – un ancien secrétaire d'État aux Affaires européennes présentement président de l'Autorité des marchés financiers (ouf !)…

Je connais des tas d'autres refrains couvrant quatre générations et qu'il est arrivé à tout un chacun de fredonner ; mais je choisirai tout de même en conclusion de la conclusion :

« Que serais-je sans toi ? » (Louis Aragon / Jean Ferrat)

qui se marie si bien – c'est le cas de le dire – avec « Y a tant d'amour » (Raymond Asso / Claude Valéry)

Suivez mon regard (attendri)...

Ah! j'allais oublier « Pouet pouet » (André Barde / Maurice Yvain).

J'assume...

★

« Avec le temps », « Merci madame la vie », « Yesterday », etc. préparaient une bonne fin pour mon livre, en un chapitre clair-obscur, doux-amer, grave-souriant...

Rajouter « pouet pouet », pirouette d'autodérision précédée d'une déclaration d'amour empruntée à Aragon-Ferrat, me paraissait du dernier chic.

Or, c'est plus fort que moi, cabot à qui on doit donner les clefs du théâtre tellement il multiplie les fausses sorties, je saute sur tous les prétextes pour ne pas quitter la scène, c'est-à-dire, ici, prendre congé du lecteur.

Mais j'ai des circonstances atténuantes pour persister à me tacher les doigts au stylo-bille : comment pouvais-je prévoir que le rideau se rouvrirait une fois de plus au moment où je regagnais la coulisse, après avoir bissé et rebissé tout mon saoul ?

Capricieux, imprévisible, cruel, injuste, déprimant, épuisant, merveilleux métier !

« Ce n'est pas fini »

(Sandro Matera)

Les projets qui m'occupent actuellement me font toucher du bois toute la journée :

L'INA (Institut national de l'audiovisuel) a mis pendant des mois un studio à ma disposition pour y visionner mes cinquante-cinq ans de télé, de Jean Nohain à nos jours. Dans cette vraie caverne d'Ali Baba, faite de kilomètres de couloirs où est stockée toute la télévision française depuis ses débuts, j'ai pu me revoir aux côtés de tous mes prestigieux complices d'antan : Jacqueline Maillan, Francis Blanche, Jean Yanne, Jean Poiret, Roger Pierre et Jean-Marc Thibault, les Compagnons, Charles Aznavour…

Ainsi que quelques jeunots ayant nom William Leymergie, Michel Drucker, Michel Sardou, Sheila ; j'ai même le plaisir de présenter pour sa première télé un sympathique et talentueux blanc-bec au nom pittoresque de Thierry Le Luron *(« mais oui, mesdam' messieurs, c'est son vrai nom ! »…)*

★

Qu'on se le dise :

Rien n'est jamais gagné, rien n'est jamais perdu.

Considère, ô lecteur, que ces lettres sont d'or et que cette phrase lapidaire (dûment déposée à mon nom à la Société des gens de lettre), mérite d'être inscrite au patrimoine national avec le meilleur des maximes, proverbes, sentences, aphorismes, préceptes, slogans, axiomes et autres apophtegmes….

J'ai d'ailleurs la pieuse intention de la faire imprimer sur papier velin à mes armes et l'envoyer, quel que soit leur âge et leur place sur l'affiche, aux saltimbanques méritants, aux artistes dignes de ce nom (j'ai la liste) ; ceux qui triomphent comme ceux qui doutent et désespèrent.

Aux premiers, pour leur conseiller de se calmer quand leur tête de grenouille menace d'éclater dans leur désir effréné d'être pris pour des bœufs de forte taille.

Aux seconds, catégorie à laquelle j'ai (trop) longtemps appartenu, je dirai que la marche triomphale du retour de l'île d'Elbe peut se terminer autrement qu'à Sainte-Hélène, via Waterloo ; qu'en ce qui me concerne et malgré les aléas d'une longue carrière, j'ai réchappé à Austerlitz (la gare) pour un voyage retour Paris-Bordeaux différé de soixante ans.

Avec tant de projets où Grouchy et les carabiniers arrivent enfin à l'heure, me voilà reparti la fleur au fusil jouer les prolongations.

Si ça marche, ce sera un bonheur d'allumer quelques feux d'artifice avant d'aller tailler mes rosiers.

Si ça ne marche pas, eh bien, *« Rien de rien, je ne regrette rien »* (1).

★

J'ai cherché dans La Rochefoucault, Victor Hugo, Syrus Publius, Sacha Guitry et Bernard-Henri Houellebecq une belle pensée pour donner à philosopher dans les chaumières, au crépuscule.

Or c'est Clint Eastwood – l'ancien talentueux cow-boy devenu metteur en scène talentueux – que j'ai envie de citer : *« Le grand danger à partir d'un certain âge : perdre son enthousiasme, stagner, se réfugier dans le passé, refuser de vivre avec son temps. J'ai la chance d'avoir une épouse formidable, une famille. Je suis bien entouré, en bonne santé. Je n'ai vraiment pas à me plaindre. »*

Je ne saurais mieux dire !

(1) Michel Vaucaire — Charles Dumont.

POST-SCRIPTUM

MAMÀ, mama
Qu'as dishat vueita 'ra plaça
I eth temps que passa que passa…

Passa l'aiga de l'arriu
Tornan noveme e abriu
E tu n'ès pas mes aquiu
MAMÀ

(Maman/ ta place est restée vide
et le temps passe, passe…
passe l'eau du torrent
reviennent novembre et avril
Et toi tu n'es plus là)

Poème béarnais de Marceu de Pecarrera (Miramon)
dit Marcel Amont

Hommage aux auteurs

J'ai beaucoup collaboré avec mes paroliers, en cosignant ou non certaines de nos chansons ; pour certaines, je n'ai pas eu à changer une virgule – je pense non seulement au « Chapeau de Mireille » de Brassens, mais aussi à des chansons de Nougaro, Dréjac, Marnay, Francis Lemarque.

J'ai rarement composé des musiques. (À signaler toutefois « Le Vieux Fossile » et « Une petite Ève en trop », deux textes de Brassens.)

Mon répertoire bordelais était surtout constitué de chansons que j'entendais à la radio et que j'accommodais à ma sauce, de chansons de mon cru et de mon « Escamillo » – Georges Coulonges – que j'ai longtemps gardé comme chanson fétiche avant de passer à autre chose.

À Paris, Marc Fontenoy et surtout Charles Aznavour me permirent d'aller plus loin. Enfin, de plus en plus, les bons auteurs se mirent à me destiner leurs œuvres, voire à les écrire en pensant à moi.

Datin le compositeur et Vidalin le parolier m'ont fait cadeau de « Julie » alors que je n'enregistrais pas encore de disques et, par la suite, individuellement ou ensemble, des chansons, surtout de scène, trente années durant.

À l'époque de mes premières chansons avec Nougaro, auteur débutant, bien des auteurs et compositeurs de grand talent ont participé à mon succès :

Jean Dréjac : outre des tubes comme « Bleu blanc blond », « Dans le cœur de ma blonde », « Y en avait pas beaucoup », « Quand on est amoureux », etc.

Eddie Marnay : « Dis Marie » « Petite aiguille », « D'où vient le vent », « Pour qu'un bateau », « Les Moulins de mon Cœur » (musique Michel Legrand), etc.

Plus tard se joignirent à eux : Roland Vincent qui deviendra vite l'un des meilleurs mélodistes français. Non seulement il écrira la plupart des tubes de Delpech mais, par la suite, je serai moi-même souvent son heureux interprète : « L'amour ça fait passer le temps» – texte de Frank Thomas et Jean-Michel Rivat; «Y a toujours un peintre» (texte de Jean-Michel Rivat); «L'Amour à vol d'oiseau» (texte de Michel Jourdan). C'est lui qui cosignera, avec Jacques Revaux, la partition de ma comédie musicale *Pourquoi tu chanterais pas*.

Avec André Popp nous avons beaucoup travaillé ensemble à des chansons surtout pour la scène: «Ah c' qu'on a rigolé dimanche», «Deux cailloux dans l'eau», «Ping-pong» «Va petit», «D'Artagnan»...

Notre amitié avec Enrico Macias s'est concrétisée professionnellement par trois chansons: «Comme un air», «Tu connais pas Mireille» et surtout «Po Po Po... dis» où j'envoyais ma sympathie pour les petites gens d'Algérie qui se retrouvaient si désemparés dans l'amère patrie...

Vers le milieu de ces années 70, j'avais eu l'idée, originale à l'époque, de publier un disque *(Un autre Amont)* pour lequel j'avais obtenu la précieuse collaboration d'auteurs de qualité qui, jusque-là, n'avaient pas écrit pour moi: Gilles Vigneault, Jacques Lanzmann, Alain Souchon, Julien Clerc, Maxime Le Forestier, Georges Moustaki; et aussi Cavanna et Gébé, mes deux copains de *Charlie Hebdo*.

Mon vieux pote le Ritalo-Nogentais Cavanna m'avait mis au défi de chanter un texte inchantable («Paris Rombière»). Les radios, comme il se doit, s'étaient empressées... de ne programmer ce brûlot mal embouché sous aucun prétexte; mais cette opération suicide me vaut la singularité d'être le seul interprète dudit Cavanna parolier de canzonnetta...

Merci également à ces nouveaux auteurs qui ont grossi les rangs: coup de chapeau amical à ceux avec qui j'ai le plus collaboré: les paroliers Frank Thomas, Jean-Michel Rivat, Michel Jourdan, Christian Loigerot, Didier Barbelivien, Claude Lemesle, Yves Dessca, et les compositeurs Michel Cywie, Éric Charden, Jacques Revaux.

J'ai souvent travaillé avec Sylvain Lebel qui, après avoir écrit pour Serge Reggiani et bien d'autres, est devenu un vrai ami en des temps où les auteurs de chansons se faisaient rares autour de moi.

Décalage horaire: voir «remerciements».

Georges Coulonges.

Maurice Vidalin et Jacques Datin.

Frank Thomas et Jean-Michel Rivat.

Jean Dréjac.

André Popp.

Marc Fontenoy.

Enrico… mon frèèèèère !

Gilles Vigneault.

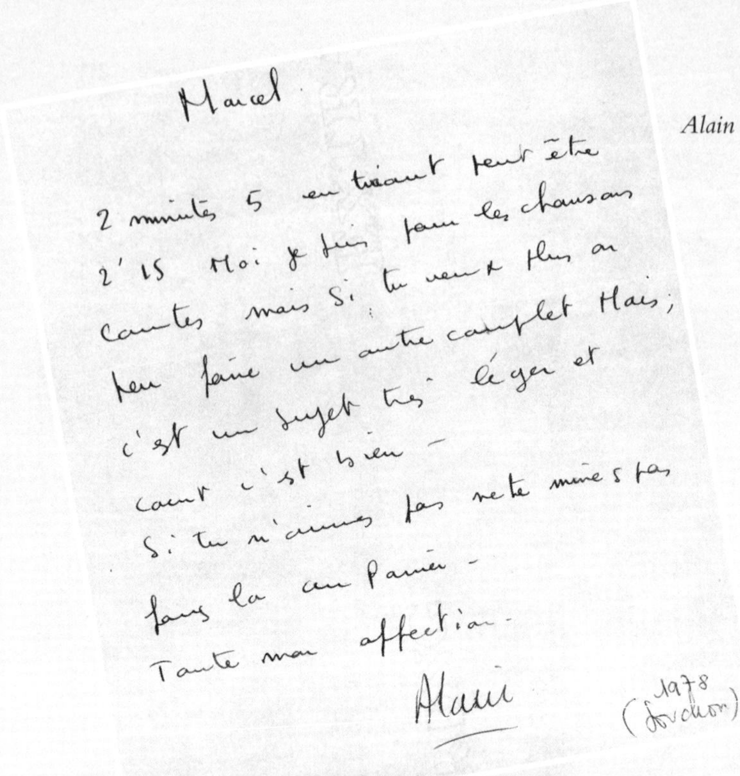

Marcel.

2 minutes 5 en trichant peut être
2'15 Moi je suis pour les chansons
courtes mais si tu veux plus on
peu faire un autre couplet Mais ;
c'est un sujet très léger et
court c'est bien –
Si tu n'aimes pas ne te mine s pas
fous la au Panier –
Toute ma affection.

Alain

1978
(Souchon)

Alain Souchon.

Julien Clerc.

Cavanna.

Maxime Leforestier.

Claude Lemesle et Sylvain Lebel.

Georges Moustaki.

Michel Legrand.

Francis Lemarque (avec Simone Langlois).

Marcel Amont auteur

AVEC...

... Guy Marchand.

... Petula Clark
et Tom Simpson.

... Juliette Gréco.

... Alain Delon et Romy Schneider.

Cyril Combe.

... Dave.

... Line renaud.

... Michel Delpech.

... Yves Duteil.

... Marie Laforêt.

J.-P. Pasqualini.

… Thomas Dutronc.

… Leny Escudero.

… Omar et Fred.
Non, non, ils ne sont pas ici sur une estrade (par ailleurs le podium leur va très bien)…

… Guillaume Aldebert pour son disque Enfantillages.

Place aux jeunes ! Je parle évidemment du personnage cravaté entre Elodie Frégé et Emma Daumas.

Claude Médale.

Avec la très talentueuse Biyouna dans Aïcha.
C'est Bernard Montiel qui m'a conduit devant les caméras de Yamina Benguigui. Je rédicive quand on veut !…

... *Astrid Gilberto.*

... *Mireille Darc.*

... *Francis Lalanne*

... *Sylvie Vartan.*

... *Mireille Mathieu.*

...*Rika Zaraï, Nana Mouskouri et Joe Dassin.*

Claude Delorme-Philips.

... *Laurent Voulzy, Robert Charlebois, Alain Souchon et Michel Jonasz.*

... *Sydney Rome.*

Gérard Schachmes.

REMERCIEMENTS

– Marlène, ma femme, qui non seulement nous a fait deux beaux enfants mais qui, avec sa tendre vigilance, me prend par la main les nombreuses fois où j'aurais tendance à marcher hors des clous. En particulier pour le présent bouquin.

– Didier Carpentier, qui prouve chaque jour son penchant coupable pour ceux qui font métier de chanter et aggrave son cas en me faisant aujourd'hui place parmi eux.

– Christine Kovacs, dont l'autorité et la compétence souriantes m'ont aidé à alléger ici certains chapitres un peu trop complaisamment longuets ; à en recadrer d'autres.

– Michel Morel, qui surveilla mes premiers pas d'autobiographe, sous l'œil amical des « Vagabonds ».

– Christian Verrouil, aiguilleur idéal sur mon site Internet « marcelamont.com » (notez, notez, ça peut servir…).

– Christophe Mingand, qui, dans son blog « Marcel Amont : lui le clown », recueille, découpe, colle tout ce qui peut être collectionné concernant *Jurassic Park :* dinosaures, iguanodons, triceratops, diplodocus, marcelamontus.

– Tous ceux de *Décalage horaire :* le regretté Francis Dreyfus en tête ; Frédéric Brun, Christian Pégand ; les auteurs et compositeurs : Jean-Claude Darnal, Nicolas Richard, Philippe Loffredo, André Véchot, Charlotte Grenat, Zina Tamiatto. Et, bien sûr, Agnès Jaoui, Gérard Darmon, Didier Lockwood, Bireli Lagrène – et ma fille Romélie.

– Les « Gascons de Paris », qui, du plus loin qu'ils m'aperçoivent, viennent se rallier à mon panache de plus en plus blanc sous le *soft* commandement des Trois Mousquetaires Françoise Laborde, Régine Magné et Pierre Bonnier.

– Ceux qui, à un titre ou à un autre, m'ont fait la courte ou grande échelle ces toutes dernières années : Ma femme (2e citation, voir 1re à la tête de ce chapitre. Je trouverai vite l'occasion d'une 3e) – Claude Duneton – Jean-Michel Boris – Jean-Pierre Pasqualini – Bernard Miyet – Annie Markhan – Les joyeuses équipes de Laurent Ruquier – Bertrand Delaire, qui m'a souvent fait une place de choix entre Omar et Fred – Daniela Lumbroso – Patrick Sébastien – Jacques Pessis.

– Michel Drucker et Michel Drucker ; sans oublier Michel Drucker.

– Laurent Baron, avec qui on a des tas de projets (chuuut !...).

– Un salut affectueux à tous les musiciens qui m'ont accompagné plus d'un demi-siècle durant.

– Celui qui a horreur du titre de sponsor, si galvaudé, mais à qui je décerne, sans (trop) fayoter, celui de mécène : Alain Wicker.

… et tous les photographes qui ont permis d'illustrer ce livre.

TABLE DES MATIÈRES

Quelques extraits du catalogue général.

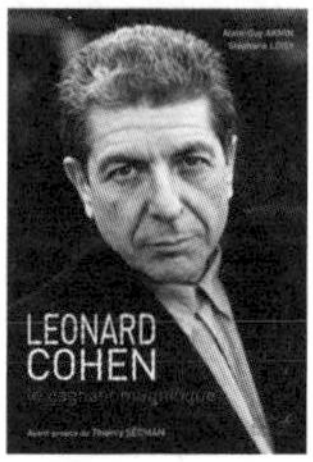

Vous venez d'acquérir cet ouvrage et nous vous en remercions vivement.
Nous sommes à votre écoute pour toutes remarques et suggestions.
Pour obtenir notre catalogue général gratuit, demandez-le à votre libraire (ou autres points de vente) ou écrivez-nous.

éditions didier carpentier

22 rue d'Aumale 75009 Paris
tél. 01 48 78 00 72 . fax. 01 48 78 86 25
editions@editions-carpentier.fr

vous pouvez consulter tous nos livres sur
www.editions-carpentier.fr

© 2012 Éditions Didier CARPENTIER - Dépôt légal : octobre 2012 - Imprimé en UE - ISBN 978-2-84167-793-1